中国特色社会主义政治经济学丛书

智慧城市
发展研究

ZHIHUI CHENGSHI
FAZHAN YANJIU

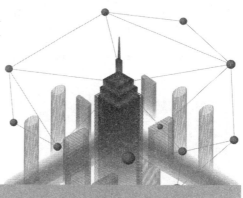

刘遥　蒋永穆／著

四川大学出版社

项目策划：梁　平
责任编辑：杨　果
责任校对：孙滨蓉
封面设计：璞信文化
责任印制：李金兰

图书在版编目（CIP）数据

智慧城市发展研究 / 刘遥，蒋永穆著 . 一 成都 ：
四川大学出版社，2020.9（2025.6 重印）
ISBN 978-7-5690-3448-6

Ⅰ．①智… Ⅱ．①刘… ②蒋… Ⅲ．①现代化城市－
城市建设－研究 Ⅳ．① C912.81

中国版本图书馆 CIP 数据核字（2020）第 014630 号

书　名	智慧城市发展研究
著　者	刘　遥 蒋永穆
出　版	四川大学出版社
地　址	成都市一环路南一段 24 号（610065）
发　行	四川大学出版社
书　号	ISBN 978-7-5690-3448-6
印前制作	四川胜翔数码印务设计有限公司
印　刷	北京长宁印刷有限公司
成品尺寸	170mm×240mm
印　张	16
字　数	310 千字
版　次	2020 年 9 月第 1 版
印　次	2025 年 6 月第 2 次印刷
定　价	69.00 元

◆ 读者邮购本书，请与本社发行科联系。
　电话：(028)85408408/(028)85401670/
　(028)86408023　邮政编码：610065
◆ 本社图书如有印装质量问题，请寄回出版社调换。
◆ 网址：http://press.scu.edu.cn

四川大学出版社
微信公众号

自　序

随着科学技术的发展和城市文明的演进，城市之间信息沟通与交流日益频繁，城市经济的触角逐步扩展和延伸到世界各国。从全球范围来看，在互联网和信息化时代，各国高度重视城市基础设施建设，社会形态和城市发展正发生着深刻的变化。我国已进入经济发展的新常态，要实现增长动能的转换，提升国家自主创新能力，迫切需要积极打造城市品牌，发展基于物联网技术和大数据技术的智慧城市。2016年4月19日，习近平总书记在网络安全和信息化工程座谈会上的讲话指出："分级分类推进新型智慧城市建设，打通信息壁垒，构建全国信息资源共享体系，更好用信息化手段感知社会态势、畅通沟通渠道、辅助科学决策。"在这样的背景下，从经济学尤其是政治经济学的视角深入研究智慧城市发展，阐释智慧城市的本质和内容，建立智慧城市的基本分析框架，创建智慧城市创新发展评价指标体系，探索中国特色的智慧城市发展模式，构建新时代智慧城市发展的政策体系，具有重要的理论价值和现实意义。

本书主要研究了四个方面的内容。一是智慧城市发展的核心概念和基础理论，主要分析了研究智慧城市发展的背景和意义，阐述了与智慧城市发展相关的概念和理论，论证了智慧城市发展的必然性。二是"技术－主体－模式"TMM基本分析框架，主要介绍了TMM基本分析框架的核心为容、相互关系和运行机理，重点分析了智慧城市发展基础——信息技术T（Technology）支撑、发展核心——主体M（Main body）协同、发展保障——发展模式M（Model）三大组成部分。三是基于TMM分析框架不同类型智慧城市的分类实现和发展评价，主要从不同城市的主导产业类型、经济发展阶段和城市规模三个维度探究了智慧城市分类实现的TMM策略选择，以16个城市为样本对智慧城市发展情况进行了实证分析。四是智慧城市发展的政策体系，主要说明了政策体系在智慧城市发展中的重要性，分析了智慧城市发展政策体系的现状，提出了新时代推动智慧城市发展的政策建议。

本书力图在四个方面有所贡献。一是系统建立基于"技术－主体－模式"（TMM）的智慧城市基本分析框架，将智慧城市发展中的关键元素有机结合

1

起来，形成覆盖智慧城市发展基础、发展核心和发展保障的完整体系。二是重点阐释智慧城市发展中的主体协同，明确智慧城市设计者和受益者的角色与作用，科学设计智慧城市发展的业务架构。三是深入探究智慧城市发展中的分类实现，根据不同城市的经济、资源、环境等基础差异，分类论述 9 种具有代表性的智慧城市发展特征。四是着力构建基于 TMM 的智慧城市发展评价体系和预警模型，运用层次分析法和灰色关联度理论，充分展现智慧城市发展的基本情况和主要内容。

我的博士生刘遥长期从事智慧城市实践工作，先后在神州数码、合众思壮等公司任高管，具有丰富的智慧城市实践经验。但在工作中，她明显感觉到智慧城市理论研究的滞后。实践需要理论尤其是马克思主义理论的指导。基于此，我指导刘遥博士选择了智慧城市发展这一领域作为她的研究方向。本书正是在其博士论文基础上修改而成的。

智慧城市发展日新月异，有许多新问题、新现象需要进一步深入研究。随着新一轮科技和产业革命的深入推进，如何把握新的发展机遇进一步推动智慧城市发展，有效提升城市治理水平，从而加快推进国家治理体系和治理能力现代化，将是作者下一步继续研究的问题。

本书对于智慧城市相关问题的研究，仅是对现有发展状况的梳理和探讨。由于作者的时间和精力有限，书中难免存在疏漏之处，希望读者们不吝赐教。让我们用智慧为智慧城市的发展添砖加瓦，让智慧城市的发展为我们的美好生活增光添彩。

蒋永穆

（四川大学经济学院院长、教授）

前　言

　　城市首先是物质空间环境，基本囊括了住宅区、工业区、商业区，同时具备行政管辖功能，是该区域中不同阶层人群各种行为活动集中的场所。当前，随着工业化水平的提升，以及经济发展对规模效应需求的驱动，在世界范围内，城市化已经成为不可逆转的进程。并且，工业化较早的发达国家与工业化较晚的新兴国家在城市化过程中存在着明显的差异。以中国为例，作为新兴国家的典型代表，中国的城镇化演进更加迅速、更加激烈，城镇化进程中面临的困境也逐步显现出来，留给城市管理者规避风险、优化发展方案的时间更短，挑战更大。

　　随着互联网与移动互联网的应用和普及，公众对政府工作知情、参与和监督的要求不断提高，对公共服务的公平性、均等性、及时性以及服务质量的要求不断提升，这对政府的治理能力和治理水平提出考验。在新一代信息技术支撑下，智慧城市孕育而生，其既是知识社会下的一种新兴城市形态，也是下一代创新环境下的城市可持续发展的重要趋势。此背景下，自 2006 年新加坡的"智慧国"战略开始，各国相继开始智慧城市的规划和建设。中国于 2010 年开始了"数字城市"的建设，2012 年 12 月 4 日，住建部正式发布关于开展智慧城市试点工作的通知，揭开了中国大规模建设智慧城市的序幕。从 2012 年到 2015 年年底，各部委组织的智慧城市相关试点近 600 个。智慧城市发展取得了丰硕的成果，解决了城市化进程中的部分问题；当然，也有很多的不足和需要改进的方面，为此我们需要寻找智慧城市发展的理论根据，并结合案例分析，形成相应的总体分析框架，以此指导其发展。

　　本书从城市发展带来的问题入手，分析了智慧城市发展研究的背景和意义，同时指出目前智慧城市发展研究的局限性和不足之处：理论支撑少，整体高度不够；要素描述少，广度不够；要素关系不强，逻辑不够；等等。著者在阅读大量的书籍、杂志和报纸等文献资料的基础上，寻求相关的理论依据，梳理出初步理论框架。同时设计了访谈提纲，走访智慧城市直接负责人 36 人、相关企业或项目负责人 27 人，以及部分研究机构和部分公众，获取相应的资料。深挖其他相关资料中智慧城市发展的相关数据和案例，探索国内外的城市发展实证分析与经济发展新形势。结合在工作中曾参与的 70 多个智慧城市实际规划、建设和运营经验，完成了本书的撰写。

本书的核心是构建了智慧城市发展"技术－主体－模式"TMM 分析框架，深入阐述了技术、主体、模式这三方面的内涵及实证分析，并对三者之间相互关系和运行机理进行了详尽的论述：信息技术 T 为智慧城市发展提供基础，参与主体 M 体现智慧城市发展核心，发展模式 M 保障智慧城市发展实现。基于 TMM 分析框架阐述了智慧城市发展的分类实现，制定发展评价体系和预警模型，对政策体系进行了分析，并结合实际给出了相应的建议，期望在智慧城市发展理论与实践两方面都能提供一定的启示。

本书由四部分构成。

第一部分是背景分析、发展的必然性和基础理论溯源，由前三章构成。该部分重点分析了随着城市发展，城市本身以及城乡关系发生的变化，结合时代背景、世界范围内城市的发展趋势以及中国城市发展的实际情况，提出了针对智慧城市发展进行研究的背景与意义，并就城市、城市发展、城市化、智慧城市及信息技术几个核心概念进行了详细阐述。该部分总结了国内外代表性观点，并对智慧城市诞生的思想根源进行了追溯；就马克思主义政治经济学相关理论、马克思主义城市发展理论、马克思主义科技观、西方经济学及城市经济学理论中相关的理论进行了阐述。除此之外，该部分还对苏联和中国共产党人关于城市发展的相关思想进行了梳理。最后该部分从三个方面论证了智慧城市发展的必然性，即信息化是智慧城市发展的实现条件、城市化是智慧城市发展的基本动力、实践是智慧城市发展的现实基础。

第二部分是本书的核心部分，阐述了 TMM 基本分析框架的核心内容、相互关系和运行机理，由第四～七章构成。该部分从智慧城市发展目标入手，落脚点放在了智慧城市发展的本质，即要解决服务均等化和资源配置问题。而要达成目标，解决其本质问题，需要信息技术作支撑，需要主体参与实现，需要模式作保障，这样就产生了"技术－主体－模式"TMM 基本分析框架。该框架的基本逻辑如下：一是信息技术 T（Technology）提供了智慧城市发展的基础。此方面结合理论支撑和当前问题，明确了智慧城市发展对信息技术发展的要求，形成了标准技术体系框架以及智慧城市发展的系统设计内容。二是参与主体 M（Main body）体现智慧城市发展核心。在智慧城市发展生产关系中，从设计者和受益者的两个不同的角度进行分析，阐述了政府、研究机构、企业和公众作为主体如何产生作用，并从面向主体的角度对智慧城市发展的业务架构进行了设计。三是发展模式 M（Model）保障智慧城市发展实现。结合资源、资金、规划主导者等多方因素，智慧城市发展模式分为政府主导型、企业主导型和政企合作型。三种模式各有优劣和典型应用，同时不同的模式会产生不同的体制机制以及适应于该模式的特质，保障智慧城市发展顺利推进。信息技术、主体和模式三者之间相互关联、相互作用，对智慧城市发展有着理论和实践双重意义。

第三部分阐述了 TMM 基本分析框架下，智慧城市发展的分类实现和智慧城市发展评价体系。该部分由第八～九章构成。考虑到不同城市和地区间的经济、资源、环境等基础差异，以及不同城市面临的发展问题不同，智慧城市发展路径应该要分类施策、循序渐进。该部分根据不同城市的主导产业类型、经济发展阶段和城市规模三个维度，将智慧城市分为一产基础型、二产主导型、三产带动型、发达城市、发展中城市、欠发达城市以及大型城市、中型城市、小型城市 9 种类型，并作了相应的案例分析。书中对这 9 种类型的城市特征作了阐述和分析，寻找到不同类型下的共性特质并形成相应的 TMM 策略选择及一个多维度标签下的城市 TMM 策略选择的综合分析。该部分对国内外主要评价指标进行了简要回顾和总结后，结合中国智慧城市建设的复杂性和阶段性特点，以 TMM 为基本架构，设计了符合相对普遍共性的智慧城市发展指标体系，并用层次分析法进行权重的确定。在分析了典型城市后，综合考虑了各种城市分类和区域的不同，寻找了 16 个样本城市，对分类标签、经济指标和智慧城市发展评价作相应的分析，得出智慧城市发展跟城市规模、产业结构、经济发展指数等之间的关系。最后利用灰色关联度理论形成"技术－主体－模式"发展协调度预警模型。

第四部分阐述了智慧城市发展的政策体系建议，梳理结论，并对未来智慧城市发展进行展望。该部分由最后两个章节构成。在阐述了政策体系的重要性，梳理了国内外的政策规制之后，重点分析了中国现有的政策体系，将其归为发展纲要类、试点类、领域指导类、地方性文件类，并依据中国的特征，在持续性、针对性、全面性和融合性原则的指导下，承继原有优势，在财政、人才、技术管理、金融等方面提出相应的建议，使之能为智慧城市发展持续提供动力和保障，最后给出主要研究结论，并展望了未来智慧城市的理论研究方向和实践探索前景。

本书的创新点在如下几个方面：

第一，建立 TMM 分析框架对智慧城市发展进行研究并指导智慧城市的实践探索。以马克思主义生产力与生产关系及体制机制相关理论为基础，面向智慧城市发展目标和问题，将信息技术、主体和模式有机结合在一起，建立了"技术－主体－模式"TMM 基本分析框架，其基本逻辑是：技术（Technology）提供了智慧城市发展的基础，主体（Main body）体现智慧城市发展核心，模式（Model）保障智慧城市发展实现。三者之间相互关联、相互作用，对智慧城市发展具有理论和实践的双重意义。

第二，智慧城市发展中的主体协同。以参与主体为中心，从设计者和受益者两个不同的角色进行分析，阐述了政府、研究机构、企业和公众作为主体如何产生作用。并从面向主体的角度出发，在将智慧城市各类应用围绕主体进行划分的基础上，设计出智慧城市发展的业务架构，形成面向对象的服务并强调服务的价值。

第三，智慧城市发展中的分类实现。考虑到不同城市和地区间的经济、资源、环境等基础差异，以及不同城市面临的发展问题的不同，智慧城市发展应该分类施策、循序渐进。本书根据不同城市的主导产业类型、经济发展阶段和城市规模三个维度，形成 9 种类型的城市分类，对 9 种类型智慧城市的建设重点和特征分别进行了阐述，并列举了相应案例城市的经验做法，以期对中国不同类型智慧城市的发展提供参考。针对不同类型智慧城市建设的共性特质，形成相应的 TMM 策略选择，并就一个城市在多维度标签下进行分析，探究更精准的 TMM 策略选择。

第四，发布基于 TMM 的智慧城市发展评价体系和预警模型以评价和指导智慧城市发展。本书在智慧城市发展 TMM 分析框架指导下，引入了诸如惠民服务、精准治理、生态宜居、智能设施、信息资源、网络安全、改革创新、公众体验等多个方面的内容，并规范于 TMM 框架下，用层次分析法进行权重确定，形成智慧城市发展的评价指标体系。结合中国智慧城市建设现状、不同分类和不同区域的样本城市进行了实证研究，分析智慧城市发展跟城市规模、产业结构、经济发展阶段的关系。并依据灰色关联度理论形成了"技术－主体－模式"发展协调度的预警模型。智慧城市发展评价指标的定期评价和预警模型的建立，可不断修正智慧城市发展策略，确定不同发展阶段的建设方向和重点。

本书得出如下结论：一是智慧城市发展需将信息技术、主体和模式有机结合；二是成体系的信息技术是智慧城市发展的支撑；三是智慧城市发展需要发挥主体生产关系的核心作用；四是智慧城市发展需要有与模式相适应的体制机制；五是智慧城市发展需要分类实现，并根据城市标签特征形成不同的策略选择；六是智慧城市发展需要定期评价和日常预警加以促进；七是智慧城市发展需要更全面合理的政策体系保障。

智慧城市发展从实践中来，再总结、提炼和升华为理论，最后又回到实践中去验证。我们会继续寻求更多的样本进行分析，让理论和实践形成迭代更新，打造智慧城市发展的完整正向循环体系。

目　　录

第一章 概 论

第一节 研究背景及意义

一、研究背景

（一）时代变迁带来生产方式的更替

人类所处的社会形态往往与技术发展的水平相匹配。在生产力低下的时代，生产的目的主要是满足自己的生存需要，此时社会形态为自然经济社会。随着铁制农具的普及和土地私有制的出现，生产的目的不只是满足自己的需求，还可以与他人生产所得进行交换，社会形态逐渐演变为商品经济社会。随着 20 世纪计算机的出现和信息技术的发展，信息资源的价值得到了空前的重视，人们把信息资源与能量资源、物质资源结合起来，打造出了结合信息控制的新一代生产工具。此类生产工具具备信息化、智能化和网络化的特征，其产出的工业产品中信息成分的比重也在逐步加大，数码相机、智能手机和家用机器人等都是其中的典型。

在信息化时代，传统的生产方式发生了巨大变化，世界各国间的联系变得更加紧密，跨国外包成为常态；人们的交往半径得到了极大的扩张，社会关系也发生了深刻的变化。事实上，人类生活的各个方面都受到了信息技术的冲击和影响，社会形态也在发生着深刻的变革。

（二）城市发展变迁带来巨大变化

伴随着城市的发展和文明的演进，各个行业、各大领域都出现了新的变化，面临着前所未有的新局面。在经济和金融领域，市场的影响范围逐渐扩大，发挥的作用日益凸显，并且通过线上联动和线下沟通，城市经济的触角逐步延伸，可以遍布世界的各个国家。在产业结构逐步合理化和高级化的过程中，第三产业在城市经济中的比重和价值大幅度提升，在国民经济中，贸易和

1

服务行业的重要性也越发凸显。城市的功能日益多元化，不仅承担着生产基地的职能，同时也发挥着金融、科教、文化、贸易、交通等综合功能。在众多因素的综合作用下，城市出现了如下重要变化：

第一，城市的典型发展模式发生了改变。在人类经济发展的初级阶段，农业在产业结构中成为主流。由于农业经济本身单一化、小区域、低效率和周期性的特点，且农业的兴衰限制了商业和手工业的发展，因而此时大多数城市都是消费性城市，经济发展的目标就是实现自给自足，此时城市为独立型发展模式①。在近代中国，随着闭关锁国的解除，中国综合性城市和通关口岸与国际间的接轨更为密切，但受到国际分工不平等的限制，中国的城市在对外贸易中处于边缘位置，其发展依附于发达国家和城市对原始资料和廉价劳动力的需求。改革开放以后，在先富带动后富理念的指导下，各种资源优先向大城市倾斜，中国各个区域的主要城市和超大城市迅速发展，同时这些城市又以强大的凝聚力将周边的城市集聚、联结起来。此时周边小城市与核心大城市之间的关系也是依附关系②。20世纪末至今，随着生产力水平尤其是科技水平的快速提升，城市之间的信息交流更加便捷，信息不对称的现象逐渐减少。在全球化的背景下，任一单独的城市在激烈的国家竞争中都显得势单力薄，单纯依靠城市内部的资源已经不足以满足发展的需要。在此背景下城市之间形成了资源互换、协调合作、互利互惠的关系，在市场、人才和金融领域都出现了区域一体化的现象，互动共生型城市发展模式成为主流③。

第二，城市的物质空间形态发生了变化。在人才领域，城市发挥着"抽水泵"的作用，将人才和劳动力由周边乡镇和农村吸引进入城市，这就导致了城市人口的迅猛增长。为解决城市人口的居住问题和出行问题，在城市的空间布局上，高能住宅、商务楼宇和立体交通设施随处可见。在城市中出现了明显的功能区分，如商业区、金融中心、工业制造区和居住区，呈现明显的块状分布，在整体上还出现了主城区和卫星城构成的复合城市。

第三，城市和乡村之间的贫富差距逐步拉大。社会财富集中于城市，推动城市生产力快速发展，而农村则逐步转变成为城市的农产品生产基地和工业原料供应基地，这在一定程度上加剧了城乡之间的对立。同时，在城市内部，城市原居民和新移民之间、市中心居民和城郊居民之间也存在着明显的鸿沟和对立。

---

① 李明. 城市规划原理——城市的起源与发展 [D]. 成都：西南交通大学，2009.
② 冯云廷. 城市管理学 [M]. 北京：清华大学出版社，2014.
③ 谭善勇，王德起. 城市经济学 [M]. 北京：中国建筑工业出版社，2013.

第四，城市各方面高速发展，如城市交通出现了立体化、复杂化和多样化的变化趋势①。新型铁路、公路和轨道交通设施的修建，推动了城市经济的发展，丰富了城市居民的出行方式。一些居于铁路枢纽位置的城市，因交通便利而获得了长足的发展，城市的辐射影响力也得以得高。

不难看出，高速发展变化中的城市需要有更加智能的管理方法和更加科学的管理策略。

（三）新格局下全球城市发展加快

在世界格局多极化和全球经济一体化的背景下，各国响应和平与发展的时代主题，将经济建设放在首要位置。对经济发展的重视也促使各国将资源集中在大城市中，加速了城市化进程。

以中国为代表的发展中国家，城市化进程在逐步加速，出现了一些常住人口超过一千万的超大城市。在第二次世界大战以前，发展中国家的城市化进程非常缓慢，农村人口的增速则较为迅猛。在 1800 年到 1930 年的一百多年间，发展中国家的城市人口从 3000 万增长到 1.35 亿，增加了 1 亿人；而农村人口则从 6.7 亿变为 11.67 亿，增长了近 5 亿人。第二次世界大战结束后，发展中国家的城市人口增速进入了一个井喷期，近 20～30 年间，一些发展中国家的大城市平均人口增速已超过 4%，除城市人口正常的繁衍外，大量农村人口也涌入城市。

在新的世界格局下，人口向大城市集中，同时城市群空间组织中也开始出现在一定范围内集聚多个大都市的大城市群，这些大城市在经济活动方面存在着紧密的联系，形成了一个多核的整体。从大城市集群的外部来看，各个大城市集群的形状千差万别，但就城市的功能而言，各大城市群区之间存在着明显的共通之处。具体来说，不论该大城市集群分布在哪个大洲、濒临哪个大洋，在群区中都有着可以承担国际货运任务的大型海港，并在城市间具有大型的交通轴线，可将主要城市紧密联结起来。各大核心城市在国家乃至国际范畴内发挥着技术交流、人才交往、商业贸易、文化生活等方面的枢纽作用。

如果以城市人口≥2500 万作为评判的标准，当前中国境内超过这一标准的都市连绵带，包括以上海为中心形成的沪宁杭城镇集群地区，华南地区广州、深圳、佛山、中山、肇庆、江门、惠州、珠海、东莞和香港、澳门两个特别行政区构成的 9+2 的粤港澳大湾区。在世界范围内，主要的大城市集群有

---

① 曹小曙，杨文越，黄晓燕. 基于智慧交通的可达性与交通出行碳排放——理论与实证 [J]. 地理科学进展，2015，34（4）：418-429.

日本东京－大阪区、美国的大湖区和西北欧地区等。

世界范围内陆续出现的大城市连绵地区标志着当前城市的发展已经进入了一个更高的阶段，在全球化的大背景下，单一城市的力量越来越难以获得竞争优势，相邻及相近都市间的合作和联动成为激烈竞争下的必然选择①。大城市集群通常是延绵数千米的高速公路和直达铁道线连接起来的，形成不断扩展、延伸的城市复合体。在美国，有三个主要的大都市集群已经形成，具体为：其一，大湖区城市带，核心城市为芝加哥，覆盖范围东起匹兹堡、底特律、布法罗，中部包括密尔沃基、哥伦布，最西端可达圣路易斯，环绕五大湖构成半月形城市带。其二，太平洋沿岸大型城市集聚区，主体部分包括旧金山和洛杉矶，北起萨克拉门托，南抵圣地亚哥。其三，以纽约为核心的大西洋沿岸城市带，最北可达波士顿，南抵华盛顿特区，沿大西洋沿岸跨越 10 个州的范围。该城市集群也是美国重要的科技中心和金融中心，国际影响力及市场活力巨大。

世界上的大国比以往任何时候都更加注重基础设施的建设，20 世纪美国洛克菲勒家族及卡耐基企业在石油开采和金属材料冶炼技术方面的优势推动了美国基础设施的建设，对美国第二次世界大战后的城市崛起起到了重要的促进作用。结合已有的经验，要想推动经济的持续稳定发展，就必然要进行城市化建设，而随着城市化建设的逐步深化，为满足城市居民的需求和完善城市的功能，必然要强化交通设施建设、城市区域划分等基础设施建设。俄罗斯莫斯科地区于 20 世纪建设的城市排水设施和地下轨道交通为当地的经济发展和公众生活提供了重要的支撑，直至今日仍在发挥重要作用。丹麦哥本哈根地区通过强化公共交通尤其是公共汽车路线的规划和使用力度，促进了城市规模的扩展，缓解了道路拥堵状况。美国曼哈顿区域通过打造密集的地铁网络提高人才留存率和引进比例，实现了城市形态重塑，在当地交通工具中，单地铁的使用率就占到了 70％。在大城市病已露端倪的当下，以上宝贵经验被各国政府和研究机构吸纳，并逐步在城市内开展基础设施建设实践②。

（四）中国经济发展进入新常态

改革开放以来，中国经济迅猛发展，在 2010 年首次超过日本成为世界第二大经济体。中国也更加积极地参与全球治理，国际影响力进一步提升。但近

---

① ［美］迈克尔·波特. 国家竞争优势［M］. 李明轩，邱如美，译. 北京：中信出版社，2007.
② 侯敏. 智慧城市要发展，解决好城市病是关键[EB/OL]. (21014－11－10)[2018－01－05]. http://intercom. qianjia. com/html/2014－11/10 _ 240723. html.

年来，中国 GDP 增速放缓，2012 年中国 GDP 出现十余年来的最低增幅。随着国家经济体量的增加和整体增速的放缓，被以往高速增长的数值所掩盖的城市问题和产业不合理弊病逐渐显现。

在接下来的很长一段时间内，中国的经济增速范围将持续稳定在 7%～8%之间。经济增长出现了明显不同于以往的特征，主要表现为整体性的经济下滑、人口红利对经济的促进作用下降等。正视在这一阶段中国经济所面临的问题和机遇，是理解中国经济新常态的关键所在。

在这一阶段，我国面临的主要风险并不是经济下滑，而是对新常态的不适应，主要表现在：第一，房地产全面调整带来的稳定性风险；第二，在原有经济增长态势下，不主动变革可能导致经济增速低于其他城市，但在新形势下则可能出现经济停滞不前甚至倒退的风险；第三，高额的企业债务和产品过剩问题在新常态下可能出现系统性风险；第四，长期存在的刺激依赖症问题。要避免经济"崩盘"，解决现有风险，不能继续采取刺激的对策，而应用改革的办法加快经济结构优化升级，推动经济高质量发展。

在新常态下，经济发展方式出现了不同于以往的特点：第一是经济从高速增长转变为中高速增长；第二是结构升级替代了单纯的数量增殖，公众收入占比上升，发展成果惠及更多民众；第三是经济的发展已经不仅依靠资源和对外投资，创新已经走到前台，成为主要的驱动方式。经济新常态并非经济停滞期，而是一个新的战略机遇期。政府不仅将继续重视经济的增长速度和数量，也将比以往更加重视经济增长的质量和健康程度。中国的经济基本面不仅有量的扩张，也有质的提升，这对我们考量中国经济的视野和思维提出了新的挑战。

在具体实践中，国家建设的各个环节都要牢牢把握新常态的特点，通过多领域、多层级的合作实现增长驱动力的转换，打造城市品牌、强化国家自主创新能力，实现经济的总量扩张和质量提升。而实现这一目标的关键在于处在发展中心的城市能否系统解决现有弊病、能否真正实现创新发展。这是中国开展智慧城市试点建设的现实逻辑。

（五）新时代我国社会主要矛盾发生变化

中国特色社会主义已经进入了新时代，我国社会主要矛盾已经转化为人民日益增长的美好生活需要和不平衡不充分发展之间的矛盾[①]。问题是时代的声音，随着时代的发展，经济发展矛盾的主要方面也从需求侧转向了供给侧。为

---

① 习近平. 决胜全面建成小康社会 夺取新时代中国特色社会主义伟大胜利——在中国共产党第十九次全国代表大会上的报告 [M]. 北京：人民出版社，2017：11.

了满足人民对美好生活的新期待和新需要，必须把供给侧结构性改革摆在突出的位置上，提高供给质量。

要解决好供给侧出现的种种问题，必须要着力解决发展的结构性失衡问题，充分发挥市场作用，勇抓改革，善抓改革，不仅要加强政府监管，也要充分激发和保护企业家精神。一方面，建立在物联网技术和大数据技术基础上的智慧城市，有助于将政府当前主流的事后监管转变为覆盖事前事中事后三个环节的综合监管，强化对基层的监管力度，避免重复执法，从而有效提高政府的监管效率。另一方面，"要全面深化改革，就要激发市场蕴藏的活力。市场活力来自人，特别是来自企业家，来自企业家精神"①。智慧城市建设不仅能为第二、第三产业提供新的需求，注入新的活力，也有助于鼓励具有创新精神的企业家从竞争中脱颖而出，从而推动国家整体创新能力提升。

二、研究意义

本书从当前世界上城市发展普遍存在的问题着手，在分析智慧城市发展必然性的基础上，将理论与实践结合在一起，创建基本分析框架，将技术、主体和模式有机结合，并以此为指导进行分类研究，创建发展评价指标体系，对智慧城市背景下的政策体系构建提出了意见和建议。

本书的研究对于构建基于信息技术、具有中国特色的智慧城市发展模式具有理论和实践指导意义。各个城市的产业基础、天然禀赋、城市规模及发展阶段各有不同，本书将据此形成相适应的方案与架构。与世界其他国家相比，中国的经济发展和城市发展比较特殊，具有中国特色，这就决定了我国的城市建设不可能采用世界其他国家通用的发展模式，只能结合中国的具体情况，探索具有中国特色的智慧城市发展模式。

20世纪初，中国启动了数字城市建设，以城市为单元的信息化建设为城市经济发展、民生服务和社会管理作出了突出贡献。但是，随着经济新常态的到来，传统的发展模式正在改变，原有的技术体系与政策体制对城市建设的支撑作用正在逐渐失去②。本书结合中国新形势的发展，基于政治经济学理论，从多个角度对新时期智慧城市的本质、内容、路径及保障措施进行了全面阐述，这对于构建中国特色的智慧城市发展理论，提出基于信息技术的智慧城市

---

① 习近平. 谋求持久发展　共筑亚太梦想——在亚太经合组织工商领导人峰会开幕式上的演讲 [EB/OL]. (2014－11－09) [2018－05－20]. http://cpc. people. com. cn/n/2014/1109/c64094－25999796. html.

② 潘云鹤. 中国城市发展的三个重要问题 [J]. 决策探索（下半月），2016（2）：14－15.

创新发展的评价指标体系具有重要意义，也对世界信息产业发展具有重要的理论指导价值。

本书立足于当前中国所处的发展阶段和城市普遍面临的发展弊病，结合权威研究理论和政府政策指导，试图提出智慧城市发展方案，以期对城市各类主体搭建智慧城市发展体系、制定步骤与环节，解决城市面临的挑战和问题发挥积极作用。在宏观角度上，本书通过分析新常态的宏观环境，对促进中国智慧城市的有序发展提出了意见和建议，对于确保投资回报、促进产业结构调整和提升资源要素配合程度具有重要的现实意义。

第二节　核心概念

一、城市

城市的出现距今大约有 5000 多年的历史，城市是人类社会走向成熟和文明的标志，也是人类群居生活的高级形式。城市是现代社会政治、经济和文化中心，各研究领域都对城市从各自学科的角度进行了相应的定义。如著名经济学家阿瑟·奥沙利文认为，对于经济学家来说，如果一个地理区域内在相对小的面积里居住了大量的人，那么它就是城区，换句话说，城区就是一个具有相对较高人口密度的区域①。地理学家鲁特尔认为，城市是指地处交通方便环境的、覆盖有一定面积的人群和房屋的密集结合体。社会学家巴尔多和哈尔特曼则将城市定义为具有某些特征的、地理上有界的社会组织形式。中国著名科学家钱学森也曾指出：所谓城市，就是一个以人为主体，以空间利用和自然环境利用为特点，以聚集经济效益、社会效益为目的，集约人口、经济、科学、技术和文化的空间地域系统②。从公共管理的角度出发，城市是具有高度组织性和效率性的人类聚居地。

可见，城市作为一个承载了经济、政治、文化的综合体，其复杂性和系统性超出了单一学科的认知范畴。本书中的城市是指在非农业经济基础上，人口高度聚集而形成的一定区域范围内满足特定功能和系统功能的经济、政治和文化中心，是具有与经济发展和社会功能相适应的基础设施的经营与消费场所。城市为不同阶层人群的各类行为和活动提供了集中的场所，其主要特征是通过

---

① ［美］阿瑟·奥沙利文. 城市经济学［M］. 苏晓燕，等译. 北京：中信出版社，2003.
② 转引自谢文慧，邓卫. 城市经济学［M］. 北京：清华大学出版社，2008.

细致的社会分工和广泛的生产交换促进以物质资源、人力资源和资本资源为基础的生产效率的提高。

随着时间的迁移，城市的功能重点和智慧所在也在逐渐改变。在工业革命前，城市主要以"城"为主，城市存在的主要价值在于满足防御的要求。这一时期，城市的智慧主要在于排水设施的灵敏性、攻防设施的先进性等。随着生产力的提高，人们对城市功能的诉求也更多，城市中"市"的概念（即交易功能）开始凸显，阶级的划分也逐渐明显，此时城市的智慧体现在对各中心功能区的划分和交通便利性的设计上。在这一阶段，各个国家的人口分布仍是以农村人口为主。到了现代社会，城市已经成为经济社会发展最为快速的区域，同时也是人口最为集中、基础设施最为完善，经济贡献水平最高的区域。今天，城市的智慧则是基于城市公众需求和信息技术支撑。

根据《中小城市绿皮书》，城市规模的划分依据是市区的常住人口，小城市标准的常住人口在 50 万人之下，中等城市在 50 万～100 万之间，大城市在 100 万～300 万之间，特大城市人口在 300 万～1000 万之间，人口规模在 1000 万以上的则为巨大型城市。中国人口基数大，特大城市和巨大型城市在城市中的占比明显高于发达国家，这一特征也对城市的发展提出了更高的要求，城市要提升竞争力和对人才的吸引力，需要通过技术的引入和基础设施的不断完善，实现更智慧、更宜居的目标。

二、城市化

城市化是人类社会发展的普遍现象和重要过程，也是人类社会和经济发展的必然结果[1]。不同学科对于城市化也有不同的见解，人口学把城市化定义为农村人口转化为城镇人口的过程；地理学从人口活动空间变化和地理景观变化的角度，认为城市化是人口由农村的分散状态向城市聚集状态的转化，城市景观、文化和生活从城市地区向农村地区扩散的过程；从社会学角度看，城市化是农村生活方式转化为城市生活方式的过程。结合各学科的定义和本书的论述范畴，我们将城市化界定为如下五个方面：一是人口比重不断增加，城市化进程也是农村人口向城市迁移的过程，包括新兴城市的兴起和发展；二是城市化是地域产业结构调整的过程，从农业为主向非农业为主转变；三是城市化是城市文明不断扩散的过程；四是城市化是产业空间聚集发展的过程；五是城市化过程是人的整体素质不断提高的过程。综上，城市化进程的根本目的是在于提

---

① 孙久文. 城市经济学［M］. 北京：中国人民大学出版社，2016.

高人民生活水平，改善人民的生活质量，促进人的技能和素质的提高，继而促进人类社会整体发展水平的提高，使人与人、人与自然和谐共生。

在英语语境下，只有"urbanization/urbanisation"一个名词来描述城市化进程。而中文中有"城市化"与"城镇化"两种表述方式。一字之差，体现了中国学界和政界对于城市化道路的两种不同认识。支持"城市化"观点的研究人员认为，中国现代化的主要空间载体并不是小城镇，小城镇无法起到支撑作用，而"城市"才是中国城市化的重要支撑。但也有专家认为中国城市化道路的主要支撑是小城镇。从20世纪八九十年代起，"城镇化"成为学界乃至政界的主流观点，这一观点长期主导着中国的城市化进程，原因主要有以下三点：

第一，对中国非正常时期城市化道路的总结。在改革开放前，为了满足"大生产"的需求，城市中的产业以重工业为主，中国的城市发展走的是以大城市为主的城市化道路。这一时期中国实行计划经济体制，资源统一调配，整体向重工业和化工业倾斜，对轻工业、服装业、服务业投入较少。这就导致了大城市中普遍存在着交通拥堵、住房紧张、基础设施不便等问题。这是非正常条件下中国大城市中出现的"城市病"问题，很多专家和政府部门认为大城市产生"城市病"是大城市发展过程中普遍存在的规律，因此倾向于小城镇为主的城市化道路。

第二，对国际经验的浅表化借鉴。以美国、日本、北欧地区为代表的发达国家，在第二次世界大战后通过建设卫星城来解决大城市存在的问题，同时建设大城市和卫星城共同构成的城市集群。虽然几个国家、地区的发展方式不尽相同，但其解决"城市病"的共同方式均有发展中小城市和建设卫星城市。部分学者出现了理解误区，将此现象表面化地看作资本主义国家用建设中小城市的办法来缓解大城市发展中出现的问题。其认为中国应该跳过大城市为主的城市化道路，直接重点发展中小城镇。

第三，城市化客观规律认识不足。中国的城市化建设发端于20世纪，在抗日战争和解放战争后中国各项建设百废待兴，城市的建设和城市的规划同时进行，学界对城市经济的本质认识不深，过高地估计了乡镇企业粗放式发展的成就，把改革开放初期采取的小城镇发展过程拔高为"具有中国特色的城市化道路"。

可以看出，中国早期将城市化称为城镇化，是有其特殊历史背景和深刻原因的，"城镇化"和"城市化"曾是泾渭分明的两个学术用语。然而，到了20世纪90年代中期，学者们结合中国城市建设的实践经验，逐步形成了共识，认为"以小城镇为主的城镇化道路难以形成具有国家影响的市场竞争力"①，带来的综合效益有限，无法成为中国现代化建设和公众生活水平提升的空间依托。中国的城市化应当走一条以城市群为主体，大中小城市和小城镇协调发展的道路。

国家的"十一五"规划明确了中国城市化的内涵，在表述"城市化"时，仍主要沿用"城镇化"②，此时的"城镇化"概念已与"城市化"概念趋于一致。党的十八大报告中"城镇化"出现了七次，"城市化"出现了一次。

三、城市发展

发展是日常交流中经常用到的一个词语，其含义是事物从简单到复杂、从小到大、从低级到高级、从旧事物到新事物的一个动态变化过程。事物内部的矛盾是发展的根本原因。城市在一定的地理范围内地位、作用以及吸引力和辐射力的增长过程就是城市发展的过程。城市发展既有量的扩张也有质的提升，前者主要是城市数量的增加和规模的扩大，而后者则表现为城市功能的丰富，即现代化水平的提高。从空间角度而言，城市是一个国家或地区中的独特居民居住形式。从经济角度上讲，城市的第二、第三产业是国民经济的重要组成部分，城市经济辐射力是城市辐射力的重要因子。城市的发展状况不仅影响其自身政治、经济、文化、信息、交通等的现代化程度，也会影响该城市在地区中的地位和对周边地区的"贡献率"。

近年来，中国在推动城市建设的过程中高度重视协调发展和可持续发展。前者主要是统筹城乡关系、区域关系以及人与自然界的关系，后者目标在于实现经济与人口、资源、环境的和谐发展。中国将可持续发展定为基本国策，从单纯追求量的增长和当代人的利益转变为更加注重质的提升和后代的福祉。建设智慧城市可以使城市的管理者和居住者对城市资源和整体运行有更加直观的了解，有助于实现城市的和谐、稳定和可持续发展。

四、智慧城市

（一）智慧城市的内涵

智慧城市是城市发展到一定阶段的产物，是指以城市为载体，以信息技术和创新理念为手段和工具，构建泛在的、互联互通的城市互联网综合应用体

---

① 叶裕民. 中国城市化与统筹城乡发展基本概念解析 [J]. 湖南城市学院学报，2013（2）：1—7.
② 叶裕民. 中国城市化与统筹城乡发展基本概念解析 [J]. 湖南城市学院学报，2013（2）：1—7.

系，实现人与万物间的互联互通，并通过集成城市资源和服务，广泛使用信息
化平台，以提升资源运用的效率，优化城市管理和服务，改善市民生活质量，
实现城市创新、和谐、可持续发展的目标。智慧城市的显著特征是信息化与城
市化相结合，其实质是人类城市活动的信息汇聚成为一个城市在信息空间的映
像，也就是说，城市可以由物理空间和虚拟信息世界构成，二者的互动为城市
的变革创造了新的动力。

从形式上看，智慧城市是运用信息和通信技术手段感知、检测、分析、整
合城市运行核心系统的各项关键信息，对包括民生、环保、公共安全、城市服
务、工商业活动在内的各种需求作出智能响应，实现城市智慧式管理和运行，
促进城市的和谐、可持续成长[①]；从目标上看，智慧城市要实现技术创新、宜
居宜业和可持续发展，提升城市竞争力和人类生活品质；从模式上看，智慧城
市是利用科学的手段实现对城市的重构，改变传统以资源投入为三、强调发展
速度和数量的粗放发展方式，强调供需匹配和发展质量[②]。

智慧城市将构成城市经济运行的主体——企业、人、政府有机整合，形成
智慧的产业经济、智慧的公众服务、智慧的城市运行和智慧的政府治理，是以
信息技术手段为依托的城市整体经济水平的全方位升级[③]，因此，智慧城市不
仅仅是一种城市存在形态。

党的十七大报告指出，要全面认识工业化、信息化、城镇化、市场化、国
际化深入发展的新形势新任务[④]。智慧城市作为新经济、新文明的重要发展方
式，集工业化、信息化、城镇化、市场化、国际化为一体，已经成为时代发展
的主题[⑤]。智慧城市将新一代信息技术充分运用在城市的各行各业之中，是基
于知识社会创新的城市信息化高级形态，实现信息化、工业化与城镇化深度融
合，有助于缓解"大城市病"，提高城镇化质量，实现精细化和动态管理，并
提升城市管理成效和改善市民生活质量。智慧城市不仅是物联网、云计算等新
一代信息技术的应用，更重要的是通过面向知识社会的创新的方法论应用，构
建用户创新、开放创新、大众创新、协同创新为特征的城市可持续创新生态
（图 1.1）。

---

① 王益文，黄柯，崔洪雷. 宁波建设智慧城市运营中心研究 [J]. 宁波经济（三江论坛），2017
（1）：36—38.
② 沈健，唐建荣. 智慧城市：城市品质新思维 [M]. 北京：人民邮电出版社，2012.
③ [美] 安东尼·汤森. 智慧的城市 [M]. 赛迪研究院专家组，译. 北京：中信出版社，2014.
④ 中国共产党第十七次全国代表大会文件汇编 [M]. 北京：人民出版社，2007：14.
⑤ 杨玉璞，李森. 浅谈智慧城市安全服务平台的设计与应用价值 [J]. 计算机光盘软件与应用，
2013（22）：27—29.

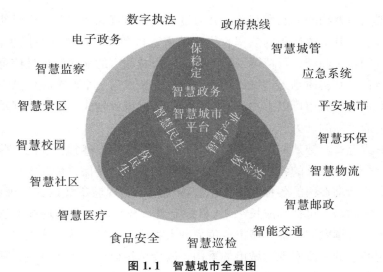

图 1.1　智慧城市全景图

（二）智慧城市与其他特色城市的关系

当前，除了智慧城市外，"海绵城市""数字城市""田园城市"的概念也被广泛提及，这些概念间有联系也有区别：

其一，智慧城市与海绵城市。海绵城市是最新提出的城市雨洪管理方案，也被称作"水弹性城市"，"弹性"是指城市在适应环境变化和应对雨水带来的自然灾害等方面具有的储蓄和恢复能力。

建设海绵城市和智慧城市的目标都包括促进技术的可持续发展，解决"城市病"。但海绵城市更加侧重生态保护和环境友好，强调通过调整城市的水资源储蓄和释放能力，缓解"城市病"中的水资源压力，改善环境问题；而智慧城市则是在信息技术支撑的基础上提出的，以信息和通信技术为基础，结合相关领域和服务内容，使得居民生活更加幸福、产业发展更加合理、政府治理更加智能高效，为城市居民创造更加便捷的生活，为城市管理者提供更好的管理工具和手段。智慧城市的建设对于更好地打造海绵城市，提升城市生态循环质量具有重要意义，同时对预防洪涝灾害也有积极作用。可以说，海绵城市是智慧城市的一个典型应用领域（图 1.2）。

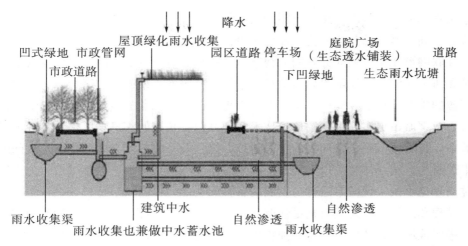

降水

凹式绿地 市政管网 屋顶绿化雨水收集 园区道路 停车场 庭院广场 道路
市政道路 （生态透水铺装）
下凹绿地 生态雨水坑塘

雨水收集渠 建筑中水 自然渗透 自然渗透
雨水收集也兼做中水蓄水池 雨水收集渠

图 1.2 海绵城市示意图

其二，智慧城市与数字城市。数字城市是指以计算机技术、多媒体技术和大规模存储技术为基础，以宽带网络为纽带，运用遥感、全球定位系统、地理信息系统、遥测、仿真－虚拟等技术，对城市进行多分辨率、多尺度、多时空和多种类的三维描述，即利用信息技术手段将一个城市过去、现在和未来的全部内容在网络上进行数字化虚拟实现。

数字城市与智慧城市的建设过程中都充分利用了计算机技术、大数据技术和多媒体技术，并结合 GPS 系统、模拟仿真技术和地理信息技术等，且都以信息技术的发展作为实现的前提，这是二者之间的共性所在。数字城市的建设目标在于打造出城市的虚拟空间，实现 3S 技术的一体化集成，通过城市信息化的过程把握城市系统的运行状态，对城市中人与人、地与地和人与地之间的关系进行调控和优化。可以说，数字城市的建设过程就是人地关系系统数字化的过程，通过对地球表面的测绘，将一座城市的企业运营、政府办公和公众生活等业务操作方式信息化，告别原有的人工评判和操作方式。

为实现数据共享，建设数字城市需要确立起较大范围中通用的数据基础设施标准，这有利于推进智慧城市在基础层面上的建设。同时，在打造智慧城市进程中制定的种种政策和方针也可以为数字政府、数字企业及数字城市生活提供保障，避免各个操作单元因关联性缺失而出现信息孤岛。具体来说，二者的侧重点如下：第一，数字城市通过城市地理空间信息与城市各方面信息的数字化在虚拟空间再现传统城市，智慧城市则注重在此基础上进一步利用传感技术、智能技术实现对城市运行状态的自动、实时、全面透彻的感知。第二，数字城市通过城市各行业的信息化提高了各行业管理效率和服务质量，而智慧城

13

市更强调从行业分割、相对封闭的信息化架构迈向作为复杂巨系统的开放、整合、协同的城市信息化架构，发挥城市信息化的整体效能。第三，数字城市基于互联网形成初步的业务协同，智慧城市则更注重通过泛在网络、移动技术实现无所不在的互联和随时随地随身的智能融合服务。第四，数字城市关注数据资源的生产、积累和应用，智慧城市则更关注用户视角的服务设计和提供。第五，数字城市更多注重利用信息技术实现城市各领域的信息化以提升社会生产效率，智慧城市则更强调人的主体地位，更强调开放创新空间的塑造及其间的市民参与、用户体验及以人为本，实现可持续创新。第六，数字城市致力于通过信息化手段实现城市运行与发展的各方面功能，提高城市运行效率，服务城市管理和发展；智慧城市则更强调通过政府、市场、社会各方力量的参与和协同来实现城市公共价值塑造和独特价值的创造。可以说，数字城市是智慧城市实现的基础，甚至包含在智慧城市的大体系框架中。

其三，智慧城市与田园城市。田园城市的概念和通常所说的"花园城市"存在根本差异。它最早是由 19 世纪的社会活动家埃比尼泽·霍华德提出的，并成为当时的四大城市设计理念之一。田园城市是指为健康、生活和产业而设计的兼有城市和农村优点的城市。田园城市的周围具有永久性的农业地带，便于城市居民就近获得农产品供应；城市的土地属于公众，并且委托专业委员会进行管理，使用土地则必须缴纳租金。根据霍华德的设想，田园城市的规模恰好可以为居民提供丰富的社会活动而不会造成额外的交通成本，通过打造田园城市可以遏制城市的自发膨胀。

智慧城市与田园城市都高度关注城市的宜居性，但二者之间也存在着明显的差异：第一，从理论渊源上看，田园城市是 19 世纪少数学者和社会活动家提出的；而智慧城市的理论渊源和陈述则更加体系化，覆盖范围更广阔，充分吸纳了城市规划学的理论和长期城市建设的实践经验。第二，就实践范围而言，田园城市仅有列曲沃斯花园城市和威尔温花园城市；而智慧城市已经在全球范围内开始试点建设，对城市的地理位置和地形特点要求更少。第三，就理论的内容来看，田园城市理论的核心是控制城市规模，同时限制人口数量；而智慧城市则更侧重通过技术手段补充、优化城市功能，为城市提供自我发展的动力。第四，从客体角度来看，田园城市同时关注城市和乡村，注重打造二者结合的区域；智慧城市则更加侧重于城市。第五，从建设的资金来源来看，建设田园城市主要依赖于资产收入；而智慧城市则是通过政府和企业融资共同提供资金支持。第六，就管理的方式来分析，田园城市主张各城市管理部门单独管理；而智慧城市则强调通过打造管理平台实现部门之间的联动与分享，这也是经过时间检验的更具效率的管理策略。

综上，智慧城市是一个更广泛的概念，其目标和建设内容涵盖了上述三种特色城市，并使其在相应的方面和领域更加智慧化，海绵城市、数字城市和田园城市是智慧城市细分领域中的特色城市。

五、信息技术

从广义的角度上讲，信息指的是人类所传播的一切内容，人类对世界的认识和改造过程离不开对自然和社会中不同信息的获得、识别和分析。20 世纪40 年代出现的计算机，跨越式地提高了人们对信息的传输和处理速度，世界各国为了提高综合国力，纷纷打造"信息高速公路"，用以传递数据、图片、影像和声音。21 世纪是信息技术迅猛发展的时代，未来学家所描述的第三次浪潮正在逐渐变为现实，正在兴起的全球数字革命将重构人和信息的关系，也给城市的发展带来了更多的可能。

信息技术通常被简称为 IT（Information Technology），指的是利用信息科学的原理和方法，扩展、管理和处理信息的功能和技术[①]。信息技术的提升经历了三个主要阶段，即从通信技术到信息通信技术，从晶体管发展到集成电路和微电子技术、网络技术的出现和发展。可以看出，随着个人电脑和智能手机的普及，信息技术的发展呈现出综合化、高速化、网络化、多媒体化、数字化和个人化的特征。信息技术不仅是信息传递的方式，也已经构成了人类进步的基础设施。

虽然信息技术的发展是以计算机的出现作为发端，但二者之间还存在着明显的差异。其一，从范围来看，计算机技术仅限于计算机的软硬件领域，而信息技术则涵盖了电子技术、通信技术、微电子技术和信息资源的储存管理技术等。其二，从应用角度分析，计算机技术需要借助计算机进行运作，利用计算机实现对技术的处理、开发和运行；而信息技术是借助各种软件和设备进行操作的，可以与多种技术手段相结合。

第三节　现有研究综述

建设智慧城市是一个长期、复杂且影响深远的历史进程，随着世界范围内建设实践的逐渐增多和建设成果的逐步产生，关于智慧城市发展的理论研究也

---

① 钟义信. 信息科学原理［M］. 5 版. 北京：北京邮电大学出版社，2013.

在逐步深入。中国的智慧城市发展实践起步较晚，但从建设之初就高度重视理论研究和具体国情相结合，诞生了一批对智慧城市发展具有启发意义的作品和观点。

一、国外智慧城市发展代表性观点评述

发达国家和发展中国家在智慧城市发展方面前进的速度不同，面临的问题也存在差异，因而在理论研究和代表性观点方面也存在着一定的区别。

智慧城市以信息技术为依托，因而与信息技术相关的理论和信息化同城市相关的理论是智慧城市发展的理论基础。20 世纪 80 年代，以曼纽尔·卡斯特（Manuel Castells）为代表的一批学者深入研究了信息技术发展和城市发展之间的关系，这一领域的研究成果，对智慧城市的相关问题研究产生了深远影响，并成为智慧城市研究的重要理论渊源。以曼纽尔·卡斯特为典型的政治经济学派认为，在社会演进的过程中，技术水平的高低代表着生产力的高低，技术决定着发展方式，社会的发展方式会随着技术创新的进程而发生转换，进而导致城市发展特征和结构特征的变化[①]。美国加利福尼亚大学教授卡斯特罗（Castro）最早在《信息化城市》（1989）一书中对信息化城市的发展过程进行了系统研究。他认为，在信息社会的背景下，传统的固定城市空间正在逐渐被信息空间所代替，这种流动空间借由强大的信息技术将整个城市的社会文化规范和空间形式分开并进行重新组合，形成一个全新的"二元化城市"。

国外学者普遍认为智慧城市起源于 20 世纪 90 年代，格雷厄姆（Graham）和马尔文（Marvin）在其合著的《电信与城市》中指出，当代（指 20 世纪 90年代）城市不仅是由密集的高楼大厦、立体交通网络堆积而成，也不仅作为经济、社会和文化中心而存在，同时也是重要的信息通信技术网络中心，城市作为信息通信技术网络中心的功能需要被（城市规划者）考虑，即时电子信息将充盈城市之间和城市内建筑物之间的所有空间，支撑城市生活的所有方面，这一趋势越来越明显[②]。二者的研究为理解快速变化的信息通信技术对城市的影响提供了坚实的理论基础。从此，很多学者着手研究信息通信技术与城市发展、城市规划、城市管理之间的关系，取得了一批重要研究成果。麻省理工学院威廉·J. 米切尔（Willam J. Mitchell）教授认为，当前（20 世纪 90 年代）

---

① 转引自牛俊伟. 城市问题马克思主义化的典范——卡斯特《城市问题》析微 [J]. 国际城市规划，2015，30（1）：109—114.

② Graham S，Marvin S. Telecommunications and the city：Electronic spaces，urban spaces [M]. London：Rouledge，1996：2.

正在全球兴起的数字网络是一种能极大地改变城市面貌的基础设施，这一全新的基础设施将产生新型的社会关系，以此为基础，一种更加智慧化的新型城市将得以创建。他在其所著的数字城市三部曲《比特之城》（*City Of Bits*）、《伊托邦》（*E－topia*）、《我＋＋：电子自我和互联城市》（*Me＋＋：The Cyborg Self And The Networked City*）中，深入探讨了数字网络对未来城市生活的影响，系统阐述了基于信息通信技术的新型城市在经济、社会和文化等方面的内涵与意义。格雷厄姆和马尔文将信息通信技术视作城市的一项关键基础设施（类似于供水、排污、能源等城市系统），米切尔则强调利用信息通信技术把城市的基础设施变得更"智慧"，而不仅是又增加一项"硬件"。

智慧城市的发展对城市基础设施建设、经济发展、政府治理结构改变以及市民生活水平提高具有重大作用，随着实践进程的深入，学者们进一步拓展了智慧城市的广度和深度。世界电信港协会常务董事贝尔（Bell）在《转型中的工业城市》（1997）一文中从产业汇聚的角度对其进行了分析，认为发达的信息技术基础设施建设可以吸引创新性企业在本地落户，从而产生"知识性工作岗位"所必需的先决条件。凯夫斯（Caves）和沃尔肖（Walshok）在《信息技术应用》（1999）一文中从经济文化的角度调研了美国加利福尼亚州智慧城市的建设情况，认为美国政府通过信息通信技术的利用使得城市居民可以更加便捷地获得公共服务，更加容易地提高生活品质[①]。管理学专家坎特（Kanter）在《知情与互联：智慧城市宣言》中宣称：不久的一天，城市领导者将使（信息通信）技术与社会创新结合，从而产生一个智慧的世界，这样的智慧世界将首先以智慧城市的形式出现，（智慧城市的优质公共服务）支撑起市民的幸福生活[②]。里奥斯（Rios）认为，智慧城市是一座能够给市民带来灵感的城市，一座能够让市民分享文化、知识和生活的城市，一座能够激励其市民去创造的城市，一座值得赞赏的城市。在市政服务方面，信息通信技术和网络2.0技术与城市组织、规划、计划等公共服务职能有机结合，可以使城市办事流程虚拟化，提高办公效率，使复杂城市问题获得创新的解决方法，满足人们对于更高效率、更可持续和更加宜居的期望。学者贺兰（Hollands）认为，要使智慧城市区别于其他类似的概念，就必须强调人作为智慧城市的起点，把

① Caves R W, Walshok M G. Adopting innovations in information technology [J]. Cities, 1999, 16 (1)：3—12.
② Kanter R M, Litow S S. Informed and interconnected：A manifesto for smarter cities [R]. Harvard Business School General Management Unit Working Paper, 2009.

人的发展和智慧技术的发展平衡起来[①]。

很多学者高度重视人力资本和社会资本在城市发展中的作用。与 IBM、Forrester Research 等商业公司强调单一的信息通信技术基础设施投资不同，阿姆斯特丹自由大学的卡拉格鲁（Caragliu）等十分重视对人力资本和社会资本的投资，他们将人力资本和社会资本的投资以及对传统交通和现代信息通信技术基础设施的投资都视为智慧城市建设的核心要素，这些要素都能够为经济可持续增长和高质量生活注入活力。哈尔博恩（Halpern）从社会资本角度探讨了信息技术领域对城市居民的影响，认为社会信息空间的打造有助于提升社会资本潜力[②]。

就智慧城市的建设目标和应用领域而言，吉芬格（Giffinger）等认为智慧城市在智慧经济、智慧市民、智慧政府、智慧交通、智慧环境、智慧生活六个领域中具有巨大的发展空间。该项研究体现了学者寄希望于通过智慧城市建设实现城市经济、社会、环境可持续发展的愿望。格里高利（Gregory）、约凡（Yovanof）和哈扎皮斯（Hazapis）着重研究了智慧城市的生态系统，并在此分析基础上，提出智慧城市发展对当地社区的增长具有影响，同时还影响着当地的生产效率以及竞争力的提高[③]。山姆·奥温克尔（Sam Allwinkle）和彼得·克鲁克尚克（Peter Cruickshank）在分析智慧城市发展重要意义的基础上，提出城市所面临的主要挑战是智慧城市发展的驱动器[④]。约翰·V. 温特（John V. Winters）以美国高等教育人口为研究对象，分析了智慧城市发展对教育领域发展和整体人口素质提升的影响[⑤]。格哈德·施密特（Gerhard Schmitt）对智慧城市发展的目标进行了阐述，认为智慧城市发展的目标是实现城市发展的可持续性和弹性，并从空间维度提出了未来城市的几何模型[⑥]。

由此可见，从智慧城市的基础信息技术同城市发展的关系开始，到智慧城

---

① Hollands R． Will the real smart city please stand up intelligent，progressive or entrepreneurial [J]． Smart City，2008，12（3）：303－320

② Halpern D． Social capital [M]． Bristol：Policy Press，2005：509－510．

③ Yovanof G S，Hazapis G N． An architectural framework and enabling wireless technologies for digital cities & intelligent urban environments [J]． Wireless Personal Communications，2009，49（3）：445－463．

④ Allwinkle S，Cruickshank P． Creating smarter cities：an overview [J]． Journal of Urban Technology，2011，18（2）：1－16．

⑤ Winters J V． Why are smart cities growing？ Who moves and who stays [J]． Journal of Regional Science，2011，51（2）：253－270．

⑥ Gerhard Schmitt． Spatial modeling issues in future smart cities [J]． Geospatial Information Science，2013，16（1）：7－12．

市的产生，再到智慧城市的应用领域发展和强调以人为本的理念，各专家学者从多个角度进行了阐述。还有学者对智慧城市发展同资本的关系等方面进行了深入的研究，其范围涵盖了智慧城市发展的技术（Technology）、主体（Main body）和模式（Model）。

二、中国智慧城市发展代表性观点评述

20 世纪 90 年代，中国著名科学家钱学森先生便提出了"集大成、成智慧"的大城市智慧学理论，这一观点成了中国建设智慧城市的理论基础。

在 2010 年以前，国内对智慧城市的研究侧重于信息和技术发展的角度，如杨平（2003）和王学文（2005）从宏观角度阐述了城市信息化和治理模式创新之间的相互作用。吴伟萍（2008）在《城市信息化战略：理论与实证》中对城市信息化发展规律和影响因素进行了探讨，分析了全球化、工业化与城市信息化之间的互动关系，剖析了城市信息化建设的阶段性特征。

国内学者和研究人员对于智慧城市的研究起步较晚，但也逐步形成了较为清晰的理论架构。李德仁等（2014）认为智慧城市＝数字城市＋云计算＋物联网[①]。杨辉等（2010）将智慧城市定义为全面感知、整合城市运行信息，对政府管理政策、市民日常生活和工商业活动进行智能反应的，涵盖政府、市民和商业组织的新城市生态系统。巫细波和杨再高（2010）认为，建设智慧城市的主要优势在于可以提高城市的运行效率，大规模催生新兴产业，引发新一轮科技创新，进而创造更加美好的城市生活[②]。邓贤峰（2011）认为，智慧城市的风险主要可以分为四种，即技术风险、数据安全风险、影响信息产业整体布局的风险和社会伦理风险[③]。岳梅樱（2012）在《智慧城市：实践分享系列谈》一书中，从微观角度出发设计了智慧城市应用项目的解决方案，主要包括智慧水管理、慢性疾病的智慧医疗、智慧交通、智慧港航[④]等。这些解决方案对于中国的智慧城市建设具有一定的参考意义。王海永（2014）指出，智慧城市是在大数据、互联网、云计算和物联网等新一代技术的基础上，应用社交网络、Living Lab、Fab Lab、维基以及综合集成等方式和手段，构建出的一种可以

---

① 李德仁，姚远，邵振峰. 智慧城市中的大数据 [J]. 武汉大学学报（信息科学版），2014，39（6）：631−640.

② 巫细波，杨再高. 智慧城市理念与未来城市发展 [J]. 城市发展研究，2010（11）：56−60＋40.

③ 邓贤峰. 智慧城市发展的风险分析 [J]. 财经界，2011（1）：106−109.

④ 岳梅樱. 智慧城市：实践分享系列谈 [M]. 北京：电子工业出版社，2012.

提高创新水平和能力的生态环境。智慧城市是基于知识社会的城市信息化高级形态。郭骅、屈芳等（2017）从顶层视角出发，认为智慧城市应该发展多个平台的信息共享服务模式，高效利用智慧城市信息资源，使智慧城市的各个组成系统协同运作，以高效利用城市资源，促进智慧城市产业发展。

国内学者们对于智慧城市在技术、主体和模式以及分类实现和基本评价等方面都作出了相应的阐述。

陈曦、翟国芳（2010）认为，城市自其产生之日起，就处在一个不断更新发展的过程中。物联网等新兴信息技术的普及应用，将会影响产业空间布局，有助于提高人们生活质量和城市运行质量，提升城市功能，从而更好地发展城市。

马士玲（2012）认为，物联网作为信息技术发展的产物，将会极大地推动未来智慧城市的建设，而且在交通、医疗、物流、水利、旅游等方面的作用尤为突出。2012年，上海浦东智慧城市发展研究院联合中科院上海研究院智慧城市信息技术有限公司，基于城市"智慧化"发展理念和多方因素，如"城市综合竞争力、城市信息化水平、人文科技、绿色低碳等，颁布了《智慧城市评价指标2.0》，旨在促进信息技术在公共行政、社会管理和经济发展等领域的应用和聚合发展，推动形成更为先进的区域发展理念和城市管理模式。这一评价指标体系的颁布，对于本书中智慧城市发展关键指标的选择提供了指导。

刘刚、张再生（2013）认为，当今社会信息化扮演的角色和发挥的作用正在日渐凸显，特别是2008年以后，在国际金融危机的背景下，建设智慧城市迅速成为各国振兴经济、应对衰退的重要抓手。

周宏仁（2014）在"中国城市信息化大会暨地理信息技术研讨会"上提出智慧城市应重点关注基于数据、信息、知识的利用和决策。邬贺铨（2014）在"兰州新媒体发展高峰论坛"上提出未来整个国家的经济很大程度决定于互联网发展的程度[①]。这意味着信息经济正在成为经济增长的新动力，"互联网＋"加速从生活工具向生产要素转变，与传统产业的结合将更加紧密，成为驱动产业创新、促进跨界融合、惠及社会民生的"加速器"。龙瀛（2014）认为，大数据的应用与智慧城市理念促进了城市规划的科学化和城镇治理的高效化，使得各部门在数据及时获取与有效整合的基础上，能够及时发现问题，实时进行科学决策与响应。

宁家骏（2016）对中国智慧城市的发展趋势进行了分析，认为随着中国云

---

① 邬贺铨. "互联网＋"行动计划：机遇与挑战 [J]. 人民论坛·学术前沿，2015（10）：6—14.

技术的逐渐成熟，在保护信息和数据安全的前提下，对大数据的发掘将更加深入[①]。同时，随着国家强化政府引导、实施财政改革等举措的深入实施，互联网企业将采取更为开放的合作方式，更多地参与到智慧城市的建设布局当中。

国佳、李望宁、李贺（2017）认为，社会化信息服务的对象是社会居民，基于智慧城市角度，充分利用互联网信息技术，构建社会化信息服务体系，可以更好地满足用户信息服务需求，推动新兴市场的发展，集成信息服务技术和资源，重构社会化信息服务功能网络，建立持续健康发展的信息服务机制[②]。张中青扬等（2017）在构建了一个合理的建设能力评估模型的基础上，评估了智慧城市的建设能力，发现普及率、政策法规完善率、研发活动经费占 GDP 的比重是智慧城市建设能力差距最显著的影响因素[③]。吕淑丽、薛华、王堃（2017 年）认为，"城市病"带来的压力是目前智慧城市建设的一个重要推动因素，而信息技术发展带来的基础支撑力则是智慧城市建设的基础[④]。

从以上文献可以看出，国内外学者从智慧城市的基本条件、顶层设计、信息技术、民生服务、产业发展、运作模式、评价模型和动力机制等方面对智慧城市进行了论述，不同的角度相互交融，形成了智慧城市研究的基本视角。上述文献对智慧城市建设具有重要的指导价值，有助于城市把握当前新一轮技术革命和产业变革的机会，加快推进各方面的深度融合和应用，对于城市主动变革、重新形成城市发展的新优势具有重要意义。

国内外关于智慧城市方面的研究取得了许多成果，但从总体上讲，仍然存在一定的局限性，主要表现在以下三个方面：

一是现有智慧城市基本框架缺乏普适性，大多偏向技术层面，缺少对政策、经济等方面的融合研究。长期以来，智慧城市建设由信息化企业和研究机构提出和规划，大多从信息化角度出发，缺乏理论基础和本质研究，也未与当前中国经济发展形势充分结合。

二是在新形势下，中国各个城市发展阶段不同，城市特点不同，行业布局战略不同，对传统智慧城市发展、运营的研究和设计缺少与实际情况的深度结合，易导致城市建设千篇一律、建设规划可操作性不强、发展不可持续等问

① 宁家骏. 自主创新是建设网络强国必由之路［N］. 中国电子报，2016—10—1 （001）.

② 国佳，李望宁，李贺. 面向智慧城市的社会化信息服务体系构建研究［J］. 图书馆学研究，2017（9）：53—59.

③ 张中青扬，邹凯，向尚，等. 智慧城市建设能力评估模型与实证研究［J］. 科技管理研究，2017（2）：73—76+96.

④ 吕淑丽，薛华，王堃. 智慧城市建设的研究综述与展望［J］. 当代经济管理，2017（4）：53—57.

题。这些问题亟须结合城市特色、行业特点，并从不同视角进行研究。

三是智慧城市发展涉及经济、人文、社会、政策等各个方面，是一个复杂的、长期的、动态的系统工程，需要从经济社会和城市发展的各个层面设计符合智慧城市发展的指标体系和保障体系。但既有研究大多从某一方面切入，如投资关注政府资金、重建设轻运营、重应用轻数据、重个体轻融合、重技术轻人才等。

总体上看，国内外不同研究领域的学者们从不同视角进一步拓展了智慧城市研究的广度和深度，但对于智慧城市中技术作为生产力基础的作用、各方面主体尤其是政府的推动作用等，研究尚不成熟，同时缺少结合发展中国家实际与智慧城市特征的相关研究，这也是本书的重要切入点。

第四节　研究思路与方法

一、研究内容与架构

本书在大量阅读专著、论文等基础上，梳理理论框架，设计访谈提纲，走访智慧城市直接负责人 36 人、相关企业或项目负责人 27 人以及部分研究机构和公众，获得了丰富的一手资料。同时作者深挖其他相关资料中智慧城市发展的相关数据和案例，寻找国内外城市发展的实证分析，并结合曾参与 70 多个智慧城市实际规划、建设和运营的经验，完成了本书。本书核心在于建立"技术－主体－模式"TMM 核心分析框架，并以此完善智慧城市发展的分类实现、评价体系和预警机制，具有理论和实践双重意义。

本书前三章是智慧城市发展的基础理论研究、背景分析和必然性阐述。第一章结合时代背景和世界范围内城市发展的趋势以及中国城市发展的实际情况，重点分析了城市本身以及城乡关系的变化，阐述了智慧城市发展研究的背景与意义；并就城市、城市发展、城市化、智慧城市及信息技术几个核心概念进行了详细阐述，总结了国内外代表性观点，分析了智慧城市兴起的原因及发展的目标。第二章对智慧城市思想渊源进行了追溯，就马克思主义政治经济学理论、城市发展理论、马克思主义科技观、西方经济学及城市经济学理论中的相关理论进行了阐述。此外，还对苏联和中国共产党人关于城市发展的相关思想进行了介绍。第三章从信息化是智慧城市发展的实现条件、城市化是智慧城市发展的基本动力、实践是智慧城市发展的实证基础三个方面论述了智慧城市发展的必然性。

第四章是本书的核心部分，从智慧城市发展目标入手，阐述了智慧城市发展的原则和特征，指出其本质是要解决服务均等化和资源配置问题。而要解决这一问题，需要技术支撑、主体参与和模式保障，即本书的基本分析框架："技术－主体－模式"TMM 分析框架。其基本逻辑为：技术 T（Technology）是智慧城市发展的基础，主体 M（Main body）体现智慧城市发展核心，模式 M（Model）保障智慧城市发展实现。三者之间相互关联、相互作用，对智慧城市发展具有重要作用。在 TMM 基本分析框架下继续研究智慧域市的分类实现，构建智慧城市发展评价体系，使得智慧城市从实践到理论再回到实践，迭代发展，形成智慧城市发展的正向循环体系。

第五章到第七章详尽阐述了 TMM 分析框架三个要素的核心内容和运行机理。技术 T（Technology）是智慧城市发展的基础。该部分从理论研究和问题导向入手，指出智慧城市发展是信息技术发展的要求，形成了标准技术体系框架以及智慧城市发展的系统内容设计。主体 M（Main body）体现智慧城市发展核心。在智慧城市发展生产关系中，分别从设计者和受益者的角度进行分析，阐述了政府、研究机构、企业和公众作为主体如何产生作用，并从主体的角度设计了智慧城市发展的业务架构。模式 M（Model）保障智慧城市发展实现。综合资源、资金、规划主导者等多方因素，将智慧城市发展模式分为政府主导型、企业主导型和政企合作型，分别进行优劣分析和案例分析，阐述了不同典型模式体制机制的特征和创新举措，最后阐述了智慧城市发展运行保障的三个要点，即相匹配的体制机制、有保障的资金来源和稳定的核心团队。

第八章是基于 TMM 分析框架的分类实现。考虑到不同城市和地区间的经济、资源、环境等差异以及不同城市面临的不同问题，智慧城市发展应分类施策、循序渐进。第八章根据不同城市的主导产业类型、经济发展阶段和城市规模三个维度，将智慧城市分为一产基础型、二产主导型、三产带动型，发达城市、发展中城市、欠发达城市以及大型城市、中型城市、小型城市 9 种类型，并进行相应的案例分析。该部分对以上 9 种类型的城市特征进行了详细阐述，明确了不同类型的共性且形成了相应的 TMM 策略选择，并对城市进行多维分析，探究更为精准的 TMM 策略选择。

第九章构造了基于 TMM 的智慧城市发展评价体系。通过发展评价可更直观地发现当前建设中的薄弱问题和具有比较优势的领域，也能加强智慧城市发展建设的规范性，更准确地找到影响智慧城市发展效果的关键因素。智慧城市发展评价指标对各地开展智慧城市建设具有重要的引领和支撑作用。本章对国内外主要评价指标进行了简要回顾和总结，并结合中国智慧城市建设的复杂性和阶段性特点，以"技术－主体－模式"TMM为基本架构，设计了符合相对普遍共性的智慧城市发展指标体系，并用层次分析法进行权重确定。在分析了典型城市南京后，又综合考虑了各种城市分类和区域的不同，寻找了16个样本城市，对分类标签、经济指标和智慧城市发展评价作出了相应的分析，厘清了智慧城市发展跟城市规模、产业结构、经济发展阶段的关系，并利用灰色关联度理论搭建了"技术－主体－模式"发展协调度预警模型。智慧城市发展评价指标的定期评价和预警模型的建立，可不断修正智慧城市发展策略，确定不同发展阶段的建设方向和重点。

第十章提出了智慧城市发展的政策体系建议。主要来源于政府的相关配套政策是智慧城市发展的重要保障。在阐述了政策体系的重要性后，本章分析了国内外现有政策规制的特征，国外的政策法规主要体现在国家战略和应用普及、基础环境优化方面，国内现有政策体系主要集中在发展纲要类、试点开展类、领域指导类、地方性文件类。本章在持续性、针对性、全面性和融合性原则的指导下，结合中国具体情况，承继原有优势，在财政、人才、技术管理、金融等方面提出建议。

第十一章是结论和展望。本书主要结论如下：一是智慧城市发展需将信息技术、参与主体和发展模式有机结合，二是智慧城市发展需要以信息技术作为支撑，三是智慧城市发展需要发挥主体生产关系的核心作用，四是智慧城市发展需要有与各自发展模式相适应的体制机制，五是智慧城市发展需要分类实现，六是智慧城市发展需要定期评价和日常预警，七是智慧城市发展需要更全面合理的政策体系保障。

本书所采取的研究路径如图1.3所示。

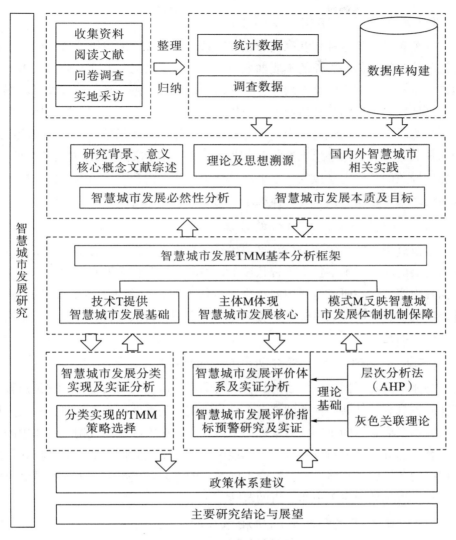

图 1.3 课题研究路径图

二、研究方法

本书以马克思主义理论、经济学、社会学、统计学等学科的理论知识为基础，坚持唯物辩证法，综合采用具体与抽象相结合的方法、实证与规范相结合的方法、整体研究与重点分析相结合的方法、理论研究与实地调研相结合的方法，对智慧城市发展和运营过程中的一些重大问题进行了多层面、多角度的研究。

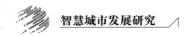

（一）抽象与具体相结合的方法

抽象和具体是两种相互区别、相互联系又互相渗透的思维方式。抽象是思维把事物整体中某一方面的本质抽取出来，是对事物某一方面本质的认识。具体是思维对事物多方面属性的综合，在认识过程中，感性具体和理性具体都不同程度地反映了事物的整体形象。分析是抽象的手段，要达到理性具体，需要以综合为手段。在认识过程中，先形成感性具体，有了感性具体，才可能有思维的抽象，感性具体是思维抽象的前提，而理性具体又是以思维抽象为前提，在思维抽象的基础上形成的。本书在总结国外和国内智慧城市发展的一般特性和共同经验中运用了抽象与具体相结合的方法。

（二）规范与实证相结合的方法

规范分析方法与实证分析法是现代经济学研究中常用的方法。在研究智慧城市发展的同时，本书提出了智慧城市发展的整体分析框架和面向主体的业务架构等内容，这在研究范式中属于规范分析方法。为评估智慧城市发展模式、分类实现以及建立发展指标分析体系，采用案例分析法进行实证检验，则属于实证研究的范畴。

（三）整体研究和个案分析相结合的方法

整体研究是根据一定的目的和要求所确定的研究事物的全体，它是由客观存在的、具有某种共同性质的许多个别事物构成的整体。而个体研究一般为样本研究，组成总体的每一个对象称为个体，研究中实际观测或调查总体中的一个或者一部分。本书对世界各国家和地区智慧城市的共性特征、共性模式、共性规律的分析属于整体研究。结合不同城市的实际，提出完善中国智慧城市的路径和重点领域则属于个案分析的范畴。

（四）理论研究和实地调研相结合的方法

理论研究是指对社会现象、社会生活的内在联系及其规律的研究。实地调研指通过问卷调研、实地走访等方式进行调查研究。本书对智慧城市的理论基础、分析框架以及智慧城市发展的相关模型分析属于理论研究的范畴。同时对江苏、湖北、辽宁、甘肃、山东、安徽等省智慧城市发展单位进行访谈和问卷调研，获取一手数据，总结各地的问题和经验，为研究提供实证支撑。

（五）系统分析方法

系统分析是一种研究方法，能在不确定的情况下，探寻问题的本质和起因，明确咨询目标，找出各种可行方案，并通过一定标准对这些方案进行比较，帮助决策者在复杂的问题和环境中作出科学抉择。本书将智慧城市作为一个系统，对该系统要素进行综合分析，寻找出中国智慧城市发展的主要思路和实现路径。

除此之外，本书还运用了文献分析和比较分析等方法。

第五节　创新点与不足

一、创新点

第一，建立 TMM 分析框架对智慧城市发展进行研究并指导智慧城市发展实践。本书以马克思主义唯物史观为理论基础，面向智慧城市发展的目标和问题，将信息技术、主体和模式有机结合在一起，建立了"技术－主体－模式" TMM 基本分析框架，其基本逻辑是：技术（Technology）提供了智慧城市发展的基础，主体（Main body）体现智慧城市发展核心，模式（Model）保障智慧城市发展实现。三者之间相互关联、相互作用，对智慧城市发展具有理论和实践双重意义。

第二，论述了智慧城市发展中的主体协同。本书的研究以主体为中心，分别对设计者和受益者两个不同的角色进行分析，阐述了政府、研究机构、企业和公众作为主体如何产生作用；并从面向主体的角度出发，将智慧城市各类应用围绕主体进行划分，在此基础上设计出智慧城市发展的业务架构，形成面向对象的服务并强调服务价值。

第三，探寻了智慧城市发展中的分类实现。考虑到不同城市和地区间的经济、资源、环境等差异以及不同城市面临的发展问题的不同，智慧城市发展路径应分类施策、循序渐进。本书根据不同城市的主导产业类型、经济发展阶段和城市规模等三个维度，形成 9 种类型的城市分类，并对 9 种类型智慧城市的建设重点和特征分别进行了阐述，列举了相应案例城市的经验做法，以期对中国不同类型智慧城市发展提供参考；针对不同类型下的共性特质，形成相应的 TMM 策略选择；对城市进行多维分析，探究更为精准的 TMM 策略选择。

第四，形成基于 TMM 的智慧城市发展评价体系和预警模型。本书在智慧城市发展 TMM 分析框架下，引入了惠民服务、精准治理、生态宜居、智能设施、信息资源、网络安全、改革创新、公众体验等诸多概念，用层次分析法确定权重，形成智慧城市发展的评价指标体系。此外，本书结合中国智慧城市建设现状和不同分类、不同区域的样本城市进行了案例研究，分析智慧城市发展与城市规模、产业结构、经济发展阶段间的关系；并依据灰色关联度理论形成了"技术－主体－模式"发展协调度的预警模型。智慧城市发展评价指标的定期评价和预警模型的建立，可不断修正智慧城市发展策略，确定不同发展阶段的建设方向和重点。

二、存在的不足

本书在国内外智慧城市理论研究和实践基础上探讨智慧城市建设的模式、发展路径等问题，有一定创新性的成果，但仍存在一些局限。

第一，分类实现中可以进一步叠加多重维度分析。在分类实现中，本书针对三个维度 9 种城市类型作出了相应的阐述和分析，根据特征进行 TMM 的策略选择，仅就一个多维度标签下的城市进行分析，寻求其 TMM 策略选择。该研究可以继续挖潜多维度分析，将三个维度的标签放在 1 个城市上会形成 27 种分类实现的组合，将得出更细致的分类特征和相应的 TMM 的策略选择，这将会是一个更细致的研究。

第二，实证数据可以更充分。由于智慧城市是新兴产物，其案例、样本和相关理论可参考的文献有限，需要大量的调研以获得一手资料。排除时间因素，调研样本还可以继续扩充，累积更多的历史数据和更鲜活的近期数据。

第三，案例分析层级可以向下扩展。目前智慧城市发展的有效层级已经到区和县级市，这个层面的政府所管辖的半径十分适合智慧城市发展规划建设，未来智慧城市发展的主力军将集中在这一层面，本书的研究涉及部分区和县级城市，但仍需要进一步取样分析。

第二章　相关理论思想溯源

　　信息技术是智慧城市发展的基础，也正是信息技术的出现使得原有的生产关系发生了变化，而技术本身也是生产力的构成部分。政府在智慧城市发展中起到了重要作用，其相关体制机制的建设对智慧城市发展具有重要意义。同时，智慧城市的直接研究对象是城市，因此城市与城市中各要素相关理论以及经济发展等理论也对整篇文章起到重要的指导作用。

　　马克思主义学说中关于生产力和生产关系、经济基础与上层建筑的论述，以及大量的城市发展观和管理学说、科技观等，都充实了现代城市科学理论，对中国的城市建设也有着重要的指导意义。此外，西方经济学和城市经济学对于城市工业化、城镇化、城市发展、城市创新、城市转型和城市发展模式等都有明确的阐述，也为我们的论述提供了理论依据。城市经济学中城市的定义与基本职能、城市化本质及城市化的动力机制、城市经济结构、城市空间结构、城市土地经济、城市政府职能以及城市可持续发展等理论，也是本书的重要理论支撑。

第一节　马克思主义的相关理论溯源

一、历史唯物主义理论

（一）生产力与生产关系矛盾运动规律

　　学习马克思，就要学习和实践马克思主义关于生产力和生产关系的思想。生产力和生产关系矛盾运动规律是马克思主义的重要观点，贯穿于人类社会发展的始终。

　　生产力不是简单的纯自然因素，马克思指出：一定的生产方式或一定的工业阶段始终是与一定的共同活动方式或一定的社会阶段联系着的，而这种共同活动方式本身就是"生产力"①。历史发展进程中，人类在不同时期生产力的质和量都是变化的，即生产力状况在不断地变化，生产工具是它的主要标志。手推磨产生的是封建主为首的社会，蒸汽磨产生的是工业资本家为首的社会②。恩格斯也说：正如现代工具制约着资本主义社会一样，蒙昧人的工具也制约着他们的社会③。从石器、铁器工具，到蒸汽机、电动机，再到今天的计算机、物联网，可以看到生产工具发展在生产力的发展中起着决定性的作用，也是生产力提高的主要标志。

马克思主义认为，生产关系是指人们在生产过程中所结成的人与人之间的相互关系④。生产关系包括生产资料所有制形式、人们在生产中的地位和相互关系以及产品分配方式这三个方面的内容⑤。生产资料所有制内涵十分丰富，马克思曾经说过：各种经济时代的区别，不在于生产什么，而在于怎样生产，用什么劳动资料生产⑥。生产关系决定着各种社会关系，也作用于每个生产过程，在不同的社会和生产过程中，人们之间新的相互关系和阶级之间的相互关系是完全不同的，同时也会有不同的产品分配方式。

生产力决定生产关系，生产关系又反作用于生产力⑦。人们在自己生活的社会生产中发生一定的、必然的、不以他们的意志为转移的关系，即同他们的物质生产力的一定发展阶段相适合的生产关系⑧。生产力和生产关系既各自发展，又有机互动。其中最活跃的和革命的因素是生产力，而对生产力起着核心作用的则是掌握先进科技和管理方式的人。人的科技劳动在引领生产力发展方面是最活跃的因素，具有指导性作用。

---

① 中共中央马克思恩格斯列宁斯大林著作编译局. 马克思恩格斯文集（第1卷）[M]. 北京：人民出版社，2009：160.

② 中共中央马克思恩格斯列宁斯大林著作编译局. 马克思恩格斯文集（第4卷）[M]. 北京：人民出版社，2009：144.

③ 中共中央马克思恩格斯列宁斯大林著作编译局. 马克思恩格斯文集（第30卷）[M]. 北京：人民出版社，2009：170.

④ 漆琪生.《资本论》大纲（第1卷）[M]. 北京：人民出版社，1985：45.

⑤ 中共中央马克思恩格斯列宁斯大林著作编译局. 马克思恩格斯选集（第2卷）[M]. 北京：人民出版社，2012：172.

⑥ 中共中央马克思恩格斯列宁斯大林著作编译局. 马克思恩格斯文集（第23卷）[M]. 北京：人民出版社，1972：204.

⑦ 宋涛. 政治经济学（上卷）（第一分册）[M]. 北京：人民出版社，1983：85.

⑧ 中共中央马克思恩格斯列宁斯大林著作编译局. 马克思恩格斯选集（第4卷）[M]. 北京：人民出版社，2012：967.

（二）经济基础与上层建筑矛盾运动规律

在一定社会里处于统治地位的生产关系的总和是构成社会的经济结构，即其上层建筑的现实基础，什么样的生产关系的总和就构成了什么样的社会性质，这其中生产资料所有制依然是起决定性的部分。生产资料所有制是指人们在生产资料所有、占有、支配和使用等方面所结成的经济关系①。在现实性上，人对物的占有关系是由一定的生产资料所有制决定的，人与人的关系在私有制条件下发展为占有和非占有的关系。在社会的不同时期或相应组织的不同阶段，生产资料会被一定的阶级、集团、组织、个人占有和支配。城市资源和数据资产等都将是生产资料的重要组成部分。

马克思主义认为，某一社会占统治地位的生产关系的总和构成社会的经济基础，在这个社会的经济基础之上，建立着相应的思想的和政治的各种上层建筑，即政治、法律、教育、宗教、艺术、哲学等观点，以及同这些观点相适应的政治、法律制度和文化教育等机构。上层建筑是一个复杂且庞大的体系，包括政治上层建筑和思想上层建筑，本书主要涉及政治上层建筑中的政府机构、社会集团等。政府机构代表国家政权中心，而社会集团则代表一部分人的利益格局。还有一个重要的组成部分——公众社会，它既忠实于国家和政府的意愿和主张，又忠实于特殊集团和单个人的利益。

经济基础是上层建筑赖以存在的根源，上层建筑是经济基础在政治上和思想上的表现。经济基础决定上层建筑，上层建筑反作用于经济基础。目前社会中的各种资源和资料是政府机构和组织赖以生存的根源，但这一定不是一成不变的，社会的物质生产力发展到一定阶段，便同它们一直在其中活动的现存生产关系或财产关系（这只是生产关系的法律用语）发生矛盾。于是这些关系便由生产力的发展形式变成生产力的桎梏，那时社会革命的时代就到来了。随着经济基础的变更，全部庞大的上层建筑也或慢或快地发生变革②。

二、马克思主义城市发展理论

（一）马克思主义城市观

马克思和恩格斯在研究了城市发展的整体历程后发现，城市不是从来就有的，而是由于生产力的发展和剩余物品的增多，随着手工业和商业的集聚而发

---

① 宁玉山. 政治经济学［M］. 北京：北京大学出版社，1994：89.
② 中共中央马克思恩格斯列宁斯大林著作编译局. 马克思恩格斯文集（第2卷）［M］. 北京：人民出版社，2012：592.

展形成的,最初城市大多具备文化和政治功能。商品经济为城市的发展提供了动力,城市是商品经济发展的必然结果。生产力水平的高低决定了城市的内容和形式,生产力的提高促进了社会分工的进一步细分,从而推动了商品经济的发展,促进了城市化的进程。城市是资本主义萌芽的发源地,大工业创造了交通工具和现代的世界市场,控制了商业,把所有的资本都变为工业资本,从而使流通加速(货币制度得到发展)、资本集中[①]。由此可以看出,工业的发展促使资本、人口和生产资料在城市中集聚,促使城乡关系发生变化,城市从从属地位转变为主导地位。随着工业革命进程的推进,城市逐步发展为贸易、工业、科技、金融、运输等多个领域的中心,城市的各种功能逐步凸显出来,其中包括政治功能、经济功能和文化功能。

城市的发展是一个动态的过程,在人类社会的不同阶段,城市所具备的功能也有所差异,是一个不断运动发展的过程。马克思指出,城市的客体(城市的客观条件)和主体(生产者)不断发生着变化。与此同时,城市的作用也随之改变,这也是人类智慧的生动体现。城市是先进生产力的代表,通过规模效应和集聚效应促进了劳动者素质的提高,反过来又加速了城市的发展。

马克思和恩格斯提出:资产阶级使农村屈服于城市的统治。它创立了巨大的城市,使城市人口比农村人口大大增加起来,因而使很大一部分居民脱离了农村生活的愚昧状态。正像它使农村从属于城市一样,它使未开化和半开化的国家从属于文明的国家,使农民的民族从属于资产阶级的民族,使东方从属于西方[②]。城市是资本主义生产方式逐步走向成熟的标志,一方面资本主义制度促进了城市的发展,打破了区域封闭状态;另一方面,资本主义国家利用国际间的城乡差别,对发展中国家展开资源掠夺,并将其纳入资本主义经济秩序中,在这一过程中,城市发挥着核心职能的作用。

马克思和恩格斯在《共产党宣言》中写道:在中世纪的农奴中产生了最初的城市市民等级,在这个市民等级中产生了最初的资产阶级分子。与此同时,城市中的工作为工人阶级的形成提供了物质基础,工人阶级受到资产阶级的剥削。在当时的资本主义社会中,出现了工人阶级联合起来的局面,其根本原因还是人口集聚在了城市中。在《英国工人阶级状况》中,恩格斯写道:人口的集中对无产阶级起了鼓舞的作用,促进了工人队伍的发展壮大,成为一个新的

---

① 中共中央马克思恩格斯列宁斯大林著作编译局. 马克思恩格斯选集(第1卷)[M]. 北京:人民出版社,2012:194.

② 中共中央马克思恩格斯列宁斯大林著作编译局. 马克思恩格斯选集(第1卷)[M]. 北京:人民出版社,2012:405.

阶层即工人阶级，更是一个命运相关的共同体。这个阶级如果是分散的就毫无力量，但团结在一起的力量是无限的，是不可阻挡的历史发展的必然性。随着资本主义的发展，工人阶级和资产阶级的矛盾逐渐加剧，甚至走向决裂，这也是资本主义生产方式固有矛盾不可调和的产物。

为了改变自己的社会地位，工人阶级以城市作为主战场开始了罢工和工人运动，标志着工人阶级作为一股政治力量登上了历史的舞台。资本主义国家对待工人运动所采取的办法包括城市革命或改良运动。由此可以得出结论，在阶级出现以后，城市就是政治权力的中心，是不同阶级发声的场所。城市逐渐在国家经济生活中占据统治地位，客观上促进了工人阶级的集中，工人阶级和资本家之间的对立通过"城市运动"和"城市革命"来加以缓和。

（二）马克思主义城乡关系理论

城乡关系是随着城市的诞生而自然产生的，是生产力发展的产物。在《哲学的贫困》中，马克思谈到城乡关系的改变影响整个社会的变化，整个社会的发展关键在于城乡关系的处理。城乡的对立是从城市产生之初就存在的，并贯穿于城市发展的整个过程中。随着工业文明的发展，城乡的对立关系更加凸显。城市工业的发展使得农村逐渐变成了工业原料的提供者和工业制成品的市场，是资本主义原始积累的源泉。马克思在《资本论》中写道：一切发达的、以商品交换为中介的分工的基础，都是城乡的分离。可以说，社会的全部经济史，都概括为这种对立的运动①。在资本主义发展的初期，城乡之间的对立是具有一定积极意义的。随着圈地运动的兴起，农民逐渐丧失其最主要的生产资料——土地，成了依靠出卖劳动力而生存的无产者。资产阶级日甚一日地消灭生产资料、财产和人口的分散状态。它使人口密集起来，使生产资料集中起来，使财产聚集在少数人的手里。由此必然产生的结果就是政治的集中②。

共产主义的奋斗目标之一就是消除城乡对立③。城乡差别是建立在私有制基础上的，这一物质基础彻底消除了，才能够消灭剥削和阶级对立，促使城乡融合。马克思采取辩证的观点来看待城市的价值，没有因为城市发展的后果而全盘否定这一形态，在共产主义社会，城市和乡村都将被一种能够促进工业和

① 中共中央马克思恩格斯列宁斯大林著作编译局. 马克思恩格斯文集（第5卷）[M]. 北京：人民出版社，2009：408.

② 中共中央马克思恩格斯列宁斯大林著作编译局. 马克思恩格斯选集（第1卷）[M]. 北京：人民出版社，2012：405.

③ [美]艾拉·卡茨纳尔逊. 马克思主义与城市 [M]. 王爱松，译. 南京：江苏教育出版社，2013.

农业融合的全新的形态替代。另外，马克思主张在城乡融合的过程中注重对自然环境的保护，认为有必要发现城市和乡村的优点，并将其联合在一起，避免对环境造成破坏。城乡差别的消除有助于城乡一体化发展，体现为城市扩展到农村，改造传统农业方式，有效地消除城乡对立。

三、苏联共产党人关于城市发展相关思想

在马克思主义的基础上，列宁和斯大林结合俄国国情和俄国当时城市建设情况，提出了"城市中心理论"，推动了俄国的城市化进程，促进了经济的发展。虽然后期苏联解体，但列宁和斯大林对马克思城市发展理论的完善，对于中国的城市建设也有积极的指导意义。

（一）城市中心理论

列宁在发动十月革命之前提出，作为单独一个地方的彼得堡并不存在。彼得堡是全俄国的地理、政治革命中心。全俄国都注视着彼得堡的动静。彼得堡的一举一动，都是整个俄国遵循的榜样。从这种情况出发，就不能把彼得堡委员会的活动当作地方性的活动[①]。正是在这种认识的基础上，俄国的十月革命以城市为中心，将城市中的无产阶级集合在一起，先夺取城市的控制权，再领导农村运动[②]。列宁认为，城市作为国家的政治、经济和文化中心，是进步的主要动力[③]。这一观点与当时俄国的实际相契合。斯大林在《土地问题》中指出："大家知道城市比农村发达，城市是农村的领导者，所以任何社会主义事业都应当从城市开始。"[④] 列宁和斯大林都忽视了农村的作用，导致农业发展滞后、城乡差距拉大，为后期苏联的解体埋下了隐患。

（二）城镇化动力分析

列宁认为，通过大力发展商品经济，可以促进农业和工业的分离，进而推动工业的发展，推动城镇化的进程。他指出，商业性农业的增长为资本主义创造了国内市场。第一，农业的专业化引起了各种农业区域之间、各种农业部门之间和各种农产品之间的交换。第二，农业愈是被卷入商品流通，农村居民对

---

① 中共中央马克思恩格斯列宁斯大林著作编译局. 列宁全集（第 24 卷）[M]. 北京：人民出版社，1957：504.

② 杨婧. 列宁城乡关系思想及其当代价值研究 [D]. 绵阳：西南科技大学，2017.

③ 中共中央马克思恩格斯列宁斯大林著作编译局. 列宁全集（第 19 卷）[M]. 北京：人民出版社，1959：264.

④ 中共中央马克思恩格斯列宁斯大林著作编译局. 斯大林全集（第 1 卷）[M]. 北京：人民出版社，1953：199.

加工工业供个人消费的产品的需求就增长得愈快。这样，第三，对生产资料的需求也就增长得愈快①。农业的现代化促进了城镇化的发展，促使城市规模扩大和一批新城市产生。

（三）城乡融合路径

马克思和恩格斯虽然提出了城乡融合的目标，但没有给出具体的实践方式和路径。列宁和斯大林结合俄国社会主义革命的经验，对城乡融合理论进行了发展和延伸。1921年，列宁在俄国实行了余粮征集制以兼顾农民利益，改善工人阶级和农民阶级的关系。在商品流通方面，允许自由贸易，强化了工人阶级和农民阶级的联系，促进了工农联盟的出现，深化了城市和乡村的交流，有利于城乡融合。斯大林指出，要实现城市和乡村、工业和农业的结合，并以此加强工业和农业、城市和乡村的交流与联系，促进商品经济的发展和商品流通②。

四、中国共产党人关于城市发展相关思想

新中国成立后，中国借鉴了国际上诸多优秀经验，早期以苏联为主，结合本国国情，探索出了一套适合中国的城市发展理论。

（一）毛泽东的城市发展理论

新中国成立之初，中国的经济发展低迷，城乡分裂和对立严重，甚至在局部地区出现了城乡交流中断。毛泽东在七届二中全会上指出，城乡必须兼顾，必须使城市工作和乡村工作，使工人和农民、工业和农业，紧密地联系起来。决不可以丢掉乡村，仅顾城市，如果这样想，那是完全错误的③。新中国成立之初许多问题不断显现，需要及时有效的政策和办法，其中没收官僚资本、建立国营经济是重要方面，加之稳定物价等切实与百姓相关的政策，有效改善了城乡关系。

（二）邓小平的城市发展理论

在继承毛泽东城市发展理论合理因素的基础上，为了缩小与发达国家间的距离，推进城镇化建设，邓小平提出了一系列的非均衡发展思想，主要包括分

---

① 中共中央马克思恩格斯列宁斯大林著作编译局. 列宁全集（第3卷）[M]. 北京：人民出版社，1959：275.

② 转引自吴学凡. 斯大林的城乡差别思想研究 [J]. 华北水利水电学院学报（社会科学版），2007（2）：30−32.

③ 毛泽东. 毛泽东选集（第4卷）[M]. 北京：人民出版社，1991：1427.

"三步走"的战略和"两个大局"的思想等。

在城乡关系上，邓小平认识到中国的根本问题在于农村，只有使农民富裕起来，才有助于解决城镇化发展过程中的问题。在推进城镇化的进程中，要重视农村的作用与发展。改革之所以从农村开始，是因为农村人口占全国人口的大多数，其基本生活问题能否解决关乎整个社会的稳定。邓小平认为，大量农业劳动力转到新兴的城镇和新兴的中小企业恐怕是必由之路。总不能老把农民束缚在小块土地上，那样有什么希望?① 20 世纪 80 年代，在总结中国经济建设历史经验时，邓小平再次强调要把农业放在一个合适的位置上，不能忘记这个根本。

邓小平提出的"两个大局"思想是中国城镇化建设的重要指导思想。在世界范围内，多数大国都存在着地区经济发展不平衡的问题，中国在改革开放以后，沿海城市和中西部城市间的差距进一步拉大。在此背景下，邓小平提出：一部分地区有条件先发展起来，一部分地区发展慢点，先发展起来的地区带动后发展的地区，最终达到共同富裕②。他科学地阐释了"两个大局"的核心理念：沿海地区要加快对外开放，使这个拥有两亿人口的广大地带较快地发展起来，从而带动内地更好地发展，这是一个事关大局的问题。内地也要顾全这个大局。反过来，发展到一定的时候，又要求沿海拿出更多力量来帮助内地发展，这也是个大局。那时候沿海也要服从这个大局③。在"两个大局"战略指导下，东南沿海城市经济获得了迅速的发展，促进了国家经济的腾飞。

在"两个大局"思想的基础上，邓小平又提出了中国经济建设的"三步走"战略：第一步，实现国民生产总值比 1980 年翻一番，解决人民的温饱问题。这个任务已经基本实现。第二步，到 20 世纪末，使民生产总值再增长一倍，人民生活达到小康水平。第三步，到下个世纪中叶，人均国民生产总值达到中等发达国家水平，人民生活比较富裕，基本实现现代化④。这一战略已经成为中国经济建设的指南。他指出，大城市的中心和辐射作用及小城镇的发展都要一样地重视关心，二者相互促进、共同发展壮大。另外，从城市和农村的发展来看，农村发展可以从城市的发展中获取所需要的技术和资金支持，而

---

① 中共中央文献研究室. 邓小平年谱（1975—1997）（下）[M]. 北京：中央文献出版社，2004：1174.

② 邓小平文选（第 3 卷）[M]. 北京：人民出版社，1993：373.

③ 中共中央文献研究室. 邓小平年谱（1975—1997）（下）[M]. 北京：中央文献出版社，2004：1247.

④ 中共中央文献研究室. 邓小平年谱（1975—1997）（下）[M]. 北京：中央文献出版社，2004：1214.

农村的发展则为城市提供生产原料和消费市场。

（三）江泽民的城市发展理论

江泽民在党的十五大上强调，农业发展对城镇化建设具有重要意义，要把农业放在经济发展的首要位置上。1998 年 10 月中共十五届三中全会指出，发展小城镇，是带动农村经济和社会发展的一个大战略[①]。这样就将城镇化提高到战略的高度，可以转移农村富余劳动力，破解农村经济发展困境，进而缩小城乡之间的差距。江泽民还指出：小城镇建设要合理布局，科学规划，规模适度，注重实效。要注意运用市场机制，更多地发挥民间投资的作用，走出一条在政府引导下主要通过市场机制建设小城镇的路子[②]。至此，中国城乡理论进一步发展，其基本标志就是把城市化、工业化、现代化同"三农"问题和国民经济发展联系起来系统考虑。

（四）胡锦涛的城市发展理论

在总结中国城市建设经验教训的基础上，胡锦涛提出了用科学发展观指导城市建设，强调统筹发展城乡和平衡发展区域，解决城乡发展不协调问题。

胡锦涛在十六届四中全会上指出：在工业化初始阶段，农业支持工业，为工业提供积累，是带有普遍性的趋向；而在工业化达到相当程度以后，工业反哺农业、城市支持农村，实现工业与农业、城市与农村协调发展，也是带有普遍性的趋向[③]。"两个趋向"的重要论断，是立足中国国情和国力对城乡关系发展中新问题的准确把握。2005 年，以"两个趋向"为指导，中国全面废除了农业税，加快了"以工促农、以城带乡"新机制的确立。在"十二五"规划中，中国首次将统筹城乡发展，积极稳妥推进城市化建设，促进城乡良性互动纳入其中，作为接下来一段时间国家建设的重点方向。

胡锦涛将"三农"问题作为全党最重要的工作深抓落实，从 2004 年开始，连续 9 年的中央一号文件都尤为重视"三农"问题。要实现城乡一体化发展就必须先增加农民收入，为农村发展注入活力，缩小城乡之间的差距。在这期间，中国农业稳定发展，农民持续增收，城镇化建设也在有条不紊地推进，城乡之间的交流与联系达到了新的高度。

在统筹区域发展方面，以胡锦涛同志为总书记的党中央，提出了区域发展

---

① 中共中央文献研究室. 十五大以来重要文献选编（上）[M]. 北京：人民出版社，2000：569.
② 中共中央文献研究室. 十五大以来重要文献选编（中）[M]. 北京：人民出版社，2001：1074.
③ 中共中央文献研究室. 十六大以来重要文献选编（中）[M]. 北京：中央文献出版社，2006：311.

的总体战略，即积极鼓励东部地区率先发展，推动西部地区的发展和中部地区的崛起，形成合理的区域结构，分工明显，特色优势互补，协调发展各地区。中国的经济是一个整体，中西部地区具有丰富的自然资源，经济潜力和后劲还没发挥出来。东部地区应充分利用技术、资金和工业基础优势，在"先富起来"之后，逐步加大对中西部的支持力度。不能把中国的几个区域孤立起来，而应该用联系发展的眼光去看待，促进国家各区域的协调发展，实现共同富裕。

（五）习近平的城市发展理论

2013 年，中国的城镇化率已经达到 53.7%，基本达到世界平均水平。习近平在十八届三中全会上指出，坚持走中国特色新型城镇化道路，推进以人为核心的城镇化，推动大中小城市和小城镇协调发展、产业和城镇融合发展，促进城镇化和新农村建设协调推进①。

习近平提出，城镇化的核心和主体是人，要想实现新型城镇化，首先要实现人口的市民化，从人的层面促进城市化的发展。通过改善就业条件、解决进城务工人员落户等问题，促进城镇人口素质和生活质量提升。城市之间也需要加强联动和合作，实现不同规模城市的资源优化配置、人口自由流动，促进大小城市协调发展。农业人口的市民化，应当坚持自愿、分类、有序的原则，尊重农民本身的意愿②。

此外，在城镇化建设过程中，以习近平同志为核心的党中央高度重视生态文明建设，主张树立尊重、顺应和保护自然的理念。在 2013 年底召开的中央城镇化工作会议上，习近平总书记提出"望得见山，看得见水，记得住乡愁"③ 的城镇建设思路和"要融入让群众生活更舒适的理念"的要求，体现出了对可持续发展理念和生态城市模式的思考。水资源紧缺、污染严重等问题不仅制约着城市的发展，也影响了城市居民的生活质量，必须引起高度重视，让城市居民生活在天蓝、水清的环境下。城市的载体功能也是非常明显的，尤其是在文化传承方面，可以鼓励有历史典故、地域特色和民族特点的城镇因地制宜、因时制宜大力发展，不能因追求政绩而破坏城市记忆。应努力实现人与自然和谐发展，建设美丽城镇、宜居城镇。

---

① 中共中央关于全面深化改革若干重大问题的决定［M］. 北京：人民出版社，2013：29.

② 中共中央文献研究室. 十八大以来重要文献选编（上）［M］. 北京：中央文献出版社，2014：594.

③ 中共中央文献研究室. 十八大以来重要文献选编（上）［M］. 北京：中央文献出版社，2014：603.

综上，虽然所处的时代不同，面临的城镇问题不同，但马克思主义理论指导下的城市发展理论是一以贯之的，都是立足于国情和当代的发展需要，在批判地继承马克思主义城市发展理论的基础上，继续丰富和发展的成果。这些理论对当前中国城市的快速有序发展起到了重要的指导作用。

五、马克思主义科技观

马克思主义科技观是马克思主义理论体系的重要组成部分。马克思和恩格斯都十分关注科学技术与社会文化的关系，认为科学是一种在历史上起推动作用的革命的力量[①]。在《反杜林论》中，恩格斯写道：未来的、不再为这些困难和障碍所妨碍的历史时期，将有空前的科学、技术和社会的成果[②]。并且他认为，在摆脱资本准予生产局限性的社会可以造就全面发展的一代生产者，他们懂得整个工业生产的科学基础……所以这样的社会将创造新的生产力，这种生产力会绰绰有余地抵偿从比较远的地方运输原料或燃料所花费的劳动[③]，此外，他们还明确指出了知识经济对比物质经济所具备的明显优越性。根据马克思和恩格斯的观点，自然科学的前进发展过程，也是人的解放过程，是一场人的本质力量的公开展示[④]。马克思还深刻地指出：社会劳动生产力，首先是科学的力量[⑤]；大工业把巨大的自然力和自然科学并入生产过程，必然大大提高劳动生产率[⑥]。

以毛泽东同志为代表的第一代领导人，将马克思主义科学观与中国国情相结合，初步论证了科学技术与社会主义建设的关系，形成了具有中国特色的科技理论。1963 年，毛泽东号召全党"向科学进军"，指出科学技术这一仗一定要打，而且必须打好；不搞科学技术，生产力就无法提高[⑦]。这一理念的提出

[①]　中共中央马克思恩格斯列宁斯大林著作编译局. 马克思恩格斯选集（第 3 卷）［M］. 北京：人民出版社，2012：1003.

[②]　中共中央马克思恩格斯列宁斯大林著作编译局. 马克思恩格斯文集（第 9 卷）［M］. 北京：人民出版社，2009：122.

[③]　中共中央马克思恩格斯列宁斯大林著作编译局. 马克思恩格斯文集（第 9 卷）［M］. 北京：人民出版社，2009：313.

[④]　中共中央马克思恩格斯列宁斯大林著作编译局. 马克思恩格斯全集（第 3 卷）［M］. 北京：人民出版社，2002：307.

[⑤]　转引自中共中央文献研究室. 十三大以来重要文献选编（上）［M］. 北京：人民出版社，1993：1589.

[⑥]　中共中央马克思恩格斯列宁斯大林著作编译局. 马克思恩格斯全集（第 23 卷）［M］. 北京：人民出版社，1972：424.

[⑦]　转引自中共中央文献研究室. 十三大以来重要文献选编（上）［M］. 北京：人民出版社，1993：1589.

促进了中国社会生产力的大幅提高，为缩减与发达国家的科技差距打下了良好的基础。

"科学技术是第一生产力"这一重要论断构成了邓小平科技观的核心思想，他认为历史上的生产资料，都是与一定的科技力量相结合的，而历史上的劳动力，也是掌握了一定科技素养的劳动力。此外，邓小平还指出，四个现代化的关键是科学技术的现代化①。

随后，江泽民提出：科学技术是第一生产力，而且是先进生产力的集中体现和主要标志②。这指明了科学技术在生产力发展中的决定性作用。他认为，应该把教育和科技摆在经济、社会发展的重要位置，增强国家的科技实力及向现实生产力转化的能力③。

中国的第四代领导集体高度重视自主创新能力的培育，胡锦涛在十六届五中全会第二次会议上首次提出要建设创新型国家，指出要把增强自主创新能力作为科技发展的战略基点和调整经济结构、转变经济增长方式的中心环节④。胡锦涛提出的以人为本的科技观是对马克思主义科技观的新发展，即重视科技与社会、环境、人的和谐发展。

习近平结合中国国情和马克思主义科技观及中国化的马克思主义科技思想，在2013年提出：实施创新驱动发展战略，是加快转变经济发展方式、提高我国综合国力和国际竞争力的必然要求和战略举措，必须紧紧抓住科技创新这个核心和培养造就创新型人才这个关键⑤。他强调，科技是国家强盛之基，创新是民族进步之魂⑥，要想实现中华民族的伟大复兴，就必须坚持走中国特色自主创新道路，面向世界科技前沿、面向经济主战场、面向国家重大需求，加快各领域科技创新，掌握全球科技竞争先机⑦。

---

① 中国共产党第十二次全国代表大会文件汇编［M］. 北京：人民出版社，1982：19.
② 中共中央文献研究室. 十五大以来重要文献选编（下）［M］. 北京：人民出版社，2003：1905.
③ 中共中央文献研究室. 改革开放三十年重要文献选编（上）［M］. 北京：人民出版社，2008：802.
④ 中共中央文献研究室. 改革开放三十年重要文献选编（下）［M］. 北京：人民出版社，2008：1550.
⑤ 中共中央文献研究室. 习近平关于科技创新论述摘编［M］. 北京：人民出版社，2016：13.
⑥ 中共中央文献研究室. 习近平关于科技创新论述摘编［M］. 北京：人民出版社，2016：27.
⑦ 中共科学技术协会. 中国科学技术协会第九次全国代表大会文件［M］. 北京：人民出版社，2016：4.

第二节　西方经济学的相关理论溯源

一、熊彼特创新理论

进入信息化时代后，知识社会和技术创新的价值进一步得以体现，人们开始反思对技术创新的认识。在《经济发展理论》一书中，熊彼特提出：生产意味着把我们所能支配的原材料和力量组合起来。每一种生产方法都意味着某种这样的特定组合。不同的生产方法只有通过组合的方式才能加以区别。那么，生产其他的东西，或者用不同的方法生产相同的东西，意味着以不同的方式把这些原材料和力量组合起来，这些都属于"新组合"①。熊彼特认为企业家是资本主义的灵魂，其主要职能就是引进新组合，以最大限度地获得超额利润。由于创新的过程是非连续性的，且不同程度、不同领域的创新给经济发展带来的影响也有所差异，因而产生了经济波动与经济周期。资本主义不是静止不变的，而是知识经济变动的一种形式。创新是资本主义经济发展的动力所在，如果没有创新活动，就没有资本主义的发展②。

熊彼特的创新理论主要包括如下几个基本观点：

其一，创新是内生于生产过程之中的。熊彼特认为，虽然投入资本和劳动力数量等外加条件的变化可以导致经济生活的变化，但更重要的是从体系内部发生的经济变化，这一变化的存在是众多重要经济现象存在的本质原因，这种经济变化就是创新。

其二，创新的同时也在发生着毁灭。创新是新组合的诞生，同时往往伴随着旧组合在竞争中的消亡，这种消亡可能是缓慢进行的，也可能是迅速完成的。新组合与旧组合之间的竞争可能发生于两个不同的经济实体之间，也可能发生在同一个经济实体内部，如企业对自己生产的产品的更新升级等。

其三，创新是一种革命性的变化。熊彼特指出，增长和发展是两个完全不同的概念，如果仅仅是经济的增长，如人口和财富的增长所表明的，在这里也不能称作是发展过程。因为它没有产生在质上是新的现象，而只有同一种适应过程，像在自然数据中的变化一样。因为我们想要使我们的注意力转向别的现

① 陈勇勤，张俊夫. 对新古典经济学生产资料理论的批判——基于马克思、庞巴维克与熊彼特不同资本观的比较分析 [J]. 当代经济研究，2018（3）：42—50+99.
② 王昳玢. 熊彼特假说与产业扶持政策的制度逻辑——来自中国高新技术产业经验数据的证据 [J]. 云南财经大学学报，2017，33（4）：24—33.

象，我们将把这种增长看作是数据的变化①。只有"革命性"变化的发生，才是真正意义上的创新，这也突出强调了创新的间断性特征。

其四，创新可以创造出新的价值。熊彼特在著作中反复强调创新和发明之间的差异，认为企业家不等于发明家，两者没有必然联系。尽管企业家自然可能是发明家，就像他们可能是资本家一样，但他们之所以是发明家并不是由于他们的职能的性质，而只是由于一种偶然的巧合，反之亦然。此外，作为企业家的职能而要付诸实现的创新，也根本不一定必然是任何一种的发明②。熊彼特将生产定义为一种经济过程，而不是纯粹的技术问题。强调创新是对新工具和新方法的应用，只有在经济发展中创造出价值，才能称之为创新。

其五，企业家是创新的主体。熊彼特对企业家在资本主义发展过程中的价值高度重视，甚至超过了对物质和技术等客观因素的重视，认为企业家和创新是资本主义发展的原因和动力，资本主义是不可能不存在企业家和创新的，企业家和创新的多少反映了资本主义国家发展程度的差异。熊彼特将企业家定义为"职能是实现新组合的人们"。也就是说，只有企业家在实现某种新组合时，才能把他称为企业家。这一定义更广一些，因为熊彼特对企业家的定义不仅包括通常所说的独立生意人，也包括完成新组合职能的人；这一定义也狭一些，因为其不包括通常意义上的职业经理人和工厂主，因为他们只经营已经建立起来的企业，而没有创建属于自己的新组合。

熊彼特的理论虽然是立足于资本主义和西方经济学的，但其中对于创新内涵的阐释和对企业家精神的重视，对于中国的建设同样具有重要的启发作用，本书中对信息技术在智慧城市发展中作用的探讨也吸纳了熊彼特的创新理论观点。

二、二元经济理论

二元经济理论最早是由英国学者刘易斯（Lewis）于 20 世纪 50 年代在其著作《劳动无限供给条件下的经济发展》中提出的。他揭示了发展中国家传统农业经济体系与城市现代工业体系两种经济体系同时并行的状况，这两种体系共同构成了"二元经济结构"。这一理论也是区域经济学的基石。

在传统农业中核心生产要素——耕地是有限的，相对而言劳动人口则是大

---

① ［美］约瑟夫·熊彼特. 经济发展理论［M］. 何畏. 易家详，等译. 北京：商务印书馆，1991.

② ［美］约瑟夫·熊彼特. 经济发展理论［M］. 何畏. 易家详，等译. 北京：商务印书馆，1991.

量的。由于农业生产技术很难出现突破性的进展，因而全部耕地都完成了开发、产量达到一定数量以后，增加一个劳动力所带来的产量增长几乎等于零，也就是这些剩余劳动力的边际生产率为 0[①]。剩余劳动力的存在是发展中国家经济水平较为落后的重要原因，农村剩余劳动力向城市迁移的过程可以促进二元经济结构的逐步消失[②]。

在城市现代工业体系中，生产规模的扩大速度和生产效率的提升速度能够超过劳动人口的增长速度，因而城市工业体系中的劳动边际效率略高于农村传统农业生产体系，可以从农村吸纳剩余劳动力。在工业体系中，剩余劳动力可以获得的收入水平高于在农村从事农业生产所获得的收益，这样就会自然吸引劳动力进入工业部门。而对于工业部门本身，可以以较为低廉的价格购买劳动力，将更多的资本投入到扩大再生产中去，而扩大的生产规模又会吸引更多的劳动力进入工业生产环节。这一过程在将农村剩余劳动力彻底吸纳完全之前，会一直进行下去。通过农业剩余劳动力的转移，可以加快二元经济结构的消亡，改善发展中国家的贫困现状。刘易斯同时也指明，当资本积累赶上人口，以至不再有剩余劳动力时，这个过程就必然停止。但它也可能在此之前停止[③]。

由于工业部门吸引剩余劳动力依赖于高于农业生产部门的工资收入水平，因而，现代工业部门的工资水平是由传统农业部门的收入情况决定的。如果传统农业部门的生产率很高，但产出农作物的价格下降速度比生产率提高的速度慢，这将促使工业部门的资本家把更多的产品作为工资支付给工人，这样会减少工业生产的利润。

在农村剩余劳动力被工业部门彻底吸收以后，劳动力的供给曲线将由初期的水平直线变为向上倾斜的直线，在工业部门的劳动者的收入将会随着工业部门投资的增多而提高，从而实现工农业的均衡发展，改变国民经济结构。

三、人口迁移理论

所谓人口迁移，是指人口在两个地区之间的地理流动或分布在空间位置上的变动，这一变动往往是永久性或者长期的。公认最早的人口迁移理论是由拉

---

① 陈雪原. 关于"双刘易斯二元模型"假说的理论与实证分析 [J]. 中国农村经济，2015（3）：34—43.

② 张桂文. 二元转型及其动态演进下的刘易斯转折点讨论 [J]. 中国人口科学，2012（4）：59—67+112.

③ 转引自刘伟. 刘易斯拐点的再认识 [J]. 理论月刊，2008（2）：130—133.

文斯坦（Ravenstein）提出的"人口迁移法则"，他认为人口迁移的主要目的在于人们改善自己的经济状况，并从人口迁移机制、迁移结构、空间特征出发，总结出了七大定律，详见表2.1。

表 2.1　人口迁移七大定律

类型	定律名称	定律内容
迁移机制	经济律	人口迁移的目的是改善经济条件
	城乡律	相比于城市居民，乡村居民进行迁移的可能性更大
迁移结构	性别律	女性的迁移倾向比男性更强，迁移以短距离为主
	年龄律	不同年龄层的人口迁移的倾向不同，老年人的迁移倾向更弱
空间特征	距离律	随着与市中心的距离增加，移民的数量呈现递减趋势
	递进律	随着郊区及乡镇人口受到市中心吸引进入城市，在郊区和乡镇所产生的空缺将被距离市中心更远地区的人口所补足，直到城市的吸引力影响到最边远的区域
	双向律	人口从偏远地区进入市中心是主流，但同时也存在着从中心城市远离的逆流

在中国，从新中国成立到改革开放前的人口迁移由于受到严格户籍管理制度和计划经济的影响，具有规模小、频率低、受到国家政策影响几个特点。在改革开放以后，自发迁移人口的数量大幅提升，且呈现出从农村到城市、从内陆到沿海地区的特点，这一趋势也与人口迁移理论相匹配。

四、公共产品理论

公共产品理论是新政治经济学的重要内容，根据保罗·萨缪尔森（Paul Samuelson）在《公共支出的纯理论》中对纯粹公共产品或劳务的定义，公共产品指的是每个人对这种物品或劳务的消费不会导致其他人对此种物品或劳务的消费减少。只有同时具有效用不可分割性、消费非竞争性和受益的非排他性的物品或劳务才能称作公共产品。

根据西方经济理论，如果公共产品由私人供应者提供，大量的"免费搭车者"会导致供给方难以获得应得收益，进而导致市场失灵，无法实现全体社会成员的利益最大化。因此只有由政府提供公共物品和服务，才能避免供给不足的出现。早在19世纪末，奥地利和意大利经济学家就把边际效用价值理论应用于财政学科的研究上，证明了政府和财政与市场经济的互补性，形成了公共产品理论的雏形。

除纯粹公共产品外，具有有限消费非竞争性或有限受益非排他性的物品，被称作是准公共物品。詹姆斯·布坎南（James Buchanan）在《俱乐部经济学》（1965）一书中，对准公共物品进行了分析，拓宽了公共产品研究的概念①。理论上对于准公共产品的供给，应该采用政府和市场共同分担的原则②。

公共产品理论对于中国的改革实践有着很强的借鉴作用，在中国实行计划经济期间，大量物品和服务都由政府提供，具有公共产品的特征。由于不存在买方市场，供给呈现计划性、一致性特征，无法满足社会成员多样化的需求，难以达到帕累托最优。在中国过渡转型的关键时期，通过公共产品理论分析市场与"公共选择"两种资源配置方法，对政府行为边界的划定和提升公共产品的生产效率具有积极作用③。2017 年，中国城市科学研究会理事长仇保兴在就智慧城市规划时表示，进行智慧城市设计时应围绕"公共品"，防止挤占民企市场空间，变成纯粹的"商业品"智慧城市。建设"公共品"智慧城市就是要让政府做自己该做的事，以智能化的科技手段为支撑，推动城市向前发展。"公共品"智慧城市又可以划分为节能减排型、政府管理绩效型、减灾防灾型和治理城市病型等，城市可根据所处位置、人文资源、面临问题等综合评定后确定最主要的建设目标。

第三节　城市经济学的相关理论溯源

对城市经济问题的研究，最早可以追溯到 19 世纪 20 年代，这一时期的经济学家对城市经济的主要关注点包括城市区位研究、城市土地市场和楔形理论等。到了 1940 年，对城市经济问题的研究主要聚焦于土地合理利用、级差地租、工业布局、运输成本等。到了 20 世纪 60 年代，城市经济学从广义经济学中分离开来成为一门独立的学科，美国经济学家威尔帕·汤普森（Wilbur Thompson）的著作《城市经济学导言》（1965）的诞生，标志着城市经济学这一学科门类在美国诞生。

城市经济学虽然起步较晚，但一经产生就展现出理论上的蓬勃生机和现实中对城市发展的重要指导意义。1981 年 5 月，中国国土经济学研究会成立，

---

① 林俊荣. 全国统筹分县区类别保障：农民工养老保险关系转入障碍的消除——基于俱乐部经济理论的分析［J］. 市场与人口分析，2007（3）：56—60.

② ［美］罗伯特·S 平迪克，丹尼尔·L 鲁宾费尔德. 微观经济学［M］. 李彬，高远，译. 北京：中国人民大学出版社，2013.

③ 宋涛. 政治经济学教程［M］. 北京：中国人民大学出版社，2013.

这标志着城市经济学作为一门独立学科在中国建立起来。

一、城市化与城市功能

城市化指的是一个国家或地区随着社会生产力的发展，产业结构的调整以及科学技术的进步，从以农业为主的传统乡村型社会向以第二产业和第三产业等非农产业为主要构成部分的现代城市型社会逐渐转变的历史过程。当前，在世界范围内城市化已经成了一个不断深化、不可扭转的进程。狭义上的城市化进程就是农村人口逐渐转变为城市人口的过程，广义上的城市化进程则涵盖了人口、经济、社会等多个层面，包括城市人口规模的增加、城市用地的扩大以及城市社会、经济、技术变革进入乡村的过程。一方面城市化进程是物质文明发展的结果，另一方面也是精神文明前进的动力。

城市得以生存的本质特征在于城市的功能，1984 年，《中共中央关于经济体制改革的决定》提出，城市是中国经济、政治、科学技术、文化教育的中心，是现代工业和工人阶级集中的地方，在社会主义现代化建设中起着主导作用[①]；并且要充分发挥城市的中心作用，逐步形成以城市特别是大、中城市为依托的不同规模的、开放式、网络型的经济区[②]。由此可以看出，城市的主要功能包括政治功能、经济功能、交通功能、文化功能、信息中心职能、旅游中心职能、宗教中心职能[③]。以上几种功能是绝大多数城市都具备的，只是不同城市在不同领域发挥的职能强弱不同。事实上，城市在某一功能上的特殊重要性往往也决定了城市的发展方向。对于上述几种职能，分别介绍如下：

第一，政治职能。一般情况下，为了利用城市便捷的交通及信息传输系统，区域内的各级政府及行政性质机构的办公地点都集中在城市内，从而使城市成为该级政府辖区的政治中心[④]。当新设立一个政府部门时，为了上传下达的便利性，往往会选址在一个行政机构集中的区域，这就使城市集中了行政管理职能与政治职能。例如，瑞士的日内瓦集中了国际红十字会总部、世界卫生组织、国际劳工组织、联合国驻欧洲办事处等国际机构，已成为著名的国际会议中心。

第二，经济职能。工业革命以来，随着大量企业在城市设立，乡村人口逐渐涌入城市，城市不仅集聚了广阔的市场需求、大量的就业机会、便利的基础

---

① 中共中央关于经济体制改革的决定 [M]. 北京：人民出版社，1984：5.
② 中共中央关于经济体制改革的决定 [M]. 北京：人民出版社，1984：24.
③ 杨宏山. 城市管理学 [M]. 北京：中国人民大学出版社，2013.
④ 彭和平，侯书森. 城市管理学 [M]. 北京：高等教育出版社，2009.

设施以及海量的人才储备，还以其专业化的分工、强大的创新能力、繁荣的文化市场向周边产生着巨大的辐射力。城市成为经济活动最为繁荣的区域，既是商品的生产、制造、流通中心，也是金融、贸易等活动的中心。

第三，交通职能。城市通常建立在交通便利的区域内，这样一方面节约了在物流运输方面的人力财力物力，同时也便于将城市生产出的物资销往各地，进一步加强了城市与全国甚至全世界的联系。例如，中国的上海从唐朝起就是重要的贸易港口城市，2013 年上海港集装箱吞吐量居于世界首位。

第四，文化职能。一方面，世界范围内的大学往往都处于城市内，教育资源丰富，文化活动活跃；另一方面，由于城市内的人口密集且人口迁移频繁，因而更容易激发丰富多样的文化活动，不断产生思想碰撞和技术革新。例如，美国旧金山集中了斯坦福大学、西北理工大学、圣塔克拉拉大学、旧金山大学和金门大学等多所名校，使得该地文化氛围浓厚，技术更迭迅速；同时丰富的教育资源吸引了许多高素质人才，也促进了城市经济职能的发挥。

第五，信息中心职能。在具备了经济、文化、科技等优势资源的情况下，城市也自然成了区域内的信息中心。反过来，城市的信息处理、汇集和过滤功能反过来又支持了其他功能的更好发挥。随着信息技术在国民经济和生活中的作用越来越大，城市的信息中心职能也在逐渐凸显。

第六，旅游中心职能。很多城市自古以来就是繁华区域，拥有深厚的历史文化内涵，同时兼具现代完善的休闲设施，故而成了一定区域的旅游中心①。例如，中国西安市在历史上是西周、秦、西汉、新、东汉献帝、西晋愍帝、前赵、前秦、后秦、西魏、北周、隋、唐十三个朝代的都城，现在是陕西省的省会，有着秦始皇陵及兵马俑、大雁塔、小雁塔、唐长安城大明宫遗址、汉长安城未央宫遗址、兴教寺塔等多处历史文化遗迹。

第七，宗教中心职能。除上述几种主要的城市功能外，部分城市因为在宗教中的特殊地位而驰名。例如，沙特阿拉伯的麦加作为伊斯兰教的圣城，每年都会吸引大量教徒来此朝圣。

因不同城市的历史沿革不同、地理位置不同，在发挥七种城市功能时的侧重也有所差异。智慧城市的概念是在城市化进程逐渐加快的过程中提出的，而不同特点的城市在选择建设方案时则应当结合上述七种功能中的侧重方向加以考量。

---

① ［美］爱德华·格莱泽. 城市的胜利［M］. 刘润泉，译. 上海：上海社会科学院出版社，2012.

二、城市经济结构

城市经济结构最早是 20 世纪 50 年代新西兰学者费歇尔（Fischer）提出的，城市的生产力结构与生产关系结构是城市经济系统中最重要的结构比例关系。其中，由于城市生产力结构中产业结构反映了城市经济系统中各产业之间的数量比例、组合方式和主次地位等，从而成为衡量生产力结构的最重要的结构类型。英国统计学家克拉克（Clark）在其基础上对三次产业结构的变化与经济发展的关系进行实证分析，自此国际上开始普遍接受三次产业结构分类方法。

城市经济结构与城市发展状况之间存在紧密的关联，城市的经济发展水平决定了城市经济结构的分布比例，而城市经济结构的配置情况也反映在城市的经济增长速度和经济效益上。克拉克针对区域三次产业结构的演变，总结了一定规律，认为随着人均国民收入的增加，劳动力在三个产业中流动，首先由第一产业向第二产业转移，逐步再向第三产业转移①。西蒙·史密斯·库兹涅茨（Simon Smith Kuznets）则进一步提出，随着时间的推移，农业部门的国民收入在整个国民收入中的比重和农业劳动力在全部劳动力中的比重均处于不断下降之中。一般情况下，发达国家的第三产业占比较高，而第一、二产业的占比则低于 30％；在发展中国家则是第二产业的比重在经济结构中最大，第三产业相对较低。

然而，也不能一味地主张提升第三产业占比，淡化第一、二产业，城市的经济结构应当根据城市的特色有所侧重，例如，黑龙江省五常市生产的大米全国闻名，第一产业的占比较其他相同人口规模的城市明显更高。

随着信息通信技术的迅猛发展和广泛运用，全球以信息和科技为主体的产业发展势头迅猛，在此背景下，美国经济学家马克·波拉特（Marc Porat）提出了第四产业的说法，认为应将信息产业单独作为第四产业，这也说明了信息技术在国民经济中的作用越发重要。

三、城市空间结构

城市空间结构是城市经济学的重要组成部分。城市经济学一般将城市内部的空间结构区分为两种空间结构，即单中心城市和多中心城市。单中心城市以一个城市为中心（一般为 CBD）；而多中心城市是指城市不止一个中心，还有

---

① 李勇坚. 经济增长中的服务业：理论综述与实证分析 [J]. 财经论纵，2005（9）：1-7.

一个或多个副中心。

单中心城市一般都会分析离 CBD 的距离、消费者收入、用于购买住房的资金、非住房商品费用、通勤费用等之间的关系，其中通勤费和地租一定是成反比例的。在西方国家，高收入人群居住在郊区，低收入人群则靠近 CBD，中等收入者在中间地带。公共交通的发展是形成这种现象的重要原因。中国同美国不同，很多高端居住区在城市中心。所以城市发展的各方面都将影响其空间的布局。当然住宅也只是利用城市土地的一种方式，除此之外，还有服务业、制造业、仓储物流需求等。

多中心是指城市不止一个中心，还有一个或者多个副中心。前文谈到单中心城市的交通问题，多中心城市的交通问题则有所缓解。所以可以看出，如果运输成本低，可能会存在单中心模式；运输成本适中就会出现另一个中心；而运输成本高的话，次中心也可能出现。这能指导智慧城市发展建设过程中对于交通运力和城市空间结构的关系进行多角度的考量，制定出一个合理的交通局面和空间结构。

智慧城市发展规划中，对于一个城市空间除了在多规合一中规划设计外，其他方面领域的应用也会对城市的空间布局起到作用，如智慧交通的规划。同样，城市空间结构对于智慧城市的应用设计也会起到相应的反作用。总之二者互相作用和影响，在智慧城市发展过程中需要充分考虑到城市空间结构。

四、城市土地经济

土地是城市经济活动不可或缺的空间要素，也是城市中最宝贵的自然资源之一，具有如下几个经济属性：第一，稀缺性。对于一个国家、地区、城市而言，土地的资源总量是固定不变的，而在城镇化进程中，城市中的人口和对土地的需求是在逐渐增加的，这就使得土地资源的供给呈现出了稀缺性的特点。因而，智慧城市在建设规划的初期，就应当考虑发展目标和城市功能，确认土地的用途[①]。第二，土地具有区位效益性。在不同的城市内，相同的土地资源表现出的价格差异巨大；在同一个城市内，不同位置的土地资源定价也有着天壤之别。这主要是因为土地所在的位置直接影响到了其所有者或使用者的生活便利性或经济效应。第三，土地的边际产出递减。对土地的开发有着一个临界点，超过临界点后，对土地的开发不仅不能带来经济效益的提升，反而可能会

---

① 匡兵，卢新海，周敏. 中国城市土地经济密度的分布动态演进 [J]. 中国土地科学，2016，30 (10)：47—54.

对自然环境产生破坏作用①。

城市土地主要包括城区建设用地、大部分为农副业生产和村镇占用的土地以及城市规划区及城郊土地。各国的土地制度主要有三种，即完全市场模式（如美国）、非市场模式（如古巴）以及政府控制下的市场模式（如中国香港）。在中国，根据《宪法》的规定，城市的土地属于国家所有，国家为了公共利益，可以对集体土地实行征用。

古典经济学地租理论主要有三个观点：威廉·配第认为，地租是土地的恩赐，而不是劳动的产物。亚当·斯密指出，土地是地主的资本，地租是土地资本所带来的利息。大卫·李嘉图提出了极差地租的概念，认为地租的产生是由于土地的稀缺性和差异性。极差地租不仅存在于超额利润中，还存在于土地的素质之中。

对城市土地的有偿使用，使得房地产行业得以诞生和发展。但是房地产开发商往往为了牟取超额收益而导致圈地现象出现，不仅造成政府宏观调控失灵，而且也导致人民无法"住有所居"。因此，有必要建立起土地储备制度，强化政府对土地资源的管理，确保城市用地的供需平衡，提高土地的利用效率。

城市土地的经济价值是城市经济体系的重要组成部分，城市在进行智慧城市布局时，必须综合考虑城市所在的地理位置、城市的特点以及功能性质，以合理选择智慧城市的建设方向，防止土地的经济价值被恶意"炒"高。十九大报告中确定了"房子是用来住的、不是用来炒的"的定位，要求加快建立多主体供给、多渠道保障、租购并举的住房制度。

五、城市政府职能

城市政府是城市的重要行为主体，在城市中发挥着积极的作用。同时，城市政府是国家行政机关的重要组成部分，是国家政权的分解和传递，属于上层建筑的范畴，具有公共职能性。城市政府可以协调不同利益主体之间的关系，长远把握城市发展的方向和趋势，从宏观上管理城市的运营，是城市管理的主体和城市发展的调控人。城市政府是城市的领导者和组织者，担负着建设、管理和推进城市发展的重要责任。城市政府的存在一方面要履行国家行政机关的职能，发挥维护政治统治的功效；另一方面要适应城市管理和发展的需要，发

---

① ［英］亚当·斯密. 国富论［M］. 重庆：重庆出版社，2015.

挥积极有效的公共服务作用①。

在不同的经济发展阶段，政府扮演的角色不同，发挥的作用也不尽相同。西方经济学政府干预经济理论经过了如下演变：一是以英国威廉斯·塔福为代表的重商主义，主张用行政手段控制货币；二是以"经济学之父"亚当·斯密和马歇尔为代表的自由主义，崇尚市场机制，反对政府经济；三是以凯恩斯为代表的国家干预学说，主张市场经济需要政府干预；四是20世纪70年代初以货币主义、供给学派和新古典宏观经济学为代表的新自由主义登场，强调市场经济是可以自行稳定的。经过这四个阶段后，在目前的经济形势下，学者和市场都普遍认为，政府准确把握经济运行态势并进行适当的干预是非常必要的。

城市管理是城市政府维护城市的基础功能、管理城市公共空间、保持城市健康正常运转以及良好秩序的行政行为。城市管理包括三方面含义，即对城市基础功能的维护、对城市公共空间的管理和对城市应急状态的管理。同时，政府规制是城市运动场上的"裁判者"，起到重要的指导和保障作用。

城市政府是智慧城市发展中的一个重要主体，主要体现在以下三方面：第一，在智慧城市发展主体方面，城市政府既是设计者也是受益者，角色重要；第二，在不同运作模式下，政府的功能会有所差别，但一般都会是主要的推动力，在智慧城市发展中，政府的推动作用和整合协调能力使其在运作模式上作用非凡；第三，面向政府的相关应用和服务能很好地体现其在城市中的相应职能；第四，政府是政策规制的主要制定者，相关的政策规制是智慧城市发展的有利保证。

六、城市可持续发展

在城市发展的过程中，城市需要制定带有前瞻性的总体发展纲要性设想，其中重要的部分就是城市经济可持续发展，也就是说城市经济的增长不仅要满足今天的城市居民对财富的需求，还要为城市未来的居民留出生存的空间和发展的机会。其主要含义有四：一是城市人均生活水平的持续提高，其表现在城市居民生活质量的提高、城市资源的节约利用和城市财富的合理分配；二是城市产业结构的不断优化升级，其主要表现在工业中深加工和技术密集型产业比重的提高；三是城市中新兴的和现代服务业等第三产业整体比重的增加；四是通过完善城市基础设施、提高城市环境质量、提高城市居民文化素质以及发展社区来提高城市自身的质量。

---

① 孙久文. 城市经济学［M］. 北京：中国人民大学出版社，2016.

城市可持续发展战略的制定要遵循城市的定位和指导思想，以经济效益、社会公平和环境改善为目标，分阶段分区域地进行系统性设计，并用其相应的指标体系进行不断的检验。其关心的几个战略方面的问题主要体现在产业空间布局的问题、能源问题、城市交通体系建设问题、基础设施建设问题、城市水资源问题、城市生态问题等几方面。可以看出城市可持续发展的目标和几个重要的战略问题都是与智慧城市发展目标和重点领域相一致的，也就是说，智慧城市发展的最根本目标就是城市的可持续发展。

第四节　相关理论对本书的支撑

智慧城市是一个新兴的课题，各理论都没有直接研究这一课题。但根据智慧城市的发展目标、本质、进程和各种核心要素及之间的关系，不难看出各理论从不同角度对智慧城市发展所起到的支撑作用。

在马克思主义理论中，生产力与生产关系矛盾运动等理论为智慧城市发展中各核心要素的定位和关系找到了理论基础，同时其城市观中对于生产力的提高促进城市化进程以及对于城市动态的论述，都充分体现了智慧城市发展在信息技术提升的基础作用下，通过主体的主观能动与客体之间的关系不断发生变化，以促进城市生活条件、管理结构等各方面的变化。苏联和中国共产党人关于城市发展的相关思想也印证了城市化进程的必然趋势和各种城市发展的主导思想都会在智慧城市发展中起到引领和指导作用。马克思主义的科技观，尤其是邓小平科技观的延伸即"科学技术是第一生产力"成为信息技术发展在智慧城市建设中基础作用的理论依据。

城市发展是通过人口迁徙实现的，城市化进程中产生出很多的问题，智慧城市发展就是要以信息技术为基础，利用主体，即政府、企业和公众的力量，通过逐步消除城市化进程的困境，改变国民经济结构、改善城市空间结构，让政府更多且更广泛地提供社会公共品，实现服务均等化，使得城市可持续发展。这是西方经济学和城市经济学相关理论对于智慧城市发展的理论支撑。

第三章　智慧城市发展的必然性

智慧城市的出现不是无源之水，而是现代城市发展和科技进步紧密结合的必然结果。从技术提升的角度来看，第三次工业革命后，信息技术在全球迅速发展，人类有了建设智慧城市的技术和硬件基础，蓬勃发展的物联网和云计算技术也在逐渐改变着人们的生产和生活方式。从全球城市发展来看，城市化进程在加快，而在城市人口、工业、交通运输等问题的压力之下，"大城市病"逐渐凸显，智慧城市发展能逐步缓解和解决相应的问题，智慧城市已经成为国际性的趋势，韩国的泛在网络、美国迪比克市的数字化市民服务、瑞典斯德哥尔摩的智能交通均是智慧城市的标杆。就中国而言，2011年中国的城市化率首次超过了50%，城镇化在推动国家经济政治高速发展的同时，也因人口迁移的速度和城镇配套设施建设的不匹配而凸显了环境污染、人口压力、交通运输压力、经济转型等实质性问题，我们也在寻求稳步改善的途径。单纯依靠扩大城镇规模的"量变"方法并不可取，追求城市规划的"质变"，建设智慧城市成为必然的选择。在这样的背景下，智慧城市将在信息技术的引领下面向服务对象、面向问题、面向未来全面展开。

第一节　信息化是智慧城市发展的实现条件

从人类历史的沿革来看，人类文明的发展依次经历了石器时代、青铜时代、铁器时代、蒸汽时代、电气时代、原子时代，并最终步入了信息时代。人类文明提升的过程并不是匀速的，而是呈现出一种逐渐加速的趋势。从狩猎时代到农业时代，经过了十几万年的时间；从农业时代进入工业时代，用了几千年的时间；而由工业时代进入原子时代，只用了200年；之后仅用了几十年的时间就从原子时代进入了信息时代。一方面，加速度的发展进程要求人们要具有整体思维，将信息时代的软硬件因素转换为真实的生产力，与城市建设及人民生活福祉的提升相结合；另一方面，也昭示着我们可以对信息技术发展成为智慧城市发展基石持乐观态度。

一、信息化进程的发展及影响

16世纪初，苏格兰人约翰·纳皮尔（John Napier）发表了一篇论文，其中提到他发明了一种可以进行四则运算和方根运算的精巧装置，揭开了计算机发展的序幕。从计算尺到分析机再到计算机的问世，人类经历了300年的时间。随着芯片的发展和系统的更新，人类迎来了科技的进步。

计算机的发明与应用标志着信息时代的开始，20世纪50年代末，互联网的诞生，则标志着人类社会迈入了信息化时代。信息社会与农业和工业社会之间最大的区别在于，人类不再依赖物理和机械能源，而是充分发挥智能的作用。大规模流水线生产方式被逐步取代，原有的大机器、大工业和大量从业者不再是主流行业的特征，以服务业、金融行业为典型代表的第三产业在国民经济中的占比大幅增加，信息类的无形产业将成为关键资源。

随着通信技术及计算机技术的飞速发展和广泛应用，几十年来，计算机发生了巨大的变化。从使用人的角度来看，计算机具有优异的性能，包括巨大的信息存储容量和极快的信息处理速度。计算机界面友好，人与人之间的通信越来越方便，输入输出方式多种多样。由于空间的限制，在计算机上书写可以进行几乎无限制的修改。通过更改零件和软件，计算机可以改进和扩展各种功能。到了20世纪90年代，人类社会正式进入信息时代的快速发展时期。今天，信息化已成为生产力的代表，不可逆转的历史趋势改变了当今世界的面貌和格局。人类正在步入一个全面数据化、知识化、智能化、扁平化的信息时代，人们的生活生产方式、行为方式、社会的组织方式都发生着巨大的改变，创新成为时代的主题，知识成为最重要的生产要素和产品形式，互联网成为信息交流和商品交换的重要方式。

信息和信息技术革命正以前所未有的方式在全球社会变革的方向上发挥着决定性作用，必将导致信息社会在全球的实现。具体而言，首先，在生产活动中广泛引入信息处理技术，提高了工作流程的自动化程度，降低了人工成本的占用。其次，信息传播的速度大大提高，电子通信系统和计算机系统的有机结合使得几秒钟内就可以完成信息传输，信息可以传输到全球的任何角落，因此，人类活动的所有方面都反映了信息活动的特征。再次，信息和信息设备已成为所有人类活动的积极参与者，不仅包括感知和概念活动，还包括原动性的活动。在信息和通信技术不断发展的过程中，信息和知识不是以细节和补充的形式应用于物质资源的转化，而是以系统和整体的方式应用于物质资源的转化，并成为国民生产中"增值"的源泉。技术领域的这一革命性变革不仅会影响生产过程的各个方面，而且将通过改革社会交往结构和沟道路径，逐步把人们带入新时代和新社会。在新的社会背景下，信息/知识已成为社会的主要财富，信息/知识流已成为社会发展的重要推动力，信息来源已成为建设权力的关键。随着信息技术的逐步普及，信息获取得到了进一步扩展，人类将变得更加民主和平等。这些特征反映在社会政治关系和经济竞争的新内容和形式上，竞争的成败取决于谁能在信息不对称的竞争中获得信息来源的优势。信息和信息技术的本质特征也将带来社会和经济发展的新格局。

从整个世界的维度来看，以下几个信号可以说明人类正在逐步进入信息时代深入发展期。第一，信息产业化成为经济发展的潮流，在欧美等发达国家和地区，信息技术正在推动产业结构的调整，由制造经济向信息经济转化，初步的经济结构调整已经出现。第二，从规模经济向非规模经济以及聚合经济过渡是生产方式方面的体现，在客户前端的表现是个性化定制和人性化服务的增加。在这一过程中，受到规模经济观念限制的企业从信息经济中获得了新的发展活力。第三，企业的组织结构逐步从层级分明向分子化结构转变，原有层次化结构的典型特征在于高度集权，越高层级的人员可以获得越多的信息，而分子化结构则呈现出非集权的特征，这也有助于企业组织的国际化。在国家的层面，组织结构的分子化和发展的全球化相结合，导致民族国家的形式和地位受到新概念的冲击，全球将出现各种类型的区域组合。第四，多目标社会效益和民主参与正成为企业和政府的重要价值观。在信息/知识时代，最重要的资源是可以被整个社会共享的信息资源。人们的文化价值观正转向更加重视社会资源、知识资源、政治资源和人力资源。

从宏观的角度来看，基于信息和知识的信息时代已成为不可逆转的历史洪流，正在改变当今世界的面貌和格局。首先，发达国家的信息化进程与发展中国家的工业化进程同时发生，世界各国的发展是不平衡的。目前，发达国家已进入信息技术得到广泛应用的后工业化时代，而大多数发展中国家仍处于工业化建设阶段。这造成了两个周期的交叉和重合，导致社会的产业结构、经济结构和组织结构发生了历史性变化。其次，产业结构调整已成为全球趋势，有利于建立以世界各地分工合作、相互依存、协调发展为特征的国际经济新秩序，促使经济发展中心向东移动。这种国际分工与合作得到信息技术的支持，不断更新的业务需求也促进了信息技术的发展。最后，由于信息和信息技术的巨大作用，全球化不再局限于生产贸易环境，而是辐射到政治、经济、文化等多个领域，资产全球化、企业组织全球化、商业竞争全球化、市场和生产中心全球化、传播和电信网络的全球化等将引起国家之间、企业之间的政治和经济格局变化。信息时代的到来和信息通信技术的冲击，将改变全球性的依存关系和国际间的政治文化关系，引导着历史向未曾预料的方向发展。

二、为智慧城市发展提供生产力基础

互联网虽然发明仅仅几十年，但却极大改变了人类的生产生活方式。人们的沟通方式因为通信信息技术的发展、互联网的普及而变得更加丰富和便捷，人与人之间的时空距离骤然缩短，整个世界紧缩成一个"村落"，分散在世界不同角落的公司人员仍能"面对面"一起开会商讨。信息通信不仅仅起到沟通的作用，而且正越来越明显地呈现出对生产力发展的带动作用，信息技术已经渗透到消费、生产和流通各个环节。网络空间是一个不同于人类真实空间的新维度，是人类的第二空间和虚拟空间。在硬件资源和操作规则的基础上，网络空间的核心组件是 ID、数据和连接。真实空间的核心元素是人和事物。这两个空间的元素可以相互作用。随着互联网相关技术的迅速发展，智慧城市建设的技术条件日趋成熟。将现实映射到网络可以产生大量的数据，而挖掘和利用网络中的数据可以抵消现实空间，使城市拥有"智慧"。同时，随着物联网、云计算、大数据、人工智能、AR 等新技术的成熟和应用，智慧城市的技术支撑也越来越强大。

智慧城市在此背景下应运而生。它全面融合了城市各个主体的需求，推动城市向更加具有创新性和生命力的方向发展。信息资源和信息技术是智慧城市发展的生产力基础，这里体现了两层含义：首先是智慧城市将信息基础设施建设和信息产业发展作为"两大支柱"，信息基础设施包括多网融合网络系统、云计算平台、信息安全服务平台和测试中心等信息共享设施，以及交通、市政、能源等的智能化改造。传统基础设施 IT 相关行业包括硬件、软件和网络应用的研发和制造①。其次是具备了能力足以驾驭信息技术的人，其构成了生产力基础的另一部分。二者有机结合在一起，就具备了利用信息化手段实现智慧城市的能力。可以说，智慧城市是数字城市之后信息化城市发展的一种先进形式，数字城市通过数字化城市地理空间信息和城市信息的各个方面，在虚拟空间中再现传统城市，而智慧城市则继续利用传感器技术和智能技术实现城市智慧化，自动、实时、彻底地了解运行状态。因此，智慧城市的建设必须在数字城市建设取得良好成效的基础上进行。当前，发达国家着力建设的工业 4.0

---

① 周宏仁. 网络安全成为国家安全的重要挑战［EB/OL］.（2014－04－10）［2019－01－10］.http://www.echinagov.com/quality/database/experts/zhouhongren/37098.html.

正掀起以互联网产业化、工业智能化、工业一体化为代表的全新技术革命，人类进入信息技术时代正是智慧城市兴起和发展的契机。所以，技术基础和业务提升加上服务融合，对生产力中人这一要素也提出了更高的要求。

第二节　城市化进程中的困境是智慧城市发展的基本动力

城市的发展可以追溯到公元前 3000 年，尼罗河流域与两河流域诞生了人类历史上最早的一批城市。公元前 3000—1500 年是世界上城市产生的主要时期。从春秋时期的中国到中世纪的欧洲，城市的发展将防御、经济、居住等功能逐渐统一在一个区域内，最大的变化就是人口的增加。伴随着城市的形成和发展，人类文明衍生出了社会、经济、文化、宗教、工业、建筑等多种多样的社会形态。城市是经济社会发展最为活跃的区域，也是人口最集聚、基础设施最完善、经济贡献水平最高的地区。城市的出现和发展加快了人类文明发展的进程，从手工、农耕为主的古代城市，到近代的工业化城市，再到现代科技化的综合性城市，城市的发展也标志着人类文明的不断前进。在美国，80％的人口集聚在仅占全国总面积 3％的城市内。日本东京及其周边地区人口高达 3600 万，是世界生产效率最高的地区。

近年来，城市化进程不断加快，大城市化趋势明显。不断扩大的城市规模和迅猛增长的城市人口，在促进社会经济、政治和文化不断发展前进的同时，也因人口激增和工业化大生产对自然资源、生态资源的掠夺而导致了交通堵塞、环境污染严重、公共安全隐患日益增加等"城市病"的出现。原有城市功能及架构难以解决城市发展中的这些问题，这是智慧城市诞生、发展的契机和动力。

一、城市化发展的历史阶段

从城市起源、发展动力和推进规模的角度，我们可将城市化的进程分为以下三大发展阶段：一是工业革命前建立在传统农业基础上的人类城市化发展阶段，二是工业革命后建立在早期工业化基础上的城市化发展阶段，三是第二次世界大战后建立在工业现代化和信息技术基础上的全球城市化阶段。

（一）工业革命前时期

因生产力水平低下，早期人类主要采取农村聚落方式聚居，农业承载能力低，农村聚落规模都很小。随着农耕技术的发展，农业生产效率逐步提升，农业剩余产品增多，手工业和商业逐渐兴起，慢慢使得人类活动的承载能力变大，人类的聚落也不断扩大，当规模达到一定程度，城市就开始形成了。但是，由于建立在传统农业、手工业和商业基础上的模式难以支撑较大规模的城市人口，因此，在这个漫长的人类发展历史时期，人类的城市化速度非常缓慢。这个阶段延续的时间最长，城市人口增长缓慢，世界城镇人口仅占总人口的 3%。这一时期产生了雅典古城、罗马古城、西安古城、北京元明都城等代表城市。

（二）工业社会时期

18 世纪中叶迎来了城市发展史上一个崭新的时期，工业革命以机器取代人力，以大规模工厂化生产取代个体工场手工生产，开启了工业化推进城市化的历程。这一时期工业技术迅速提高，物理学、化学等自然科学学科体系不断完善。机械化大工业生产使人类聚落发展得更大，空间分布更广，城市的承载能力超过了以往任何时期。工业化带动城市化，是这个阶段城市化的一个重要特点。欧美国家城市数目激增，城市规模快速增长，英国城镇人口比重达到75%，成为世界上第一个城市化国家。亚非国家城市化进程加快，出现了一元的封建城市体系向封建城市与近代城市并存的二元结构转化。这一时期世界城市化水平上升到 29.2%。

（三）当代社会

第二次世界大战后，城市化开始形成世界规模。城市化进程更加依赖于信息技术、生物技术、高科技产业和创新驱动。技术的发展也在改变着产业结构和城市状态，越来越多的产业集群和城市群开始出现。作为顶级城市群代表的旧金山湾区，以科技闻名于世，以最小的湾区面积实现了最高的人均 GDP。尤其是随着硅谷的迅速崛起，旧金山湾区贴上了"科技湾区"的标签。湾区东部以传统制造业为主的奥克兰的地位逐渐弱化，旧金山和硅谷逐渐成为湾区活力发展的"双核"。从世界范围看，以美国、日本、英国、德国为代表的发达国家城市化发展迅猛，经济增长较快。而发展中国家由于殖民地半殖民地等历史因素影响，发展水平较低，但仍保持缓慢发展。从全球角度看，世界城市化的进程在不断推进。

由此可以看出，城市化的发展进程中生产力的发展是最重要的推动要素，科技的进步促使城市不断变化和创新。城市发展的进程为智慧城市发展提供了基本动力。

二、城市化发展面临的困境

随着经济的发展，各国的发展重心向城市倾斜。经济高速发展带来城市人口的增加，这给城市的执政、人民的生活和经济的发展都带来了压力。以中国为例，每年约有 1500 万人进入城市。预计到 2025 年，中国近三分之二的人口将居住在城市，中国将进入城市社会。虽然城市化带来了人民生活水平的提高，但城市的可持续发展也受到各种因素的制约，面临着一系列的实质性问题。

第一，城市如何探索可持续化发展道路。城市在经济发展中的地位举足轻重，但是，全球金融危机带来的出口急剧下降、企业破产和农民工失业，使得城市发展面临前所未有的困境。以中国为例，在经济危机期间，中国暴露出技术含量低、产品附加值低、第三产业发展缓慢等弊端。如何通过信息化与工业化的融合，提升"中国制造"的技术含量，促进生产性信息服务业的发展，保持经济持续稳定发展，不断提高人民群众的素质和收入水平，是城市经济发展的核心问题①。

第二，城市如何应对不断增加的环境压力。城市扩张和人口增长也造成城市交通拥堵、空气污染、水资源供需矛盾突出等问题。环境压力成为城市面临的主要问题。

第三，城市如何缓解公共资源配置的失衡。长期的城乡二元结构为进一步推进城市化带来了障碍。在城市工作和生活的农民工缺乏教育、医疗、住房和健康方面的保障。对于户籍登记意义上的城市公众来说，昂贵的医疗费用、高昂的住房价格、稀缺的教育资源和不完善的社会保障等因素也影响着城市生活的质量。面对一系列问题，如何重构城市家园，实现每个城市居民的幸福生活，已成为一个新的课题。

第四，城市如何维持安全稳定的社会环境。随着城市化和市场化的发展，计划经济时期形成的稳定的城市结构受到影响，城市公共安全事件不断发生。根据世界各国经济社会发展规律，当一个国家或地区的人均生产总值在 1000至 3000 美元之间时，往往是经济失衡、社会混乱、心理失衡和社会关系调整和重建的时期。由于不同层面问题的出现，世界各地的城市正频繁地经历危机。根据中国社会科学院"中国社会情况分析与预测"研究组的统计，城市群体性突发事件占群体性突发事件总数的 90％以上②。

这些问题的凸显，都给智慧城市建设和发展提出了明确的要求，需要智慧

① 徐静，陈秀万. 中国智慧城市发展现状与问题分析［J］. 科技管理研究，2014，34（2）：23—26.

② 汝信，黄平. 2004 年：中国社会形势分析与预测［M］. 北京：社会科学文献出版社，2004：17—21.

城市将管理、服务和政策等同信息技术有机结合在一起，形成具有针对性的策略和方案。

在中国，不同区域的城市发展呈现出不平衡的特征，城市化程度较高的京津冀、长江三角洲、粤港澳大湾区三个区域，以 2.8％的国土面积集聚了 18％的人口，创造了 36％的国内生产总值[①]。目前，中国正在进行人类有史以来规模最大、速度最快的城镇化进程，2013 年中国的城镇化率已达到 53.73％[②]，按照现有城镇人口每年增长 1 个百分点的速度，再过 15～20 年中国的城镇化率就可达到国际平均水平。城市面临前所未有的发展机遇，同时也面临人口、产业、环境等各方面的巨大挑战。2014 年《国家新型城镇化规划（2014—2020 年）》正式发布，提出了以人为核心的城镇化，为中国新型城镇化发展指明了方向。

规划设计智慧城市不仅要面对现实问题，还要立足于城市的发展，面向未来，提前布局，少走弯路。

三、智慧城市发展对城市化的意义

首先，智慧城市发展有助于解决城市化持续发展的经济问题。智慧城市建设可以保持城市经济持续快速发展，是打破增长极限的必由之路。城市发展越来越受到土地、空间、能源和清洁水等资源短缺的制约。随着每年数千万人的涌入，城市发展面临着越来越大的人口和环境压力。

根据《北京市 2016 年国民经济和社会发展统计公报》，2016 年北京市常住人口达到了 2172.9 万人，且人口仍在稳步增加中，"大城市病"已经凸显。从垃圾处理来看，根据央视报道数据，截至 2016 年，全国有 2/3 的城市处于垃圾包围之中。与此同时，中国有近 140 个城市根本没有垃圾无害化处理设施，除了堆放，填埋成为另一种选择，但也给土壤安全和水质带来隐患。传统的技术手段和管理方法难以有效解决以上问题，而智慧城市综合采用了包括 RFID 技术、物联网技术、云计算技术、下一代通信技术在内的新一代信息技术，可以使城市更容易被感知，城市各类资源更易于被充分整合，可在此基础上实现对城市的精细化和智能化管理。新一代信息技术、知识和智能技术的创新应用，使得人们重新去审视现代城市发展中的一系列关键问题，如城市的本

---

① 中共中央国务院印发《国家新型城镇化规则（2014—2020 年）》[EB/OL]. (2014－03－16)[2019－02－25]. http:www. gov. cn/gongbao/content/2014/content _ 2644805. htm.

② 国家统计局. 中华人民共和国 2013 年国民经济和社会发展统计公报[EB/OL]. (2014－02－24)[2019－02－25]. http://www. stats. gov. cn/tjsj/zxfb/201402/t20140224 _ 514970. html.

质、城市的发展目标、城市功能的培育、城市结构的调整和城市图像等。进而解决环保、资源紧缺、人口膨胀等问题，缓解交通拥堵，消除公共安全隐患，实现城市可持续发展。

其次，智慧城市发展是城市信息技术发展的必然结果，反之，智慧城市的建设也会促进信息技术在应用中高速发展。当今社会，全球的信息技术呈现出加速发展的趋势，信息与知识资源成为日益重要的生产要素乃至战略要素，信息技术在国民经济发展中的价值日益凸显。一方面，智慧城市建设能够通过信息技术手段实现对城市资源的集约化管理；另一方面，智慧城市发展的实践也对信息技术提出挑战和要求，有助于推动信息技术和信息资源的发展。

出于对信息资源的高度重视，发达国家纷纷出台了多样化的智慧城市发展方案，以促进信息技术加速发展，抢占新一轮信息技术产业的制高点。自工业革命以来，中国错过了多次技术革新带来的国力跃升机遇，导致中国在文明转型的国际竞争中落伍，但通过建设智慧城市，提高信息科技水平则为中国重构国际竞争力的优势提供了可能。这一可能体现在以下四个方面：一是信息化带来的数据优势。社交媒体、电子商务、信息消费、电子政务等的发展使中国形成了全球最庞大的数据资源，为国家竞争能力的重构提供了强大的数据禀赋优势。二是信息化技术带来的智慧人才培养优势。在线学习、社交学习、大数据学习等各种学习方式和各种学习资源渠道，使全民学习成为可能，人人都可以成才，能够有力推动中国从人口大国向人才强国转型。三是大国网络优势的建立。中国拥有位居全球首位的网民和手机用户规模，由此决定我们在全球互联互通的巨型网络平台形成中拥有得天独厚的优势，从而能够在充分发挥我们大国网络优势和市场优势的前提下，快速地推动中国信息技术的创新应用。四是重构制度供给优势。中国在工业化尚未完成的情况下迎来了信息革命，为了防止在新一轮信息技术产业竞争中处于不利地位，中国政府充分考虑了全球的战略形势，明确了发展智慧城市的战略布局，以期把握住信息革命的机遇，促进中国经济社会又好又快发展。

再次，智慧城市发展是提高城市综合竞争力的战略选择。要实现城市经济的可持续发展，必须进行产业升级和结构调整。只有当城市在可预见的未来有许多具有合理联系和竞争力的行业时，才可能拥有可持续发展的潜力。目前，中国许多城市的支柱产业是资源密集型产业和劳动密集型产业，品牌优势和不可复制性不突出，缺乏核心技术。为防止丧失竞争优势，在"十二五"规划中，中国政府把战略性新兴产业作为发展的重点。第一，中国具有丰富的人力资本，高校师生数量众多，但中国企业和高校之间的联系并不紧密，协同创新机制尚未形成，创新资源也未得到有效利用。通过建设智慧城市引入信息技术，可以建立一个创新平台的物理和虚拟空间垂直部门的紧密集成，并建立不同行业之间的协同机制，如智能工厂和智能物流，促进产业结构调整和创新能力提升。第二，智慧城市的建设过程中必然会出现当前信息技术手段尚无法攻克的难题，这既是新的挑战，也是新的机遇，可以极大地带动战略性新兴产业的蓬勃发展，包括三网融合、物联网、云计算、下一代互联网和人工智能等。第三，由于各国通常采用投资拉动型和创新驱动型两种智慧城市发展路径，因而智慧城市不仅作用于科研领域，对于能源、资源、教育、金融等领域也具有驱动作用，对于扩大内需、转变经济发展方式等也有明显的促进作用。因此，建设智慧城市极具战略意义。

最后，智慧城市发展有助于合理配置公共资源，提高人民生活水平，解决突发性和应急事件，是维护社会和谐稳定的必然选择。工业化的发展不仅带来了生产力的提升，人们的生活方式也在发生改变，如生活的社会化和国际化。线上的各种公共服务更加体现了精细化的社会分工，公众可以寻找到任何需要的服务场景。城市流动人口的增加是城市发展的重要特征，加剧了城市管理的复杂程度，传统的居委会管理模式和质检监督抽查模式已经难以胜任提供公众高质量生活保障的工作。因此，有必要在城市内建立起一套以新一代信息技术为根基的智能协调系统，将日益复杂的城市实体系统和虚拟空间的数据流有效整合，通过打造智慧家居、智慧社区等方式，提升城市宜居品质。

随着我国改革开放的深入和全球化进程的加速，国际极端组织的威胁、恶性犯罪事件的增加、"疯牛病"等疾病的传播等都给我国经济社会带来了新的威胁。随着互联网的普及和科技手段的提升，当前的突发性事件较之 20 世纪影响范围更广，带来的社会恐慌更严重。为了有效防范和解决这些应急和突发性事件，有必要建设智慧城市，第一时间感知突发性事件，并充分运用智能化的调控能力，提高决策的科学性、及时性和精确度，将影响遏制在可控范围内。

第三节　城市实践是智慧城市发展的现实基础

1990 年可以作为智慧城市发展的元年，美国旧金山举行的以"智慧城市、快速系统、全球网络"为主题的国际会议，对推动城市竞争力提升和可持续的"智慧化"发展问题进行了讨论。2006 年新加坡的"智慧国 2015"规划和2008 年 IBM 公司的"智慧地球"理念，都希望通过建设智慧城市引领世界城市发展方向，并且通过趋势引领获得更大的经济利益。世界各国政府和社会公众面对接踵而至并且日益严重的城市病正束手无策，以新一代信息技术为依托的"智慧城市"理念的出现，让处于困境中的政府和民众对未来城市生活有了新的期盼与憧憬。正是怀着这种对城市可持续健康发展的美好憧憬，智慧城市的理念逐渐被政府和民众所接受，并被许多城市确定为发展目标之一，韩国、日本、英国、爱尔兰等国家纷纷制定并实施了相应的国家发展战略。全球兴起了建设智慧城市的热潮，并由此带来了智慧城市理论研究的热潮。

发达国家正全力进行智慧城市建设的战略布局，尤其重视与人民生活密切相关的新一代信息产业，如物联网、智能化、宽带等。美国纽约市在 2012 年颁布了《纽约市开放数据法案》，并建立市长办公室数据分析团队，通过不断完善的组织体系和日益健全的法律法规来保障数据开放。在完成数据开放后，纽约在城市下水道治理、火灾预测等方面的精准度大大提高，在不提高人力成本的情况下提升了城市的管理效能，大幅降低了城市的安全隐患。在欧盟相关计划中，不同国家和城市有不同的发展优先事项，柏林侧重于交通，巴黎侧重于规划，都柏林侧重于水管理，斯德哥尔摩侧重于公民与政府之间的互动，维也纳侧重于谋生。其中，德国制定了电子欧洲宽带战略，其目标是使德国所有家庭都能够在 2020 年之前获得宽带接入，且到 2014 年，超过 75% 的家庭拥有 50Mb/s 的宽带接入。2010 年 3 月 1 日，德国总理默克尔宣布，德国将在当年夏天启动互联网战略，以促进德国经济发展。可以说，智慧城市的建设过程是一个城市的发展过程，城市的"智慧"程度反映了城市的发展程度。智慧城市至今已不仅仅是萌芽，而是必然的未来。中国 2007 年从扬州开始实施区域信息化，主要以城市为对象，利用信息化和业务相结合解决实际问题。2007年扬州实施 15 个委办局数据互联互通的"综合治税"项目，通过数据的比对分析，当年为扬州增加税收 1.2 亿元人民币，返还企业不必要的税收 2000 多万元人民币，政府财政收入净增加 1 亿元人民币。

一、国外智慧城市发展实践

以美国、欧盟、日本、新加坡为代表的发达国家为保持经济的持续领先发展，长期重视信息化战略，注重城市绿色低碳发展，加快推动经济社会各领域信息化发展进程，不断促进产业价值链重构和新竞争规则形成，鼓励数据资源开放以催生社会化应用开发，对提升社会生产效率、国家治理能力和民众生活水平发挥了极其重要的作用。

美国：为保持在国际经济中的领先优势，美国提出"智慧地球""先进制造业"等战略，推动信息技术与制造技术、城市发展紧密融合。美国硅谷被誉为全球创新型区域的典范，在"技术、人才、体制"上独有的创新机制，引领该地区乃至美国一直保持全球科技创新先导者的地位。美国智慧城市发展围绕基础设施智慧改造、民生服务智能化和数据开放三大主题开展，尤其是数据开放，已上升至国家战略高度。政府从顶层推动各个部门陆续加入开放行列，充分发挥"政府引导、市场主体"特点，催生出很多优秀的社会应用。

欧盟：欧盟提出智慧城市的设想可以追溯到 2007 年，之后的两年欧盟委员会随即发布了智慧城市发展的具体行动计划，智慧城市发展投入被锁定在 100 亿至 120 亿欧元。欧盟智慧城市核心建设内容主要包括智能建筑、智能能源网络、智慧城市交通和智能医疗系统等方面。相比而言，欧盟智慧城市发展更加关注生态环境和智能经济。欧盟首期智慧城市试点已有近 30 座城市。欧盟相关专家指出，智慧城市是城市化发展到一定进程后的高级阶段，主要体现在三个方面：一是城市各大系统整合，二是物理空间和网络空间交互，三是普通百姓广泛参与。这三方面构成了欧盟智慧城市的基础。欧盟的智慧城市评价标准包括智能经济（创新型经济）、智能移动（不仅是智能交通，也延伸到教育、购物等领域）、智能环境（注重城市的生态环境）、智能治理（政府管理模式的调整和改善）等多种指标。

日本：日本近年来也在不断加大对人工智能和 3D 技术应用方面的投入和政策优惠。日本智慧城市发展以节能减排为主题，通过智能手段的运用，降低使用成本，以解决其能源、资源稀缺问题；同时以服务和满足家庭、社区需求为切入点，本着"以人为本、方便实用"的原则，实施"企业主导模式"，推动企业深度参与。目前，日本智慧城市的概念已经开始逐步从低碳、降低能源消耗转向社区服务，探索智慧城市和社区更广泛的服务路径。日本对基础设施建设非常重视，旨在将数字信息技术融入生产、生活的方方面面，并将智能电网建设上升为国家战略。

澳大利亚：澳大利亚政府积极推动"国家数字经济"战略，充分发挥其数字生产力，积极支持社区数字中枢和数字化企业的建设，着力打造世界领先的数字经济体。澳大利亚致力于发展家庭宽带连接，大力推进远程保健咨询、远程教育、远程办公等，通过互联网或其他在线服务与政府接触。高度重视农业信息化发展，积极推进农业信息化服务平台建设，广泛使用智能决策软件，发挥定位系统的优势，完善精准农业作业。

新加坡：近 30 年来，新加坡持续推动城市信息化、数字化、智能化技术等方面的建设与创新，大力推进国家信息化建设。2006 年 6 月推出"智慧国

2015"规划，旨在将新加坡建设成一个以通信驱动的智能化国度和全球化都市。该计划在国家层面整体规划，专业领域具体推进，且全民参与，使新加坡资讯通信产业位居各项目的国际排名前列。2014 年 8 月，新加坡提出构建"智慧国家 2025"计划，建设全岛数据收集、连接和分析的基础设施与操作系统，根据所获数据预测公民需求，使政府的政策更具前瞻性，提供更好的公共服务。

以俄罗斯、印度、巴西为代表的发展中国家纷纷将信息化放在优先发展的地位，制定以信息化为主导的国家战略，以缩小与发达国家之间的差距，使国际经济格局与秩序向更有利于自己的方向发展。发展中国家信息化发展比较明显地体现出"政府引导、市场主体"的特征，高度重视扶持和发展信息技术产业和信息服务产业，进一步带动国家经济发展方式转变，增强技术实力、提升创新能力。

俄罗斯：俄罗斯通过发展有竞争力的非资源产业，培育"知识型""创新型"经济，以彻底摆脱金融危机后经济依赖原料出口的局面。政府出台了一系列促进信息产业多样化发展的战略规划以加速带动经济发展，如《信息社会发展规划（2011—2020）》《2014—2020 年信息技术产业发展战略及 2025 年远景规划》《2030 年科技发展前景预测》等。俄罗斯政府投入重金打造俄罗斯"硅谷"——斯科尔科沃创新中心，它将成为俄罗斯未来在经济政策、科技创新、未来城市建设的典范和风向标。此外，俄罗斯政府高度重视导航系统的发展，该系统已在莫斯科智能交通、国际体育赛事导航支持、APEC 等多项目中得到应用。

印度：印度的软件产业已成为印度经济的支柱产业，在全球软件市场尤其是服务外包中占有重要地位。近年来，受到国际金融危机的影响，且由于外包的生命线掌握在海外客户手中，印度软件业遭遇巨大挑战。要突破就要创新，印度的全国软件与服务协会与公司成立专门机构，推动印度软件产业创新与发展，努力打造价值链，在全球软件产业中树立自主创新的形象。印度政府重拳推出《国家制造业政策》，以加快推动制造业的健康发展，目前印度制造业水平大大提升。同时，印度的智慧城市"百城计划"已经上升为国家战略，从总体规划到组织保障由国家统一制定体系和标准，各城市按照规则推动实施。

巴西：巴西通过实施"国家科技创新"战略、"工业强国计划"，保持高额的科技投入，激发了经济增长的潜能。对科技创新的大力扶持与投入，充分利用能源、信息技术、航天、纳米等领域的成果，为巴西经济增长带来源源不断的动力。巴西"智能城市"建设表现突出，在里约热内卢建设了全球首个统一的城市数据管理中心，建立跨部门数据共享机制，消除城市职能部门之间的信息孤岛；同时建立智能化市政运营中心，及时发送相应城市预警信息，便于各部门准备应对，以协调和提高城市管理效率。

二、中国智慧城市发展实践

党中央、国务院高度重视信息化建设，党的十八大把"信息化水平大幅提升"纳入全面建成小康社会的目标之一，并提出了走中国特色新型工业化、信息化、城镇化、农业现代化道路，促进"四化"同步发展；2015年3月，中央政治局会议进一步提出"绿色化"，丰富原有"四化"，变为"五化"全面发展。在各部委分别起草智慧城市发展指导意见和试点后，国家统筹多方面工作，关键节点为2014年8月，由发改委和工信部等八部委联合起草并下发《关于促进智慧城市健康发展的指导意见》，提出到2020年建成一批特色鲜明的智慧城市，聚集和辐射带动作用大幅增强，综合竞争优势明显提高，在保障和改善民生服务、创新社会管理、维护网络安全等方面取得显著成效。

以北京、上海、广东、浙江、福建等为代表的一批省市都把智慧城市建设摆在重要位置，纷纷展开战略布局，在全国范围内形成了智慧城市蓬勃发展的崭新局面。北京出台了《智慧北京行动纲要》，建成了全市统一的政务物联专网，向社会公布水环境实时监测数据，并在全国率先建设了数据开放门户网站，通过社会力量为公众提供更多服务；上海先后发布两轮《智慧城市发展三年行动计划》，2013年发布了中国第一个《公用移动通信基站站址布局专项规划》，并通过发放上海法人数字证书和搭建电子账单公共服务平台，打造低碳环保环境；广东省在《信息化发展规划纲要》中提出到2020年基本建成"智慧广东"，深圳市以智慧交通为引领，跨部门整合交委、交警、海陆空运输、城市规划等信息，改进交通资源空间布局，完善公众出行服务，支持政府科学决策；福建省印发了《数字福建智慧城市发展指导意见》，以加快推进全省智慧城市发展进度；山东省也着手从省级层面加快推进智慧城市发展试点。

三、国内外智慧城市发展比较

国外智慧城市理论研究与实践起步较早，尤其是发达国家起步于经济发展和居民素质较高的水平，与我国相比存在较多差异，集中体现在如下几个方面：

智慧城市建设背景不同。从国外来看，伴随着信息技术的飞速发展，美国、英国、日本、韩国等发达国家开始研究如何运用新一代信息技术来重新审视城市的本质、城市发展目标的定位、城市功能的培育、城市结构的调整、城市形象与特色等一系列现代城市发展中的关键问题，针对如何加大信息技术在城市管理、服务和运行中的创新性应用，相继提出了发展"智慧城市"的战略举措，把智慧城市建设作为提升城市竞争力的重要手段，城市智能发展的新模式开始孕育成型。中国智慧城市建设的背景与世界其他国家不同，城市人口增长与承载能力不协调，使得资源与环境生态压力日渐增大；政府公共管理与公众需求之间的矛盾，导致城市管理协同性差、办事效率低；产业格局与经济发展的不相适应，导致传统生产技术以及管理方法难以为继。如何加快城市管理和运行创新，成为亟待解决的关键问题。

智慧城市建设路径的差异。国外很多国家将建设智慧城市纳入国家战略，纷纷出台一系列支持政策，明确了智慧城市建设的方向、目标以及重点内容。如美国率先提出国家信息基础设施（NII）和全球信息基础设施（GII）计划。韩国从 1992 年开始，开展了第二次国家骨干网的建设，实现了行政电子化网络管理的目标。国外在推进"智慧城市"建设过程中，逐渐改变以技术为中心的思想，确立了"以人为本"的理念，建立无所不在的社会服务环境。智慧医疗、智慧社区等不断改善人们的生活与学习环境。中国在智慧城市建设初期以发展智慧基础设施为重点，逐步过渡到以发展智慧的管理和服务为重点。在具体实践时，着重建设一批重点示范项目，通过各类信息化手段改造和提升政府社会公共管理职能，大幅提升城市管理和服务职能水平，促进城市和谐可持续发展。目前则以发展智慧人文和智慧生活为重点。

智慧城市建设中存在的问题不同。虽然全球智慧城市建设浪潮异常迅猛，但是很多国家并没有完善的理论体系支撑，因此会带来很多不可预见的城市建设风险。智慧城市与城市化的结合能将房地产行业泡沫引向智慧城市使得风险加剧。以韩国松岛这座新兴城市为例，尽管政府使用多渠道、组合式的融资方式，但不得不承认，其中大部分投资来源于地产开发商的风险投资，信息安全与隐私泄露风险剧增。即使是对于信息安全和隐私保护问题重视程度很高的国家，在智慧城市建设中也存在国家与个人信息泄露的风险。因此，信息安全和隐私保护始终是智慧城市建设必须考虑的重要课题。中国也同样缺乏智慧城市建设的宏观指导，建设方向把控能力不强。一些地方政府为了政绩考核，盲目跟风，往往使智慧城市建设成为空谈，造成资源的极大浪费。虽然关于智慧城市的探讨是当前热点，但一些地方对智慧城市的内涵还缺乏清晰的认识，将简单的信息化、云计算、大数据等拼成一个大饼，然后贴上"智慧"的标签，将之称为智慧城市。智慧城市建设中，不同部门、不同行业间的信息应是互通有无的，但当前多数城市、多数部门和行业均各自为政，无法实现信息共享，致使"信息孤岛"的僵局难以打破。这些问题大大降低了城市的运行效率。与国外相比，中国智慧城市建设的压力和投资风险并存。一方面，智慧城市建设有一定盲目性，存在跟风建设现象；另一方面，也存在融资渠道单一的问题，同时，房地产开发商的风险投资占据一定比例，使得风险进一步增加。

各国智慧城市发展建设的整体框架、内容和模式都在前面的案例分析中有所描述，可以说，国外和中国的智慧城市发展基本理念、基本特征、基础架构、技术支撑和核心模式等基本相同，但各国家起步不同、需要解决的问题不同、路径不同，所以建设的侧重点也会有所不同。但大家都拥有共同的理念和目标，城市管理和谐、经济繁荣和民生幸福是共同的期许。

四、中国特色智慧城市发展的必然

由于中国的天然禀赋、发展阶段和需解决的问题与国外不同，中国的智慧城市建设必然要根据自身条件进行设计，走出具有中国特色的智慧城市发展道路。对于西方来说，城镇化和工业化早已实现，如何再次释放城市活力，是智慧城市研究和实践的关键。但对中国来说，我们正在经历全球化背景下的工业化、农业现代化、信息化、城镇化四化叠加的历史变革。

我国是一个发展中的人口大国，幅员辽阔，全国各城市的基础条件、经济基础等存在较大差异。目前中国城市化进程面临的挑战有城市的快速投资扩张、城市创新能力不足、二元结构亟待根本改变、生态环境挑战严峻、规划建设粗放、品质率较低、产业结构类同、文化传承薄弱、智力服务水平落后等。针对以上情况，中国城市建设应涵盖全方面和全过程，贯彻好"创新、协调、绿色、开放、共享"理念。创新是智慧城市发展的原动力，协调是智慧城市发展的内在要求，绿色是智慧城市可持续发展的必然要求，开放是智慧城市繁荣发展的必由之路，共享是建设智慧城市的根本宗旨。

智慧城市是从工业文明时代走向知识网络文明时代的产物，是城市现代化的发展方向，是中国经济社会跨越发展的强大引擎。中国和发达国家的发展路径虽然有所不同，但我们依然需要学习和借鉴国外的有益经验，结合国情和城市特点，针对突出问题，确定建设重点。中国城市的智能化和经济的智能化如何紧密结合，全世界都拭目以待。

虽然中国在智慧城市建设方面起步较晚，但我们能够实现跨越发展和弯道超车。随着智慧城市建设进程的推进，中国城市信息基础设施明显改善，光纤网络覆盖、移动网络部署、智能终端拥有率等都呈现出快速发展势头。这些改变促进了城市治理的创新，推动了跨部门、跨行业、跨地区的信息共享和业务协同，具有中国特色的智慧城市正向人们走来。中国智慧城市建设总体需求旺盛，制度优势明显，发展态势蓬勃，深圳等城市在新型智慧城市、数字政府建设方面，已初步形成了一批可复制、可推广的经验做法，起到了示范引领作用。当然，发展过程中的挑战总是不可避免的，在智慧城市发展道路上还有很多难题需要我们逐步破解，只要社会各界齐心协力，相信智慧城市将逐渐走入我们的生活。

第四节　传统城市到智慧城市发展的趋势

社会性是人类的本性，人类城市的出现不仅是生产资料丰富的结果，生产关系的变化、人口的聚集，也是为了满足人类的各种需求。人类城市出现的最显著特征就是人群的聚集，而人类掌握的生产力水平决定了人群聚集的规模。计算机的出现是一个历史性的节点，也是智慧城市发展的基础。

一、传统城市到智慧城市的发展进程

在农耕时代，受制于生产力水平，数十万人的聚集就可以称之为全球最大的城邦，该时期历史上最大的城市也仅是人口超过百万的汴京。工业文明时代是人类掌握自然科学的爆发期，人类对物质的认识进入原子时代，实现了能源革命，电力走进人们的生活。能源和电力推动了城市的立体发展，为高密度人口聚集创造了基础，而工业发展推动了人类分工的细化和产业的规模化，成为吸纳劳动力的源泉，百万人口的城市逐渐成为常态，千万人口的城市也不断涌现。

20世纪，伟大的计算机诞生了，比特（bit，计算机专业术语，是信息量最小单位）时代就此展开。如果说基于原子的工业革命是对人类改造世界的体能的延伸的话，比特革命则是对人类智慧的延伸。原子是物质的最小单位，有质量却无法分享；比特是信息的最小单位，无质量，但是每个人都可以拥有它，拥有的人越多，比特价值就越大，人类才智发挥的价值也就越大。早期比特的信息是科学计算的结果，其价值有限。20世纪70年代以后，随着计算机大量商用，比特成为商业流程的载体，其价值逐步释放出来，成为今天信息社会的基石。

随着芯片能力的巨大进步，人类掌握了移动技术，今天我们手里一部手机的计算能力堪比20世纪90年代的超级计算机。同时，交换的网络也实现了巨

大飞跃，移动互联网正在改变每一个城市的生活方式，人类堆积了越来越多比特。从 2010 年开始，每一年所产生的数据会超过之前人类所有数据的总和，人类以及人类所在的城市迈进信息时代。信息时代的城市的最高表现形式就是智慧城市。"智慧"指的不仅仅是在传统基础设施中安装数字接口或简化城市运营，还涉及有目的地使用技术和数据以做出更好的决策，实现更高质量的生活。

信息技术的出现对于城市的发展产生了深远的影响，成为传统城市向智慧城市发展的重要标志。第一，信息技术导致城市微观信息空间发生了变化，互联网在改变着人们的生活方式，在相当程度上压缩了人类的活动空间；第二，信息技术带来了该城市外延的拓展，除了城市的物理空间，其相应的映像空间也渐渐浮现出来，这一非物质化的数字空间给人类提供了与传统城市迥异的全新的城市空间；第三，信息技术的出现，使得城市社会关系跨越了地域，逐渐模糊了时间和空间的界限，在一个信息的世界里，城市的空间不断被拓展和挑战，网络会像街道一样成为城市社会空间的根本，各种场所也交织在一起；第四，中心城市的功能发生转移，同时中心城市也在发生变化；第五，城市公共服务方式会发生变化，进入全面深入的网络时代，各种功能互联互通，城市公共服务能够实现瞬间网上办理，高效、便捷和低成本将成为显著特点。

总之，智慧城市的出现是对传统城市的一个超越，信息技术的发展使得人类各种生活和工作部件与空间的关系密切度降低，同时将人的行为也逐渐进行解构，从这种意义上讲，前现代城市的地理标识和空间界限以及完整的个体和分工明确的工业城市体系在智慧城市时代将逐步被改变。当然，这里的改变是相对于传统城市的模式、结构和功能来说的，但并不意味着城市功能消解。各城市会进行自我重构、自我管理，在智慧城市新的格局下保留自身的独特环境，并形成更适宜的生活和工作空间。

二、智慧城市发展的趋势

智慧城市发展非常迅速，然而，截至目前，尽管少数城市在特定领域的"智慧化"走在了时代前列，但从全局来看仍然处于建设和发展的初级阶段，仍然需要科学的理论指导以及不断的实践探索。总体来看，全球范围内智慧城市发展具有以下几大趋势：

第一，智慧城市的建设发展更加具有全球性。自新加坡提出推进"智慧国2015"规划，首次将智慧城市的建设发展纳入国家发展战略以来，越来越多的发达国家将智慧城市建设纳入国家发展战略。一些发展中国家紧随其后，如印度、中国等鼓励发展智慧城市，并在资金上给予大力支持，希望能以此提升电子政务和基础设施等级。由此可见，智慧城市的建设是一个全球参与的建设过程。

第二，智慧城市的建设需要国家间的合作。国际智慧城市博览会的召开，使国家间、地区间的合作越来越紧密，而一些发达国家也正在向发展中国家输出本国智慧城市发展经验，以加强国家间的合作交流。同时，在智慧城市发展中领先的国家，也能在国际往来和技术输出中获得更大的收益，甚至影响到国家间的格局。

第三，政府与社会资本合作的 PPP（Public－Private－Partnership）模式成为智慧城市新的融资模式，越来越多智慧城市的建设主流模式在向 PPP 倾斜。PPP 模式就是政府与私人组织之间，为了建设城市基础设施项目或提供公共物品和服务，通过签署协议明确双方权利义务，形成一种伙伴形式的合作关系。对 PPP 模式探索最早的是英国，从 20 世纪 90 年代便已展开。目前，已有越来越多的国家和城市开始实践 PPP 模式。在组织机制方面，建立由国家统一管理的组织架构，制定和执行严格的审计、绩效评级机制；在项目管理方面，以长期合作为导向，确保项目长期可运营；在资金来源方面，以商行贷款和资本市场为主，辅以区域开发银行、产业基金、财政资金等，形成多元化金融服务体系。

第四，多方参与、协同创新、联合推动将成为智慧城市发展的主流趋势。一个城市无法自行完成智慧城市建设，必须通过政府、厂商、方案商、研究机构集思广益、共同建设，并且鼓励全社会的资源要素流向重点项目和重点产业，通过体制和模式上的创新，让更多企业更大程度地参与到智慧城市发展中来，鼓励厂商之间形成更为密切的竞合关系。

第五，智慧城市发展过程中信息采集将涉及城市的方方面面。未来智慧城市中的信息采集将包含城市的水陆空等各方各面，全面部署的智能设施大大增强了城市的立体化感知，而城市传感信息采集的全民参与也将成为智慧城市发展的一个重要方面，而这一建设过程恰好与物联网的发展方向存在交叉。智能App、智能充电桩、智能垃圾桶、节能建筑、智能家居、可穿戴设备等新型设施正成为推动智慧基础设施融合发展的典型代表。

第六，信息基础设施建设仍将是智慧城市发展的重要方向之一。在固定接入宽带网络方面，千兆带宽将成为新重点。截至 2016 年 7 月，全球电信和有线运营商已部署 350 张千兆网络覆盖。而移动接入宽带网络方面，面向 5G 的技术和标准研发加快，欧盟预计在 2020 年底推动 5G 全面商用。移动互联网发展迅速，为即将到来的物联网大发展提供了新的传输路径。

第七，数据驱动城市是智慧城市发展的重要目的。海量数据在城市运营、事件预测、事物建模、可视化和发现新规律等方面的应用成效正逐步显现。数据的充分运用，为城市管理者协同工作和科学决策提供了支撑，为实现公众的个性化服务提供了助力。"可编程城市"是英国布里斯托的一大创举，为更大限度满足公众的需求，更多个性化的服务将会应运而生。

三、智慧城市发展的特征

从整体上看，智慧城市主要具备以下基本特征：

第一，全面透彻的感知。能够全面感知事物是智慧城市最主要的特征之一。智慧城市通过充分利用先进的传感技术和设备，对城市进行全方位的检测，智能化感知城市中的人与物，能够获取更全面的数据和信息。传感技术和设备的发展能够使深入、全面感知得以实现，这是智慧城市运行的关键所在。智慧城市的感知并非单纯的感知和反馈，而是将其与智能分析系统相结合，通过智能识别对感知到的数据进行分析和处理，做到主动响应，提高城市的运行效率。

第二，多网络的互联互通。智慧城市的信息感知是以多种信息网络为基础的，如固定电话网、互联网、移动通信网、传感网、工业以太网等，"深度互联"要求多种网络形成有效的连接，实现信息的互通访问和接入设备的互相调度，实现信息资源的一体化和立体化。在智慧城市中也会看到，将多个分隔独立的小网连接成互联互通的大网，可以大大增加信息的交互程度，使网络对所有成员的价值获得提升，从而使网络的总体价值显著提升，并形成更强的驱动力，吸引更多的要素加入网络，形成智能城市网络节点扩充与信息增值的正反馈。这里特别需要指出的是，近年来蓬勃发展的互联网和物联网系统作为城市的"神经网络"，在人与人、人与物、物与物之间形成了更加充分有效而且及时的互联互通。

第三，海量信息的智能处理。智慧城市拥有体量巨大、结构复杂的信息体系，是其决策和控制的基础，而要真正实现"智慧"，城市还需要具有对所拥有的海量信息进行智能处理的能力。这要求系统根据不断触发的各种需求进行分析，提炼所需知识，自主地进行判断和预测，从而实现智能决策，并向相应的执行设备给出控制指令，这一过程中还需要具备自我学习的能力。智能处理在宏观上表现为对信息的提炼增值，即信息在系统内部经过处理转换后，其形态应该发生转换，变得更全面、更具体、更易利用，使信息的价值获得提升。

在技术上，以云计算为代表的新的信息技术应用模式是智能处理的有力支撑。智慧城市通过感知获取数据，通过泛在的互联互通将数据进行存储和交换，通过大数据、AI等技术对数据进行全面的分析和处理，快速准确地得到分析结果，并对其进行智能化的回答或者应用。未来，数据的智能处理将作为智慧城市的大脑，实现自我学习和升级。

第四，资源的协同共享。在传统城市中，信息资源和实体资源被各种行业、部门、主体之间的边界和壁垒所分割，资源的组织方式是零散的，智慧城市"协同共享"的目的就是打破这些壁垒，形成具有统一性的城市资源体系，使城市不再出现"资源孤岛"和"应用孤岛"。在协同共享的智慧城市中，任何一个应用环节都可以在授权后启动相关联的应用，并对其应用环节进行操作，从而使各类资源可以根据系统的需要，各尽其能地发挥其最大的价值。这使得各个子系统中蕴含的资源能按照共同的目标协调统一调配，从而使智慧城市的整体价值显著高于各个子系统简单相加的价值。

第五，信息的开放应用。智能处理并不是信息使用过程的终结，智慧城市还应具有信息的开放式应用能力，能将处理后的各类信息通过网络发送给信息的需求者，或对控制终端进行直接操作，从而完成信息的完整增值利用。智慧城市的信息应用应该以开放为特性，并不仅仅停留在政府或城市管理部门对信息的统一掌控和分配上，而应搭建开放式的信息应用平台，使个人、企业等个体能为系统贡献信息，使个体间能通过智慧城市的系统进行信息交互。这将充分利用系统的现有能力，大大丰富智慧城市的信息资源，并且有利于促进新的商业模式的诞生。

第六，融合的应用和更便捷的服务。现代的城市是一个复杂的开放性系统，全面感知的应用更是增加了城市的数据级数，因此需要充分利用大数据和云计算系统，以实现对海量数据的分析、存储和计算。数据和服务不再是单一和孤立的存在，而是趋于融合发展，这将集中体现在数据的融合、服务的融合、渠道的融合以及线上线下的融合中。基于此，智慧城市会提供更多、更方便的市民生活服务，如公交站牌电子化、停车诱导等，为市民解决出行问题。手机、汽车、电视或电脑（主要指家庭中的终端）将逐步成为市民融合服务的线上服务端，而社区将会在线下服务中扮演更重要的角色。

四、智慧城市发展的本质

智慧城市的本质在于服务，可以将这句话理解为智慧城市更加强调服务，并且更加强调融合的服务和服务的满意度。其主要体现在以下几个方面：第一，城市管理的终极目标就是服务。打造智能医疗系统是为了提高城市居民的就医体验，建设智能物流系统是为了提高交通运输效率，进行环境监测检测是为了提高居民的生活质量。第二，建设应用系统是为了更高效地提供服务。智慧城市是由大大小小的信息应用系统构成的，包括互联网系统、征信查询系统、电子政务系统、视频检测系统等，这些系统从本质上讲都是服务市民和系统应用人员的工具①。第三，数据运用是为了提供服务。随着智慧城市发展的不断深入，各类数据以指数的形式增长，对这些数据的采集和运营归根到底还是为了提供服务。通过不断提高数据的准确性、全面性和及时性，可以对城市居民的需求有更加直观、细致的了解，政府和企业在推出公共服务和个性化服务产品时可以更加贴近城市居民的需求②。同时，城市居民的反馈也会构成数据的一部分，在对数据的动态使用过程中，会促进数据分析系统和服务质量的进一步优化。第四，新技术和新模式的运用也是为了服务。我们在谈及信息化、大数据、物联网时，实际讨论的是如何通过这些新技术更加精准、及时、透明地提供服务。而新发展模式的出现很大程度上也是为了修正原有服务架构的弊病，以新的服务方式和服务理念打造新的服务业态。可以说，提高服务的质量是智慧城市建设的根本出发点和立足点，牵引着智慧城市的流程优化、业务创新、信息共享和体制变革，是智慧城市建设的本质所在。

可以看出，"服务"依然是一个显性的词汇。从经济学角度出发深度挖掘智慧城市发展的本质，可以发现其实际解决了以下几个问题：

第一，服务的均等化。党的十八大对"改善民生"和"创新管理"提出了新的要求，并明确提出了"人民生活水平全面提高"的目标，在目标要求中，着重强调了"基本公共服务均等化总体实现"。可以看出，基本公共服务均等化已经成了社会建设的重要目标。这就需要解决公共服务供给不均和供给不足的问题，而这些问题在制度、财政、设施设备和服务上均有所体现。智慧城市建设可以在很大程度上解决信息不对称的问题，通过创新执政方式，让政府执政更加透明，让百姓生活更加便捷。

第二，资源的合理配置。资源合理配置的目的是要在时间和空间上最有效利用和分配资源、合理布局产业，使经济持续稳定发展。但在社会资源和自然资源相对贫乏的情况下，如何做到不浪费资源且合理布局以满足日益快速增长的需求，是一个迫切需要解决的问题。如城市融合服务的大数据平台可以在有

① 白晨曦. 智慧城市的本质研究 [D]. 上海：东华大学，2012.
② 刘先林. 智慧城市的本质需厘清 [N]. 光明日报，2016−12−09 (010).

效地归集和分析数据的基础上进行预判和调整，能有效解决资源不足的问题。

无论是服务的均等化还是资源的合理配置，都会加速民主去中心化的进程，但其最终落脚点还是惠民。

民主一词源于希腊语"Demos"，意为人民。其定义为：在一定的阶级范围内，按照平等和少数服从多数原则来共同管理国家事务的国家制度。这意味着，要基于多数人的共识建立国家制度，并据此管理国家事务。与民主对立的概念是集权，即基于统治者、一小部分人组成的统治阶级的意志或共识建立制度并管理国家事务。在组织形态上，集权是中心化的，信息和制度围绕着权力中心，解释制度的权力，依然在中心，而公民受制度约束，是中心之外的元素。民主，则是去中心化的，并没有一个绝对的中心主宰信息和决策。在理想的模型中，人人参与制定制度、讨论制度并理解制度，人人掌握关键信息，人人又是执行制度的主体。民主和集权的概念，可以进一步拓展。信息技术让人们传播、获取信息都变得极其便利。消费者充分获取信息，充分比价，选择更划算的交易。市场更加透明，也倒逼商人更合理定价。在商业活动中，消费者有着更多的话语权，参与到市场定价等关键活动的决策过程中。电子商务，即使不是完全的无中心化组织，也是一种"弱中心化"的形态。如今，在网络空间，一切概念和事物都可以被检索和传递。在知识领域，已经没有绝对的中心了，甚至每个人都可以成为知识的创造者。但知识民主化进程还远远未达到终点，甚至由于教育资源的不平等分配，知识会成为一部分人的壁垒，而且壁垒会不断加剧，这种现象值得警惕。综上，集权的系统，往往伴随着信息的中心化，信息的中心化会导致组织的中心化。而民主的系统则相反，信息自由流动共享，不围绕着特定的中心，其组织形态也是弱中心化或者去中心化的，这也是智慧城市发展的过程体现。

智慧城市的本质在于惠民。新技术是智慧城市建设的动力，而智慧城市的落脚点是惠及公民。美国国家情报委员会发布的《全球趋势2030：可选择的世界》对智慧城市作了如下定义：利用先进的信息技术，以最小的资源消耗和环境退化为代价，实现最大化的城市效率和最美好的生活品质而建立的城市环境。2014年发改委等八部委发布的文件中指出，智慧城市是运用物联网、云计算、大数据等新一代信息技术，促进城市规划、建设、管理和服务智慧化的新理念和新模式。这些定义反映出不同国家对智慧城市发展的共识：智慧的城市要更好地利用技术，提升政府的治理能力，让城市的生活更加美好，并且关注可持续发展，即更少的污染、更高的运行效率。"以人为本"、持续创新，将是智慧城市发展的内在动力。

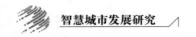

第五节　本章小结

伴随着以互联网、物联网、云计算、大数据、人工智能、区块链等为代表的通信和计算机技术的高速发展和成熟应用，当今时代已进入信息时代的深入发展期，信息技术正在改变着当今世界的面貌和格局，智慧城市在此背景下诞生并推动城市向更加具有创新性和生命力的方向发展。自 20 世纪 90 年开始，智慧城市在世界范围得到实践，并呈现出建设发展的全球性、国家间合作越来越紧密、以 PPP 模式为主流融资模式等特点。为了应对中国城市化进程加快所带来的问题，智慧城市成为中国城市发展的必然选择。本章首先从三个角度阐述了智慧城市发展的必然性：一是信息化是智慧城市的实现条件，二是智慧城市发展的历史脉络和面临的问题是智慧城市发展的基础动力，三是实践为智慧城市建设提供了现实基础。其次提出面向问题、面向未来进行智慧城市规划和建设，以达到经济持续发展、民生服务公允和民生幸福、社会治理逐步加强的效果和目的。从传统城市到智慧城市，信息技术起到了关键的支撑作用，与传统城市相比，智慧城市具有全面透彻的感知、多网络的互联互通、海量信息的智能处理、资源的协同共享等特征。同时智慧城市的本质是服务，通过智慧城市建设能够实现服务均等化、资源有效配置等目标，这一建设过程也是民主去中心化的过程，最终落脚点在于惠民。此外，以人为本、持续创新是智慧城市建设的原动力。

第四章　智慧城市发展的基本分析框架

本章将阐述智慧城市发展的目标和原则，并结合智慧城市发展的特征和本质，找出同智慧城市发展相关联的最关键要素，分析要素之间的相互作用、相互制约关系，构建一个具有理论支撑的智慧城市发展基本分析框架，即"技术－主体－模式"TMM 分析框架，依据该分析框架的基本逻辑，去发掘智慧城市内在的生产力、生产关系和体制机制的关系，从本质上明确智慧城市的重要因素及其之间的作用和反作用力，为智慧城市发展搭建一个理论联系实践、具有指导意义的分析框架体系。

第一节　智慧城市发展的目标和原则

本书第三章论述了智慧城市在解决城市化快速发展带来的"大城市病"问题上的巨大潜力。在发展目标上，智慧城市不仅致力于解决此类问题，更重要的是智慧城市还面向未来城市发展的需求，致力于实现城市中三个主体要素即"企业、公众、城市运行管理者"所希望达成的目标。接下来我们将对智慧城市发展的目标和发展建设原则进行阐述。

一、智慧城市发展目标

（一）智慧城市发展的具体目标

第一，智慧城市发展要实现的重要经济目标在于促进产业结构调整升级，推进经济发展模式转型。通过建设智慧城市，可以促进以信息技术为代表的高新技术产业的发展[①]。智慧城市为实现对城市各个环节的感知和智能控制，需要信息技术的支持，这就能直接推动网络基础设施行业、云计算平台和数据分析机构的发展。智慧城市的建设导向是服务社会公众，这就为配套软件开发行

[①]　张陶新，杨英，喻理. 智慧城市的理论与实践研究［J］. 湖南工业大学学报（社会科学版），2012，17（1）：1—7.

业、集成电路等行业提供了新的需求，有助于行业的进一步发展。

第二，进一步促进传统行业与战略性新兴行业的融合，推动中国经济发展模式转型，促进国民经济各个部门联动，进而实现资源的集约利用和能耗的降低，对于促进传统农业、工业、服务业的组织形态变革具有积极作用。传统行业与新兴行业融合过程中，将会不断创造出新的经济增长点。一是相对成熟的信息技术是智慧城市建设的基础，同时要不断探索新的信息技术和其应用，企业在开展此类信息技术研发过程中，会自然而然提升自主创新能力，进而提高创新效率。二是随着智慧城市建设的不断深化，信息技术和智慧思维将自动与资本、劳动力、土地等传统生产要素结合起来，促进生产要素的优化配置。三是智慧城市的建设有助于打造环境友好型社会。智慧城市的一大特征是对城市资源和信息的全面掌握，有助于监测各个企业的污染物排放量，对污染物泄露问题提前预警，通过自动学习提升资源利用的有效性，实现节能减排、绿色低碳的目的。

第三，促进产业结构调整，促进信息化和产业深度融合。智慧城市的建设可以提升信息技术和人工智能等新兴产业在中国产业结构中的占比①。此外，智慧城市的建设可以提高农业生产和工业生产的效率，使一部分第一产业和第二产业的从业者解放出来，从事更有创造性的工作。随着智慧城市的进一步发展，农业生产将逐步升级为智慧农业，工业制造将升级为智慧制造，服务行业升级为智慧服务。

第四，智慧城市建设要求政府转变职能，形成高效的公共服务体系，创新行政管理方式，拓宽民意沟通渠道，增强政府公信力和执行力，建设法治政府和服务型政府，实现治理体系和治理能力的现代化。城市管理需要智慧，从政府管理的角度来说，要通过规范政府行为，强化监督和责任追究，促使政府部门之间形成良好的分工合作关系，增进治理的有效性。与此同时，要健全市民参与机制，增进市民在城市管理上的知情权，强化市民的监督权，畅通市民的参与通道；还要努力发展并规范各种非政府组织，弥补政府管理的不足。

第五，通过建设智慧城市，降低社会信用成本。智慧城市致力于推进城市信用支撑系统的建设，基于成熟区块链技术信息存证和不可逆特性，推进城市信用平台的建设。同时，基于分布式 AI、零知识证明、同态加密等新型技术的支持，在保障个人隐私和信息安全的同时，推进城市在政务、经济、民生各个领域的信用建立场景的高效化、智能化和安全化，为城市的社会稳定、经济

---

① 杨唯实. 人工智能：智慧金融新引擎［N］. 中国城乡金融报，2017-05-12（A07）.

运行和城市保障提供有效的技术支撑。

第六，将"以人为本"的理念贯穿于智慧城市建设的始终，打造为民服务的智慧城市。智慧城市以信息技术为依托，致力于在城市的交通、教育、医疗等多个领域，提升居民的感受，激发市民的热情，提升城市软实力，培育和吸引更多高素质的市民，打造均等、便捷、开放的市民社会。一是提升教育智慧化水平。创新应用新一代信息技术，充分整合教育系统内外现有资源，实现教育信息无缝流通、教育业务智能协同、优质教育资源的按需供给和人人平等的学习机会，真正做到"有教无类、因材施教、终身学习、人人成才"。二是增强医疗服务能力，助力医疗服务模式转变。一方面，构建以人为中心的医疗服务模式，实现以整体健康的维护与促进为方向的长期综合性、负责式的医疗服务模式，使个体与群体健康融为一体。另一方面，构建城乡一体化的医疗体系，有效整合大数据医疗资源，建设互联互通的智能医疗信息化系统，助力解决城乡医疗资源不平衡问题。此外，以城市智能卡为联结介质，联结医疗的各相关方，建设融合发展的医疗生态圈。三是构建智能交通体系，破解城市交通难题。推进新一代信息技术与交通系统深度融合，将交通信息视为发展资产，推动其共享和开放，对交通运行状态全面掌控，提升城市全面感知能力和交通运行监管能力，深化资源整合应用，促进开放、合作、扁平、对称的交通运输管理体制机制创新，形成人、车、基础设施和移动设备间相互协同的交通环境，全面支持安全、高效、便捷、生态友好、公平的交通服务体系，最大限度满足交通公共需求。

智慧城市还对改变市民生活方式、提升人文素养、促进人类文明发展有着积极作用。智慧城市通过融合"绿色"和"智能"，让人、产业、自然达到统一和谐的发展状态。资源节约是保护生态环境的根本战略，利用信息技术促进资源利用的根本转变，可以达到大幅度降低能源、降低水和土地的消耗强度的目标。提升环境监测管理水平，实现城市水资源有效管理，节约城市能源等也都是智慧城市的重要目标。

（二）智慧城市发展目标的特点

智慧城市是一个复杂的巨型系统工程，其发展目标具有以下特点，这些特点决定了在智慧城市建设过程中要进行细致分析，选择与城市特色、发展阶段、突出问题、自身能力相适应的主体需求、技术应用和运作模式。

第一，智慧城市发展目标具有多样性。智慧城市追求的不是单一发展目标，而是涉及包括产业、民生、政府治理、城市管理等在内的多样性目标。智慧城市目标的多样性与城市主体的多样性有密切联系，不同的主体对智慧城市建设有不同的诉求，从而导致了多样性的城市发展目标。

第二，智慧城市发展目标具有复杂性。在智慧城市发展过程中，即使是某个领域的目标，也难以用单一的标准衡量。以城市智能交通为例，其发展目标不仅仅包括通行的高效和快速，还包括交通服务的便捷、交通方式的绿色环保、交通过程的安全等，涉及的交通方式包括汽车、特种车辆、自行车、步行等，需要考虑人、车、路、交通管理者大量的交互与协同，发展目标错综复杂。

第三，智慧城市发展目标具有关联性。智慧城市的发展目标不仅复杂，而且互相交织在一起，具有强弱不等的关联性。这种关联性体现在两个方面：一是不同发展目标之间会互相影响，比如城市的经济智慧化目标与民生服务智慧化目标具有一定的关联，智慧产业越发达，越可以为民生服务提供良好的支持；反过来，智慧的民生服务可以提升对人才的吸引力，进而为产业升级提供人力支持。二是不同发展目标具有一定的共通性，比如智慧交通、智慧教育、智慧产业有各自不同的发展目标，但是又都包括面向对象的服务便利性这一共同的目标。

第四，智慧城市发展目标具有跨域性。虽然信息技术是实现智慧城市目标的重要手段，但并不是唯一手段，智慧城市发展目标的实现，不仅仅要依靠信息技术的应用，而且需要理念转变、制度创新、管理方式变革等。从本质上看，智慧城市涉及政治、经济、社会、技术等方方面面的复杂系统，需要协同多个领域共同推进。

第五，智慧城市发展目标具有动态性。多因素影响是智慧城市发展目标具有动态性的原因之一。智慧城市发展目标并不是一成不变的，相反，受到各种因素的影响，智慧城市的发展目标往往会发生比较频繁的变化。导致智慧城市发展目标动态变化的原因通常包括以下几点：一是城市本身的发展。随着城市的发展，相应的智慧化目标也会随之发展提升，比如以前市民反映问题需要打不同部门的电话，随着市民服务水平提高，逐步整合为统一的市民热线。二是技术发展。很多城市把一卡通覆盖率作为智慧城市的目标之一，但随着移动技术的发展，可以使用智能手机替代实体卡完成更多功能。三是政策影响。国家在不同阶段会对发展重点进行调整，这必然会影响城市的发展目标，比如国家对生态环境的重视，可能导致城市在智慧环境方面的目标调整。

第六，智慧城市发展目标具有矛盾性。特别需要注意的是，智慧城市的多项发展目标之间并不是天然协调一致的，有些目标的要求存在一定的对立关系。典型的例子就是便利性和安全性的问题，为了向市民提供方便快捷的服务，许多信息系统需要存储、管理甚至发布市民的姓名、出生日期、性别、住址、联系方式等个人信息，信息越完整、管理越完善，越能提升服务效率及准确率，但同时，市民隐私泄露的风险也相应增加，需要在便利性目标和安全性目标之间进行平衡。

二、智慧城市发展原则

智慧城市的建设遵循了"以人为本，惠民优先""统筹规划，市场导向""创新驱动，转型升级""跨界融合，集约发展"的原则。这些基本原则脱胎于城镇化建设的基本经验，对智慧城市发展建设具有指导作用。

（一）以人为本，惠民优先

智慧城市建设的根本原则是以人为本。在建设过程中不能仅仅考虑"物"的因素，而应该将城市发展的核心——"人"的因素放在首要位置上。人是智慧城市发展中生产关系的集中体现，也是智慧城市发展的主要驱动方。以人为本是智慧城市发展的根本出发点，人才是智慧城市可持续发展的重要力量，能增强城市软实力，培育和吸引高素质市民。

以人为本就是要将惠民体现在智慧城市的各个领域，不断提高公共产品的质量，包括提升养老、医疗、教育等各领域公共服务的供给能力。同时，还要关注人们的需求，使他们能够自由地获取信息并反馈信息。同时，在建设过程中需立足长远，统筹规划，充分考虑就业、城市居民生活质量等因素，确保充分发挥城市的活力，使人成为智慧城市的真正推动者和受益者。

（二）统筹规划，市场导向

智慧城市建设需要高度重视统筹规划的作用。规划是一个深度调研、反复学习、提出新思路、达成共识的艰苦过程，如果未经科学分析和验证就匆忙施工，易导致智慧城市发展不均衡，不仅无法实现服务水平的提高，反而可能导致重复建设和税收浪费。要防止智慧城市建设"一哄而起"，需要从智慧城市建设全局出发，跳出局部约束和利益限制，准确定位城市发展目标，找到城市现存的问题，充分利用信息技术，找出需要改进和提升的关键要素，通过融合、统一、共享等方式使智慧城市各要素之间有效组合、协同运行，制定合理的制度保障措施，因地制宜地支撑城市的整体发展。

另外，在建设过程中还需要关注市场导向。市场的"无形之手"能利用价格杠杆、自由竞争等手段，充分发挥其在资源配置方面的作用，实现城市智慧的增长。如果单纯为了提高城市的智慧化水平而大量采购信息基础设备，不考虑市场力量，容易出现建设成果无法满足城市居民需求的问题，这也是对资源的极大浪费。因此，政府必须明确自己在智慧城市建设中的定位，处理好宏观调控和运用市场规律之间的关系，通过财政政策和货币政策培育新兴业态。

（三）创新驱动，转型升级

智慧城市的发展离不开信息技术的持续驱动。从技术的角度出发，城市形态发展到智慧城市需要依次经历信息化城市、数字城市、智能城市几个阶段，技术的革新推动着城市功能的丰富和完善，促使城市运行更加精细化，对环境和物质资源的损耗降低，投入产出比提高。

智慧城市的发展也离不开创新精神。创新是一个国家兴旺发达的不竭动力，对于智慧城市建设而言，创新是协调发展、可持续发展的引擎。新创意的诞生不是无中生有，而需要一定的需求和问题作为前提。采用更加高效的工具与方法对城市系统的各个环节进行优化升级，可以更好地服务于城市居民，并推动城市形态的进一步变迁。

智慧城市为互联网与各类产业的融合发展提供了基石。一方面，智慧城市在传统产业发展遭遇瓶颈时，为传统行业升级转型、优化结构提供了新的思维方式和发展空间，让其拥有互联网思维；另一方面，技术的不断应用为创新带来了可能，为技术本身的发展迎来了新的机遇和挑战。

（四）跨界融合，集约发展

跨界融合是智慧城市未来建设发展的主要模式，作为一个复杂的巨系统，智慧城市需要各行各业的共同努力和联合创新。在智慧城市基础研究中，需要注重多学科的跨界融合，主要包括产业经济学、信息科学、公共管理、法学、建筑学、环境科学与工程、城市规划、交通与车辆工程等；在智慧城市落地建设和交付过程中，需要密切关注各政府职能部门和委办局等之间的协作和协同以及杠杆机制的形成；在智慧城市落地运营过程当中，需要注重基于交叉需求思考的出发点，使得新型互联网和通信产业应用的创新能够及时有效。

集约化发展注重通过科学规划、服务提升和产业引导使资源在城市实现有机结合和有效聚集，提高城市资源的利用效率和城市的运行效率，从而推动信息化、城镇化的协调发展。因此，智慧城市集约化发展需要做到顾全大局，由外延扩张为主向内涵增长为主转变，由重视数量增长的粗放型发展模式向重视质量提高的集约型发展模式转变。

第二节　智慧城市发展"技术－主体－模式"TMM 分析框架

智慧城市发展已有十几年的时间，在政府、学者、企业和公众的共同努力下已初见成效。研究者们根据发展过程中的经验教训总结出了各种基本框架，这些框架不断发展革新，将技术和业务、建设和运营、安全和治理等多方面因素整合起来，使得智慧城市规划、建设、运营越来越趋于体系化。很多框架具有现实意义，但也存在一定的狭隘性，这也是本书试图创新提升的地方——使其更有高度、更加全面，也更能对智慧城市发展的实际业务起到指导作用。智慧城市发展一般框架的不足之处主要体现在以下几个方面：

第一，理论支撑少，高度不够。智慧城市发展一般框架更多的是从实践角度出发、以应用为目标搭建的架构体系。其中大部分更多注重实际操作层面，忽视了智慧城市发展的本质目标，也缺乏理论根基和实证检验，勤于"低头拉车"，而忽略了"抬头看路"。

第二，要素描述少，广度不够。智慧城市发展一般框架体系过于具象化，看起来内容很丰富，但基本都是单一的内容，多停留在建设内容和技术上，逐步加入了渠道和参与者。大部分框架没有对模式进行相应的描述，缺乏了模式的智慧城市发展框架会产生诸多不确定性，使得其并不能成为一个可以指挥当地智慧城市发展的完整框架。

第三，要素关系不清，逻辑不够。智慧城市发展的一般框架描述了技术、业务、渠道和主体，但并没有厘清各方面的关系，对于其互相作用的机理，仅作了基本的内容罗列，没有形成逻辑架构。

一、建立本分析框架的目的

基于上述原因，我们需要基于政治经济学核心理论，寻找智慧城市中的核心控制因素，从点到面再到体的层面进行深入研究。智慧城市发展分析框架将会达到以下目标：

第一，理论联系实际，为智慧城市发展找到充分的理论依据。智慧城市发展是一个全面的系统的工程，既是一个目标也是一个过程，需要不断地更新完善。更新完善的过程需要理论联系实践，从实践中认知，到理论中提升，再反作用于实践。

第二，完善智慧城市发展的核心要素，支撑好智慧城市发展各方面工作。智慧城市发展不是单一的技术方案或业务方案，还包括了治理方案、模式方案、组织方案、安全方案、金融方案等,所以需要完备考虑各方面要素,多轮驱动智慧城市发展建设。

第三,厘清各要素之间的逻辑,发现其共生或者制约关系、作用或者反作用关系,更好地完善甚至改变各要素的构成,使其能更和谐地推动智慧城市的发展。

第四,用基本分框架作为逻辑主线指引未来智慧城市发展的实践,并将其落实到具体分类实现方案和发展评价体系中去。

二、分析框架的核心内容

智慧城市发展的关联要素很多,根据马克思主义政治经济学核心思想"生产力与生产关系矛盾运动"的基本原理和体制机制的相关理论,对智慧城市的发展建设进行剖析,将技术、主体和模式作为核心要素,形成"技术-主体-模式"TMM 分析框架(图 4.1)。

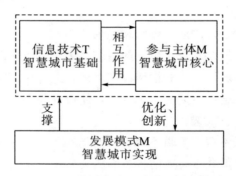

图 4.1　智慧城市发展 TMM 分析框架

生产力不是简单的纯自然因素,有其社会规定性。马克思指出:一定的生产方式或一定的工业阶段始终是与一定的共同活动方式或一定的社会阶段联系着的,而这种共同活动方式本身就是"生产力"[①]。智慧城市发展中的生产力要素有很多,其中信息技术会渗透到各个生产要素之中,成为生产力发展最重要的因素。可以看到,随着历史的发展,不同时期生产力的质和量都是变化的,智慧城市发展最核心的标志就是信息技术与城市发展的融合,信息技术给智慧城市发展带来了可能,信息技术的广泛使用,会引起城市生产工具、劳动对象、劳动者发生重大变化,实现劳动者技能的提高、劳动工具的变革和创

[①]　中共中央马克思恩格斯列宁斯大林著作编译局. 马克思恩格斯选集(第 1 卷)[M]. 北京:人民出版社,2012:160.

新、劳动对象的开拓、生产力诸要素的合理配置、生产效率的提升、生产活动最优化的组织管理、需求和供给的合理匹配等，并转化为直接生产力，从而推动城市生产迅速发展。技术 T（Technology）也就成为基本框架中智慧城市的基础。从石器、铁器，到蒸汽机、电动机，再到今天的计算机、物联网，技术在生产力的发展中起着日益重要的作用，也是生产力提高到新阶段的主要标志。

马克思认为，生产关系是指人们在生产过程中所结成的人与人之间的相互关系①。在智慧城市发展过程中，最核心的生产关系是主体 M（Main Boby）之间的关系，这里的主体包括有政府、研究机构还有企业和公众，他们既是设计者也是受益者，其中关系纷繁复杂，体现出智慧城市生产关系的核心。

生产力发展到一定的阶段，生产关系各核心要素即主体之间会形成一定的形式和规范体系来保障智慧城市发展持续稳定的推进，这就是智慧城市发展的机制体制保障——模式 M（Model）。模式的建立可以厘清各部分之间的关系，规范体系，形成相应的组织制度，并按照一定的标准共享，实现智慧城市的统筹和协调发展。同时，体制内部的组成要素之间按照一定的方式相互作用，进行职责分工，实现其特定的功能。这些都为智慧城市发展建设和运营提供了有力保障。

三、信息技术 T 提供智慧城市发展基础

信息技术的高速发展和国家层面对信息技术发展的支持，是智慧城市建设的重要支撑。如果没有技术的发展，智慧城市发展是无法走到今天的。因而技术 T（Technology）是核心的生产力要素。

（一）技术是智慧城市发展核心的生产力要素

生产力包括三个方面的要素：具有一定生产经验、劳动技能，从事生产劳动的劳动者；以生产工具为主的劳动资料；引入生产过程使生产得以实现的劳动对象②。生产力是社会发展的内在动力。智慧城市发展的生产力要素除了劳动者、劳动对象，变化最大的就是劳动资料，劳动资料中最重要的部分就是生产工具。农业化时代的锄头、工业化时代的机床、信息化时代的计算机都是各自时代的核心生产工具。

目前智慧城市发展已经离不开网络、计算机、服务器、软件、数据、物联

---

① 漆琪生.《资本论》大纲（第 1 卷）［M］. 北京：人民出版社，1985：45.

② 赵家祥. 马克思主义哲学教程［M］. 北京：北京大学出版社，2003：135.

网等技术。我们过去讲到的技术以及承载技术的硬件和软件，已经成为今天的劳动工具，智慧城市发展就是在这一个个芯片、一行行代码中累积起来的，它们已经代替了"锄头""机床"，成为信息化时代的劳动工具，使得我们能够有针对性地选择不同的技术手段，正确、合理地用于智慧城市建设和发展的不同环节，解决面临的挑战和问题。

在摩尔定律的驱动下，信息技术的发展速度比以往任何技术进步的速度都要快得多，而互联网的出现，使信息技术的覆盖广度和深度也超过了以往的技术，对城市生产力发展起到了巨大的促进作用。信息技术逐步应用和渗透到城市生产力的诸基本要素之中，逐步转化为实际生产能力，在不同层面上促进发明创造、资源共享、变革提升，引起生产力三要素的深刻变革和巨大跨越式进步。同时信息技术的发展和进步也能大大提高组织和生产管理的运作效率。从这个意义上说，信息技术是科学技术的重要组成部分，是先进生产力的集中体现和重要标志，是第一生产力。

（二）技术的广泛化让智慧城市发展拥有神经系统

城市架构与人体结构非常相似，如果一个人想将通过触觉、嗅觉、听觉获得的信息汇聚到大脑，就需要有遍布全身的神经系统作为传导。过去我们处在一个信息不对称的时代，就像人看到了一只可爱的小动物，但此信息没有完整地传递给大脑，就没有办法让大脑根据真实的信息处理产生下一步的想法，更没有机会使大脑传输一个想要触摸小动物的指令。数据没有上传，分析后下达关联指令就无从谈起。

技术中一个重要的组成部分是泛在的通信网络，就如同人的神经系统，网络就像是城市的神经系统，只有网络互联互通，信息才有能到达相应的去处，进而汇聚、分析和比对，形成新的指令。信息技术的兴起和广泛存在看上去像是光纤的遍布，无线信号的覆盖，其实还带来了信息的流动、资源的流动和服务的流动。对于智慧城市来说，网络可以将各个环节串联起来，这样的神经系统，是实现智慧的最基本要求。"无线城市""无处不在""光网城市"都是目前城市网络布局的重要目标。作为智慧城市发展的基础设施，网络铺设程度以及其基本质量和遍布的范围都会直接影响智慧城市建设。

（三）技术的普及让智慧城市发展贴近民众

技术仍在不断发展和进步，尤其是近年来互联网的发展让信息传输、网上事务办理以及网上休闲娱乐成为日常，计算机的普及也让信息的处理从一个个机房扩展到各个角落。互联网技术从根本上改变了人类获取信息和处理信息的方式。同时可以看到，整个网络是互动的，你在获取信息的同时，其实也在产生信息，网络社区随之产生，虚拟映像在网络中随处可见。我们现在随处可以看到人们利用手机处理邮件、购买商品、预约挂号、办理银行业务甚至与政府互动沟通，技术的革新已经到达了城市的末梢，民众利用科技终端，便捷的同时也大幅降低了交通拥堵。智慧的能力只有真正贴近普通民众，智慧城市才能得到支持，才有可能实现。

除了生活需求外，民众还有事业上的需求。技术创新可以推动新业态的产生，促进新产业的发展，为民众创造更好的创业创新机会。开放数据将会是创业和创新的一大动力。数据开放可以提供新业态所需要的基础，激发创业者的潜能，发现有潜力的新业态并形成创业的机会。同时政府可以通过多种配套政策，利用扶持政策、对接会、创业大赛等方式，帮助具有创业热情的民众追求理想。

（四）技术的延伸让智慧城市发展扩展到物

从城市基础信息网络的布局到以互联网为代表的技术的发展，解决了信息传输和处理的问题。目前，仍需要提高城市各种基础设施的信息化程度，完善自动采集和动态监控的功能。从技术的角度来看，对象必须能够独立计算和联网，诸如嵌入式技术之类的开发可以解决这个问题。大量的物体会用到不同的感知技术，这也需要我们的技术不断地迭代和更新，届时会需要更宽的带宽、更快的网络速度和更智能的分析体系。

目前，智慧城市发展建设已经在诸多领域如电力、交通、物流、医疗、学校、环保等运用了物联网并取得了很好的效果。在交通领域，智慧交通的需求是提高运输效率。物联网已被普遍运用在静态交通体系中的停车治理中，能有效且直观地监测到停车场的基本情况，能清晰获取车位被占用的时长等基本信息，对信息进行分析后，为分时停车执行相应计划，可以使停车场运行效率大大提升，同时也在一定程度上缓解了停车场外部的交通拥堵。

四、主体 M 体现智慧城市发展核心

根据社会互动理论和城市治理过程中的实践经验，城市治理的重要主体 M（Main body）包括政府、研究机构、企业和市民，几大主体的思想和行为都是以各自所占据的资源情况和希望实现的目标为基础的，其行动是基于各自利益作出的选择。马克思主义认为，生产关系是指人们在生产过程中所结成的

人与人之间的相互关系①。生产关系包括生产资料所有制形式、人们在生产中的地位和相互关系以及产品分配方式这三个方面的内容②。所以主体之间的互动和沟通过程也是一个利益的博弈和调整过程。将这一理论投射于智慧城市建设中，大量参与到智慧城市规划、研究、建设、服务和使用环节的组织和个人分别代表了不同的利益群体，有着不同的利益诉求，对智慧城市的态度和影响各不相同，被称为智慧城市的利益相关方。而主体以及他们之间的关系也直接成为智慧城市发展中生产关系的核心。

（一）主体与生产资料所有制

马克思曾指出，从产品的角度加以考察，那么劳动资料和劳动对象二者表现为生产资料，劳动本身表现为生产劳动③。由此可见，生产资料实质上是人们对劳动资料的占有、支配、使用等经济关系。

智慧城市建设的四个主体——居民、企业、研究机构、政府——或多或少都对智慧城市发展所需的生产资料具有占有、支配、使用等权利。从基本构成看，政府依然占有最大的份额，居于主导地位，智慧城市发展也是源于政府对于民生改善、经济发展和城市治理结构完善的需求。而政府可以利用一定的形式将所拥有的生产资料让渡给企业，使企业拥有对生产资料的支配和使用权。如政府可以利用PPP的形式将一定年限的城市静态交通治理的停车位所有权让渡给企业，允许企业收费，前提是企业需要投资完成停车系统的搭建和停车位的改造，同时对当前城市的乱停车、交通杂乱现象提供解决方案。同样其他主体也可以让渡劳动资料，如居民将交通路况上传，则表示其将拥有的劳动资料转移给了企业，企业则利用这些劳动资料为他人服务。所以每类主体或多或少都会有对生产资料拥有占有、使用等权利，而这其中的关系也因各种条件的变化而不断发生变化。

从表面上看，人对物的占有关系属于生产资料所有制的范畴，而实质上，通过对物的占有，人与人之间发生了关系，而且这种关系在不断变化。生产关系的基础是生产资料所有制，生产资料归谁所有，由谁支配，不仅决定人与人在生产过程中的关系，还决定着分配关系，决定着交换关系和消费关系。

（二）主体之间互相作用

智慧城市涉及城市中的所有元素，包括公众、企业、研究机构、政府等主

① 漆琪生.《资本论》大纲（第1卷）[M]. 北京：人民出版社，1985：45.
② 陶德麟，汪信砚. 马克思主义哲学原理[M]. 北京：人民出版社，2010：167.
③ 中共中央马克思恩格斯列宁斯大林著作编译局. 马克思恩格斯选集（第2卷）[M]. 北京：人民出版社，2012：173.

体，交通、环境、能源、住房等全部领域，这些元素构成一个有机整体，并且相互作用、相互制约。不同的主体在智慧城市运营和建设中的贡献和受益有所区别，发挥作用的方式也各不相同。

在智慧城市的背景下，城市中四种主体所承担的基本功能大致保持不变，但发挥作用的方式和效率较之于原有城市有所区别。其中，政府由于具有最为系统的信息储备，更容易做出全局性的决定，因而在智慧城市的建设中，率先发起者和有力推动者等角色最初往往是由政府承担的。随后，企业和研究机构的活动会逐步活跃起来。企业根据社会上的需求和现有技术条件开展生产运营，对于当前技术不能支持的产品或服务，企业还会组织专门的研发部门开展针对性的研究和开发，以提高生产效率或者更好地对接消费者的需求。研究机构和标准机构则会侧重政策解读，了解政府颁布某一政策的背景、目的和该政策提供的支持，结合对市场整体情况的分析与探究，就智慧城市的建设周期、建设任务、建设目标和完成情况进行评价，给出评判标准，并根据研究过程中发现的共性问题，形成可供其他城市借鉴的报告，为智慧城市发展提供理论指导。市民作为参与者在整个过程中贡献应有的资源，发挥个体推动的作用，同样也发挥监察的作用。

（三）主体参与分配

智慧城市发展的四个核心主体，既是设计者也是受益者，都会参与智慧城市发展成果的分配。社会一旦占有生产资料并且以直接社会化的形式把它们应用于生产，每一个人的劳动，无论其特殊的有用性质是如何的不同，从一开始就直接成为社会劳动①。我们暂时将生产资料的分配作为定量，也就是政府拥有的大部分资源是开放给智慧城市发展建设的，不需要先分配到其他主体手中，而其他主体的生产资料也是共享开放的。我们这里只关注对智慧城市发展成果的分配。

市民在智慧城市的建设中既是参与者又是最主要的受益者。城市居民在智慧城市的建设中通过贡献自有的资源发挥个体的推动作用，因个体所拥有的技能高低和资源多少不同，每个人对智慧城市建设的贡献和受益也有所不同。在信息时代，高度发达的互联网和大数据技术使得城市居民更容易就城市的建设发声，使得个人的作用更容易被识别和感知。其他主体也都相应地在产业的繁荣和城市治理中获取相应的直接的或间接的受益和回报。

①　恩格斯. 反杜林论 [M]. 北京：人民出版社，1999：327.

智慧城市是庞大而复杂的系统工程，需要政府、企业、研究机构、市民等各方共同参与，在不同层次、不同方面各自发力又相互补充，整合力量发挥作用。

五、模式 M 保障智慧城市发展实现

生产力发展到一定的阶段，生产关系各核心要素即主体之间会形成一定的形式和规范体系来保障智慧城市持续稳定发展，这就是智慧城市发展的机制体制的保障——模式 M（Model）。虽然智慧城市发展建设因城市特色、经济结构、发展战略的不同，会有建设重点和运营模式的差异，但在建设过程中还有很多的共性因素，如智慧城市建设都需要大量的资本作为支撑、需要确保城市的可持续发展等。由于资源占有和资金支持的主要主体不同，产生了不同的运作模式 M（Model），不同的运作模式又会产生与其相适应的体制机制，以保障智慧城市的建设。

（一）不同模式确立不同体制架构

模式的建立可以厘清各部分之间的关系，形成相应的体系、制度、方法和形式，统筹和协调智慧城市发展。马克思认为，某一社会占统治地位的生产关系的总和构成社会的经济基础，在这个社会的经济基础之上，建立着相应的思想的和政治的各种上层建筑，即政治、法律、教育、宗教、艺术、哲学等观点，以及同这些观点相适应的政治、法律制度和文化教育等机构[①]。制度也就成为智慧城市发展的支撑，而体制是制度形之于外的具体表现和实施形式，所以不同的模式会有不同的体制架构。

智慧城市发展的典型模式有三种类型：政府主导型、市场的主导型和政企合作型。这三类模式拥有不同的体制架构，其基本特点如下：

政府主导型。由于资金来源基本是财政拨款，所以智慧城市相关项目规划建设和日常组织实施将会以政府为主导，相关的机构设置和权限划分也将是政府统筹协调的问题，这种体制大多缺乏活力甚至出现权责不清的情况，这就要求政府在主导智慧城市发展时设立领导小组和统筹组织，在规划、预算、招标、谈判等环节设定相应的程序，最关键的是要形成长效的管理机制，更多地从运营的角度出发来考虑智慧城市的发展建设。

市场主导型。规划和资金来源于企业，所以项目的获取多是自己建设或者

---

① 中共中央马克思恩格斯列宁斯大林著作编译局. 马克思恩格斯选集（第 2 卷）［M］. 北京：人民出版社，2012：2.

企业招标，其基本模式以运营为主。这种类型的智慧城市项目会考虑运营的可行性和未来的商业收益点，设计的项目更贴近市民或者企业，并且具有良好的灵活性，会制定更多贴近市场的制度和政策。这种类型的体制架构以企业运营为主体搭建，通常以企业组织和运作程序为主，其主要问题是缺乏大局观和统筹性，其相应的体制结构也是保障市场主导投资商更有效收回投资和获取回报。该类型需要获取更多的政府支持，当然也需要从大局出发，站在更高的层面统筹实现智慧城市发展的整体目标。

政企合作型。政府具有统筹全局的能力，可以站在一定的高度统筹智慧城市发展规划，同时在资金的使用上也更加合理，因此，城市级基础设施等方面的投入可以政府为主导，而市场化运营程度高的项目则可以市场为主导。二者结合所产生的组织机构设置和权限划分将通盘考虑双方的诉求和优势，形成最优配置，同时根据各方的体制状况，设立融合的体制结构，更高效地发挥合作模式的优势。

（二）模式确定体制中的主导者

体制架构设立后，其内部的组成要素之间按照一定的方式相互作用，进行职责分工，实现其特定的功能。这些都为智慧城市发展建设和运营提供了有效的保障。由于模式不同，体制架构的差异使得各模式所代表的利益主体有所差异，机制的侧重点也有所不同。下面根据上述三类模式作如下剖析：

政府主导型是政府在智慧城市发展中起到主导作用的类型。政府会对各方深入调研后编制明确的发展战略路线图，出台有利于智慧城市建设和加快发展的政策，同时增加在城市基础设施领域的投资，吸引国内外的有关资源向城市集中。由于政府本身不是信息技术和基础设施物料的供给者，因而智慧城市基础建设通常是政府利用财政资金投资建设项目，由政府进行项目的可持续分析和立项申报，通过申报后面向社会进行招标，完成招标后根据项目的进展情况进行支付。政府主导型通常可以做到因地制宜，以城市治理和民生诉求为主要出发点。但此种类型的主要缺陷是效率低下，缺乏降低成本和持续提升服务品质的动力，最终导致应用效果不够理想。

市场主导型是由企业独自负责项目的投资、建设、维护和运营的智慧城市发展运营模式，其主导者是企业。该模式下政府无须承担智慧城市建设出现问题的风险，企业创新热情高涨，可以充分调动建设和运营的积极性。在市场竞争的压力下，企业通常会有很强的驱动力来降低成本，努力提升服务的品质。但是如果缺乏政府的参与和监管，市场主导型智慧城市容易因为过分追求企业利益而对市民利益造成损害。

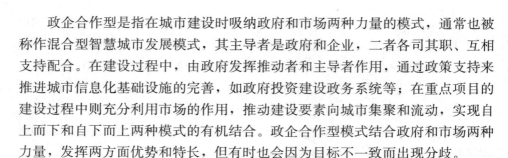

政企合作型是指在城市建设时吸纳政府和市场两种力量的模式，通常也被称作混合型智慧城市发展模式，其主导者是政府和企业，二者各司其职、互相支持配合。在建设过程中，由政府发挥推动者和主导者作用，通过政策支持来推进城市信息化基础设施的完善，如政府投资建设政务系统等；在重点项目的建设过程中则充分利用市场的作用，推动建设要素向城市集聚和流动，实现自上而下和自下而上两种模式的有机结合。政企合作型模式结合政府和市场两种力量，发挥两方面优势和特长，但有时也会因为目标不一致而出现分歧。

（三）不同模式机制侧重点不同

智慧城市的"机制"是指在体制内，把城市事务的各个部分联系起来，使之协调运行的运作方式。运作的机制形式通常可划分为行政计划式、指导服务式和监督服务式。其中最重要的两大机制是发展机制和约束机制。发展机制包括了创新机制、竞争激励机制、人才培育机制、资金投入机制等。通过发展机制，城市的运行活力不断增加，经济与社会信息化的广泛应用深入推进。约束机制则包括了民主决策机制、监督机制、制约机制和风险预警机制等。通过约束机制，可随时对智慧城市运行中发生的问题进行监督管理，制约侵犯公共利益的行为，防止出现重大风险。由于模式的不同以及体制结构和主导者的不同，其相应的机制侧重点也会有所差异。

政府主导型，政府在智慧城市发展中起主导作用，政府在编制方案的过程中会更多地反映政府的执政诉求，即通过智慧城市的建设使得城市治理健康有序发展和社会居民均等幸福的服务及产业快速发展。该类型注重基础设施和数据的开发和利用，会有相对长久的眼光和高度。但有时过于追求稳健并受制于预算，使得发展速度过慢。其相应的约束机制会多于发展机制。

市场主导型，智慧城市发展由企业负责规划、建设和运营。该模式下会出现灵活快速的反应，但其基本是从企业的利益出发，严格计算投入产出比，更多考虑投资短、见效快的运营类项目。该模式以企业为主，在同样的智慧城市规划框架下也会有建设项目的先后不同，其整体机制设置比较灵活，且会以发展机制为主。

政企合作型，是智慧城市发展新模式，兼顾了政府和企业的诉求，也兼顾了政府和企业的优势和特点。在发展过程中，由政府发挥推动者和主导者的作用，项目的建设过程中则充分利用市场的作用推动建设要素向城市集聚和流动。这种类型能够兼顾和融合各方观点，在博弈的过程中找到共同点，使得效率最大化。该模式是目前能较好兼顾各方利益和解决资金等问题的一种模式，其相应的机制设立会比较均衡，兼顾发展和约束两个机制。

六、TMM 分析框架的结构层次

技术作为智慧城市发展的基础，是最基础的劳动工具，同其他生产资料和劳动资料一同构成了智慧城市发展的生产力。人作为生产力的重要组成部分，也起着重要作用，而智慧城市发展的生产资料所有制和主体 M 之间的关系体现出智慧城市发展的生产关系核心。生产关系的总和构成了经济基础，由经济基础决定的发展模式 M 则反映了智慧城市发展的机制体制。它们之间相互作用。

（一）技术－主体

技术作为智慧城市发展的基础，其发展和变化是最活跃的。有了信息技术，还需要有一批顺应信息技术的劳动者，也就是主体。由于主体的经验和技能不断积累和增加，随着科技的创新和发展，劳动工具会得到改善，新的技术工具又会出现，随着新的工具的改进和提升，劳动者的经验和技能又进一步得以提升，从而整个生产力水平都会有所提升。

技术发展更新了劳动工具，同时也在一定程度上对人对资源的占有状况产生了一定的影响，如个人和企业的数据在一定程度上也成了智慧城市发展的重要资源，但其没有从根本上改变生产资料所有制形式。而技术的发展和变化可以改变主体之间的关系，使得政府、企业、市民和研究机构在智慧城市发展的不同阶段由于技术的变革而形成不同的关系。如在智慧城市发展初期，因技术的触角没有太多触及公众，同时智慧城市发展的主导者基本为政府，企业和研究机构是参与者，所以基本只有小部分市民受益者。而随着技术的进步，如互联网应用的高度发展，服务和应用可以延伸到末梢，这使得市民不仅成为最大的受益者，享受服务的均等化，也成为最重要的参与者，除了可将数据作为资产外，其使用、监督和反馈也极大地促进了智慧城市发展，推动了技术的进一步变革。

（二）技术 & 主体 － 模式

技术和主体之间互相作用、共同发展，形成了智慧城市发展的基本生产力和生产关系的核心要素。而智慧城市发展是否有序和有效，取决于模式的作用，模式将对技术和主体起到强有力的支撑作用。模式确定后，可以厘清智慧城市发展各部分之间的关系，并形成相应体系、制度、方法和形式，统筹和协调智慧城市发展，不同模式也就构建起了不同的体制架构。体制架构设立后，其内部的组成要素之间按照一定的方式相互作用，进行职责分工，实现其特定的功能。这些都有效地为智慧城市发展建设和运营提供了保障和支撑。我们以城市级的智慧静态交通 PPP 项目作为案例，可以看出该智慧城市项目的主导者依然是政府，只不过政府阶段性地将资源让渡出来，由可以带资金进来的企业在完成建设的基础上，利用政府释放的资源在规定时间内收回原有投资并达成预计收益，之后政府会将释放的资源回收。这样既是政府主导，又有效地利用了社会资本。这种模式有效地确定了其体制架构，并形成与之相适应的机制，使得技术得以充分发挥作用，各要素之间形成了明确的责权利的关系。

反之，技术和主体的逐步成熟也会优化现有模型，甚至能创新模式的发展。随着技术的发展，原有政府主导的模式可能会被企业主导模式替代。如地方政府学习国外经验，在一定时期内为解决交通问题将城市公共自行车作为智慧城市发展的一个重要项目，其中虽然也有相应的厂商做 BOO（建设－拥有－运营）模式，但"共享单车"充分利用了技术手段进行控制，颠覆了原有的模式。同样随着主体对于资源掌控的变化，核心生产关系也发生了变化，这同样会影响模式，进而会使得相应的机制体制发生变化。

技术、主体、模式三者之间相对独立又互相作用，是智慧城市发展中最根本的三个因素，各变量之间的关系将决定智慧城市发展的基本走向和基本结果。

第三节　基于 TMM 分析框架不同类型智慧城市的分类实现

"技术－主体－模式" TMM 可以应用在不同的城市，且会产生不同的效果。但我们需要看到，智慧城市发展需要结合城市特色，依据城市经济结构、发展战略的不同而选择不同的建设模式和侧重点。同时由于智慧城市发展和运营存在的长期性和复杂性，为保证智慧城市有序平稳展开，需要根据城市特点设计不同城市的实现路径，这就带来了智慧城市发展的分类设计实现的要求。

一、分类实现的目的

城市千差万别，有自己不同的地理位置和天然禀赋，为了确保智慧城市的建设质量，不能将同一套建设方案套用在不同的城市上。可以根据城市的主导产业、所处经济发展阶段、人口规模等进行分类发展，这样有助于方案更贴近于实际需求，同时有助于吸取同一类别城市建设的经验教训，提高自身建设的质量和效率，地方政府也可以做到在建设路径选取上的因地制宜，使建设方案与城市自身特点相匹配。分类实现的目的包括以下几个方面：

第一，按照产业、经济发展阶段和城市规模对城市本身进行分类，处于同一象限的城市之间具有较多的共同性，而分属不同类别的城市之间的可比性则相对较弱。这样，地方政府在智慧城市发展中若采取标杆管理的方式，可以更好把握建设目标，防止脱离城市实际的盲目跟风。

第二，在对城市分类的过程中，智慧城市的主体可以更加清晰地掌握所在城市的整体发展状况，可以更加客观地选择城市发展方向，避免受到细节因素的影响。

第三，智慧城市发展的分类实现，对于打造面向公众、企业和政府的三个主要城市服务对象的融合跨界服务体系具有积极的推动作用。城市所属的分类不同，城市中的物质条件差异巨大，政府在进行城市治理时面临的问题、企业投入的方向和公众的基本诉求等也会存在明显的差别。

二、分类实现的内容

分类有多种维度，目前可以考虑根据城市的主导产业、所处经济的发展阶段和人口规模等进行分类。

第一，每个城市的发展都依托一个或多个主导产业，本书首先按照第一、二、三产业进行分类，并在每种产业中选择具有代表性和产业特性的城市制定实施路径。第一产业的核心是农业，包括种植业、林业、畜牧业和渔业，以第一产业为主的城市数量不多。第二产业的核心是工业，包括制造业、电力、采掘业等，以第二产业为主的城市的智慧城市发展应该偏重于制造业供应链管理、产品设备监控管理、泛在制造信息处理技术、人机交互技术、工业过程建模等。第三产业主要以流通部门、服务部门为主，这类产业为主的城市可以考虑发展智慧旅游、智能交通系统、智能就业服务等。

第二，根据经济发展境况，可分为欠发达城市、发展中城市和发达城市。智慧城市的建设必须基于城市本身所处的经济发展阶段，因地制宜。发达城市建议以智慧能源、绿色环保、电子政务为主要发展方向，发展中城市则侧重教育科研创新、人才引进、发展服务业，欠发达城市则可侧重经济发展和基础信息化建设。

第三，根据城市规模可将城市分为大城市、中城市和小城市。大城市由于存在"大城市病"的问题，应侧重解决交通拥堵、通信基础设施薄弱、环境污染等问题，中城市则应从城镇品牌、公共服务、特色产业等方面入手，小城市则应应因地制宜发展旅游、能源、医疗等产业。

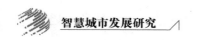

第四节　基于 TMM 的发展评价体系

　　智慧城市发展既是目标也是一个动态过程，需要有阶段性的评价以不断促进智慧城市发展的改进和提升。根据 TMM 分析框架，其指标基本可以归集为技术指标、主体指标和模式指标；就其功能点来看则可以归集为能力类指标和成效指标。

一、能力类指标体系

　　能力类指标一般指评价城市运用互联网、物联网、大数据、云计算等信息技术，进行城市规划、管理和服务的指标。其一级指标包括信息资源、网络安全、创新能力和机制保障。其中，信息资源指标所包含的二级指标要素包括信息资源开放、信息资源共享和信息资源开发利用。网络安全指标所包含的二级指标要素包括网络安全管理、监测、预警与应急，信息系统安全可控和要害数据安全。创新能力指标所包含的二级指标要素为：新一代信息技术应用、模式创新、技术研发与创新和科研成果转化。机制保障指标所包含的二级指标要素为：规划与建设方案、标准体系、政策法规、投融资机制和组织管理机制。能力类指标项是智慧城市发展的基本保障，也是不同类型智慧城市发展水平衡量的共性指标，在 TMM 框架中可以归集在 T（Technology）和模式 M（Model）的框架下。

二、成效类指标体系

　　成效类指标指用于评价公众、企业、政府管理者因智慧城市发展所感受到的便捷性、幸福感、宜居性等要素项。其一级指标包括基础设施、公共服务、社会管理、生态宜居和产业体系。其中，基础设施指标所包含的二级指标要素为：信息基础设施、公用基础设施。公共服务指标所包含的二级指标要素为：服务便捷度、服务丰富度、服务覆盖度、服务集成度和服务满意度。社会管理指标所包含的二级指标要素为：办理快捷度、管理公开度、管理精准度、跨部门协同度、公共安全管理水平和信用环境建设水平。生态宜居指标所包含的二级指标要素为：生态环境改善度、环境监测防控能力、社区信息服务水平和生活数字化程度。产业体系指标所包含的二级指标要素为：农业生产经营信息化水平、两化融合水平、新兴信息服务提供能力和电子商务发展与应用程度。发展成效是对智慧城市发展质量的检验，也是能力类指标项相关资源有效利用程度的反映。由于城市发展质量受各种因素的综合影响，并且不同产业类型、不同经济基础、不同发展规模的城市的评价方向也各有差异，因而难以仅从智慧城市发展角度去衡量其带来的效益，需要因城市发展阶段和发展定位不同而在指标制定上体现出差异。成效类指标体系在 TMM 分析框架中可以归集在主体 M（Main Body）的框架下。

基于 TMM 分析框架的智慧城市发展指标体系的详细内容与案例分析将在后文中进行详细阐述。

第五节　本章小结

本章阐述了智慧城市发展的目标和原则，明确了智慧城市的主要特征是全面感知、泛在互联、智能融合和持续创新。智慧城市发展的本质在于提高服务质量，要实现促进产品结构调整升级、优化政府管理与服务绩效、加强城市生态建设等目标。同时在智慧城市的发展过程中，要遵循"以人为本，惠民优先""统筹规划，市场导向""创新驱动，转型升级""跨界融合，集约发展"的基本原则。结合智慧城市发展的特征和本质，本章厘清了智慧城市发展的最关键要素，并分析了各要素之间相互作用、相互制约的关系，构建了一个具有理论支撑的智慧城市发展基本分析框架，即"技术-主体-模式"TMM 分析框架，依据该分析框架的基本逻辑，本章还论证了智慧城市内在的生产力、生产关系以及体制机制的支撑作用，明确了信息技术是智慧城市发展的基础，参与主体体现智慧城市发展核心，发展模式保障智慧城市发展实现。在此基础上，本章分析了技术-主体-模式之间的作用和反作用力，为智慧城市发展搭建一个的理论联系实践的分析框架体系。随后在 TMM 的基础上阐述了不同类型智慧城市分类实现的意义和内容，并引出了智慧城市发展的基本评价体系。

第五章　智慧城市发展基础：信息技术支撑

　　"技术－主体－模式" TMM 分析框架中，信息技术（T）处于重要位置，是智慧城市发展的基础。信息技术的高速发展以及国家层面对信息技术发展的支持，是智慧城市发展的基石。有针对性地选择和正确合理地运用不同的技术手段，是智慧城市发展的关键环节。本章在剖析不同的信息技术对智慧城市发展的价值基础上，结合近几年出现的相关问题，提出了智慧城市所应当具备的技术支撑体系架构（图 5.1）。

图 5.1　信息技术支撑体系架构

第一节　信息技术基础作用的体现

　　智慧城市是具有智能特征的城市系统，是城市演进发展和科技进步相融合的产物。随着信息技术水平的提升，智慧城市的建设也由数字化、数据化向信息化发展。智慧城市中"智慧"的来源主要有两个方面：一是在城市范围内广泛应用的感知设备和数字化设施，二是在一定区域内发展的知识经济。但无论哪种来源，都离不开信息技术的支撑和推动。

一、信息技术对城市化发展的推动作用

近些年来，随着经济水平的提升，经济转变方式逐渐以走城市化发展道路为主。中国发展阶段和工业基础与发达国家相比有所区别，城市建设不能走发达国家的老路。中国的城镇化应该是经济社会稳定发展、城镇发展质量动态提升的以人为本的城镇化。

第一，信息技术促进生产和生活方式的改变。信息技术包括计算机科学、互联网技术、物联网技术、大数据分析技术、通信技术等，其发展对于推动城镇化建设和生产方式、生活方式变革具有积极的促进作用。首先，随着计算机技术和互联网技术的发展，互联网终端广泛进入公众的日常生活中，并发挥着重要的作用。例如，通过支付宝和微信 App，城市居民可以完成移动支付、在线订餐、在线打车、生活缴费、信用卡还款、火车票机票购买等活动，而无须随身携带现金或银行卡到店支付或还款，提高了居民在出行领域和用餐方面的便利性。另外，电商行业的高度发展在丰富居民购物模式的同时，还创造了新的就业需求，促进了资源的优化配置。居民通过互联网购物可以分享自己的购物体验，这就间接地促进了运营流程的优化和商品的设计。其次，物联网技术的兴起推动了智能家居和智慧社区的建设，改善了城市居民的居住条件，提升了交通便利性的同时降低了健康威胁。通过在物业领域引入物联网技术，可以对小区的停车位、垃圾处理、用水用电安全和社区宠物管理进行优化升级，通过射频识别技术、红外线感应技术等，构筑物品与物品、物品与居民、居民与居民的联结关系，实现智能识别、智能追踪和智能管理。

同时，将物联网技术应用于工业生产和服务业中，还可以促进第二产业和第三产业的生产方式向无污染、低能耗、绿色环保、经济效益高的方向转变，扭转对自然资源和能源过度开发的局面。在制造业和生产加工行业中，通过引入自动化的智能机器人参与生产环节，可以大大降低人工容错率，并且提高生产效率。

第二，信息技术推动城镇发展空间合理布局。伴随着城市化进程的不断推进，环境污染、交通拥堵等问题对于城市化发展的负面影响越发突出，给城市居民的生活质量带来了负面的影响。城市居民对于优化城市群建设、合理空间布局的需求十分迫切，而信息技术水平的提升对于优化城镇化布局具有积极的推动作用。

信息技术的创新发展对于提高中心城市的辐射作用意义重大。对于一定的地理区域，通常以特大城市或巨型城市作为中心，在大城市内发展信息技术，

可以更好地集聚生产要素和人口资源，提高影响力，进而辐射带动周边城镇。而对于中小城市，以信息技术的创新发展为驱动力，充分利用信息技术对传统行业的推动作用，可以促进其他行业的优化升级，提高地区经济的活力。对于小城镇，可在信息技术的带动下，把握城镇本身特点，打造特色小镇，强化与其他地区的联动关系，促进信息资源的合理流动和共享，协调城乡发展，促进产业梯度转移，最终实现城镇空间的合理分布。

另外，信息技术的发展对于促进城市地下空间、地面空间的优化利用有着重要的作用。空间优化主要体现在以下几个方面：通过物联网技术和互联网技术，建设地下管线信息管理系统，实时监控供水、排污、天然气输送等数据，避免出现污染泄漏问题；建设地下交通信息系统，与地面交通体系数据联动，促进交通分流，缓解拥堵问题；在地面的公共绿地、社区广场、客运站点和公路上安装电子信息设备，对日常生活进行监测，将数据共享给消防、交通管理、公安等部门，并在一定风险逻辑的情况下报警，以应对突发情况，实现城市空间功能的完善；在进行新的交通设施规划或楼宇建设时，可以通过电子信息设备采集到的数据进行综合分析，优化决策效能，同时提升城市形象。

第三，信息技术带动城镇公共服务水平提高。在推动城镇化建设的过程中，信息技术发挥着至关重要的作用。一方面，信息技术的创新发展可以推动电子政务水平的提高，通过搭建更加高效的电子政务云平台，可减少"办事难""办事慢"的问题，提高政府的服务效能。另一方面，政府部门还可以通过开通官方微信、官方微博等形式，广泛吸纳社会公众的意见，同时也将政策解读、统计数据等向市民公开，便于市民了解和监督。

各地的人力资源、社会保障局和人才交流中心，可以运用大数据技术，对社会劳动力信息和企业职位空缺信息进行统一管理，一方面将招聘信息资源向符合要求的劳动力进行发布，协助其解决就业问题；另一方面通过了解企业的用工需求可以更好地组织对闲散劳动力的培训和安置。这样，不仅可有效地提高劳动力的收入情况，缩小收入差距，而且有助于降低社会的不稳定性风险。综合运用信息技术还有助于社会保障水平的提升，通过打造城市居民数据库和财务信息管理核算平台，可以丰富城市居民的养老保险、医疗保险等的缴费渠道，防止因费用缴纳不便而导致社保断缴问题。在人力资源和社会保障局的官网上打造公开的服务平台，同时开通移动终端的 App 端，方便城市居民查询社保消息。

二、信息技术在智慧城市发展中的社会效益

智慧城市发展需要从人文角度出发，结合城市公众的实际需求确定建设方向。而对城市公众需求的获取和分析，对现有基础设施、设备的升级，都离不开信息技术的支持。

第一，信息技术有助于改善智慧城市的政府管理能力，改善治安情况，降低犯罪率。中国新疆的克拉玛依地区与华为集团合作，在当地打造立体监控环境，构建统一的城市安全业务云平台，并将监控数据接入了警用地理信息系统（PGIS），通过开发视频摘要、快速检索、人脸识别、行为分析、图像清晰化处理等功能，具体研判综合分析，为当地警方提供信息支撑。信息系统引入后，当地的出警效率提高了50％，结案率提升了40％，城市公众的满意度则提高了30％。

第二，综合运用信息技术有利于集中力量办大事，完善城市问题管理。巴西里约热内卢在2009年获得了2016年奥运会的主办权，为了应对奥运会期间突增的人流和交通压力，同时改善城市治安状况，里约热内卢通过整合公共职能部门的数据构建了城市运营管理体系以消除信息孤岛，更好地完成部门间的配合。一方面，里约热内卢是巴西的第二大工业城市和最大的商业中心；另一方面，由于地处大西洋沿岸，该市也面临着暴雨频发和泥石流灾害的问题。因此，里约热内卢高度重视对公共安全、气象、应急的管理，实现了30多个部门的数据高度整合，并在城市中建有大屏幕对城市进行实时监控和快速响应。

在以大数据为代表的信息技术支持下，里约热内卢不仅顺利地先后在2014年和2016年举办了世界杯和奥运会，而且其建设的智能监控、分析平台还在灾后管理和城市大型活动中发挥着重要作用，大大降低了群体性事件发生的风险，并将自然灾害的影响限制在可控范围，社会危害大大降低。

第三，信息技术的发展对于智慧城市发展中环保方面做出巨大贡献。全球进行智慧城市建设的国家和地区，都对环保问题高度关注，环保产业的绿色发展理念和智慧城市的建设目标天然契合。

在打造智慧环保的过程中，对于饮用水水质检测、机动车尾气排放检测、环境应急、环境执法、环境投诉等环节，数字化、网络化、智能化的认知与管理能很好地解决相应的问题，即进行信息化改造。而且，智慧环保与传统环保产业的重要区别在于，智慧环保不是关注单独的、彼此分割的治理环节，如市政工程、污染物排放等，而是借助信息技术将与城市环保紧密相关的环节紧密连接在一起，形成一个上下游完整的产业链条，并将智慧环保作为一个整体与

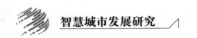

智慧城市发展中的其他部门构成一个动态变化的智慧系统。

三、信息技术在智慧城市发展中的经济效益

智慧城市发展过程既体现了智能化的物的要素，又体现了人的智慧参与。新兴的信息技术就是人类智慧的集中体现，不仅可以提升城市宜居属性、改善城市公众生活质量，也可以增加智慧城市发展的经济效益。

第一，在智慧城市发展过程中引入信息技术可以更好地了解城市公众的需求，促进供需平衡。建设智慧城市的根本出发点是将城市发展从以 GDP 为中心转向以人为中心，因而对智慧城市发展效能的重要评判标准就是是否满足了城市公众的需求。一方面，在得到城市公众授权的基础上，政府和企业通过大数据和云计算技术，可以更全面地了解公众的个性化需求，从而更好地提供公共服务或提供更符合公众切身需求的商品和服务。另一方面，随着信息技术的发展，智能设备生产企业正处于行业风口期，越来越多的智能设备进入城市公众生活。例如，某品牌语音智能音箱可以与智能台灯、多功能网关、智能即热水吧、扫地机器人绑定，用户通过语音就可以控制上述智能设备，无须通过遥控或机身开关进行控制，大大增加了生活的便利性，在满足公众生活所需的基础上还创造了新的需求。在信息技术支持下，无论是新型智能硬件的生产企业、物流运输行业，还是城市公众本身都可以获得更多的收益，对于地方政府而言，还开辟了新的税源，为当地经济开辟了新的增长点。

第二，智慧城市发展过程中，开辟了一个新的空间——网络虚拟空间，为新兴产业的出现和发展提供了基础。20 世纪 90 年代，美国总统克林顿推动美国经济走出低谷，正是利用了互联网技术对其他新兴行业的促进作用。信息技术发展水平的高低正是城市经济社会发展能否实现的关键所在。在中国，电子和信息技术对国民经济的发展起到了重要的推动作用，2009 年，中国规模以上电子信息制造业总共收入 5 万多亿，达到了全国工业比重的十分之一。网络虚拟空间的开辟，集聚了大量的应用技术突破，为第三产业的发展提供了平台。将庞大的用户群体与活跃的创新主体通过虚拟空间聚集在一起，有助于形成互动效应和规模效应，催生出以现有虚拟空间为基础的新兴行业，或开辟出新的平台。是否重视智慧城市发展过程中的信息技术开发和运用，决定了城市在智慧城市发展过程中所处的角色是技术的供给者还是消费者，也决定了在国际智能产业竞争中是先发制人还是落后挨打。

第三，建设以信息技术为基础的智慧城市对于在后危机时代获得竞争优势具有积极意义。自 1825 年在英国爆发生产过剩危机后，世界经济总是周期性

爆发经济危机。根据历史经验，经济危机与技术革命之间相互作用。

经济危机的出现往往会对技术革新产生促进作用，因此，2008 年下半年开始的全球经济危机，反而是以信息技术为基石的智慧城市发展的重要契机。经济危机中爆发出的问题，将成为信息技术、能源、材料为核心的新科技革命发展的重要引火石，引领人类进入新时代，这个进程的核心标志就是智能、环保、可持续发展。而技术的发展对经济危机具有双重作用，或者缓和危机，或者加剧危机。技术的重大革新将引起产业结构的调整，促使社会资源从传统行业向新兴行业流转，从而缓解传统生产部门的产能过剩问题。并且重大技术革命的出现，不仅促进新兴工业部门的固定资本投资，也促进了传统生产部门设备的更新换代，对于缓和危机同样具有推动作用。但同时，新兴技术的出现缩短了固定资本更新的期限，同时生产效率的提高也导致了剩余价值量的激增，从而可能引起频繁的经济危机。

当前，全球经济已经基本摆脱了金融危机恐慌，进入了"后危机时代"，各国的工业产出开始回暖，经济增长预期上调。在此背景下，大力发展信息技术，推动工业和服务业的智慧化，可以促进产业结构的优化，缓解传统生产部门产能过剩的问题。同时通过高新技术产业的发展，促进工业制成品和服务输出质量的提升，通过知识经济获得在国际市场上的话语权和竞争优势，可以缓解经济危机导致的失业率高企的问题，促进消费者信心回升。

第二节　当今信息技术发展存在的问题

一、准确的数据支撑相对缺乏

智慧城市发展的基本前提是数据的准确性，无论是大数据、云计算技术的应用还是智慧政府的打造，都以精准的数据和第一手数据来源作为基础。如果没有准确的数据，中国的智慧城市发展工作也就缺少了坚实的基础。由于大数据技术在应用中会受到协同性、跨尺度、机理性和因果性的影响，因而在数据采集的过程中必须贴近应用场景，结合所处环境特点，不能接触到一点数据就采集一点数据，这样非但不能真正促进大数据的能动性，反而可能导致数据分析处理的困难和结果导向的偏差。

不同规模的城市在数据支撑方面面临的问题不同，下面分别加以说明。首先，对于经济较为发达的大城市，行业类别更多，在数据采集的过程中，不同的行业特征可能导致采集环境大幅波动，而数据采集环境问题正是当前大数据行业经常忽视的问题。另外，大城市中数据的规模和复杂性远超过中小城市，从数据的采集、分析、存储到应用有一个漫长的过程，很难给出实时动态结果，这就导致了数据库中的存量数据被迫过时，没能发挥出大数据的效能。其次，中等城市的基础设施水平处于大城市和小城市之间，但在数据应用上存在着明显的条块分割问题。当前对大数据的利用更多集中在数据可视化方面，并没有在政府和企业中实现分析数据的流动，甚至在政府内部各部门之间也没能实现数据的传递，没能发挥出大数据对于提高业务效率和质量的价值。最后，小城市的信息基础设施不完善，道路交通、用水用电的监测设备数量存在明显不足，且设备往往较为陈旧，能够存储的数据量有限，这就导致了数据采集缺乏全面性，难以给数据的分析处理乃至应用提供足够的支持。

二、网络的安全问题广泛存在

一直以来，网络安全问题都是信息技术应用和发展中难以规避的问题。信息技术的发展不仅服务于建设工作，同时也会被网络黑客和恶意攻击方所利用。并且，由于很多网络和智能设备用户对于个人信息的保护不敏感，在注册App或使用某些应用时，忽略附注的《征信查询授权书》等内容，直接勾选同意，或者App端和网站刻意将授权内容字体设置较小使得客户忽视。这样就造成了用户个人信息的过度授权。

随着互联网步入万物互联时代，将引发更高级别的网络安全问题。在智慧城市的建设过程中，由于大数据、云计算等技术的大量应用，越来越多的智能设备进入人们的生活，自动驾驶也已提上议程，因而信息网络安全问题出现的可能性更高，新技术也蕴含着新的隐患。并且由于"三网合一"的建设，信息网络安全出现问题所造成社会危害的恶劣程度也会更高。但是，一些地方政府在智慧城市发展方案中对网络安全这一重要问题却未引起足够的重视，甚至对这一潜在威胁采取视而不见的态度。

事实上，无论是智慧社区、智慧楼宇、智慧医疗、智慧社保还是智慧教育，都涉及大量的公众、企业、政府的敏感信息，一旦外泄，将会给居民的个人合法权益、企业的商业利益甚至国家的安全造成不可估量的损失以及巨大的隐患。智慧城市所面临的网络安全风险，不再是传统城镇中的信息泄露、信息系统反应迟钝等问题，而是会对城市空间造成直接的、实质性的影响。例如，智慧交通系统受到黑客入侵后，可能导致大量交通事故的发生，给城市居民的人身安全和财产安全造成难以挽回的损失。

可以说，要想充分利用智慧城市给生活带来的便捷性，就有必要在城市内打造一套自适应网络安全体系，通过实现大数据安全、物联网安全、移动安全等保障智慧城市的安全与稳定。

三、企业信息化发展亟待提升

发展智慧城市的正途在于，企业利用各种科技手段推动创新，政府则通过政策平台引导企业发展，通过 PPP 等模式来购买企业的服务。然而，在实际建设中，却是地方政府在积极推动，而企业的信息化则被认作是企业自身的业务，由政府来推动企业信息化建设常常会被认为是影响企业的日常经营，因而智慧城市在进行信息化规划时，对于推动企业信息化发展的关注明显不够。部分地方政府推动智慧城市发展的基本出发点还是传统的政绩观，更多关注通过政府对信息技术的运用来推动社会管理水平的提高，促进企业信息化建设的内容较少，且更多偏向于务虚。

然而，一个地区的企业发展状况往往决定了该地区的经济发展态势和人民的收入水平，新一代信息技术的发展对于企业信息化和传统企业转型都具有重要的推动作用，通过运用 3D 打印技术、云计算技术、物联网技术等，可以促进企业生产加工的优化升级，提升市场营销的效果。可以说，将新一代信息技术应用于传统企业，带来的改变不亚于"第三次工业革命"。对各地政府而言，通过新一代信息技术的运用来推动新一轮产业发展大潮，对于改变经济发展方式、优化产业结构具有至关重要的作用。信息技术产生于市场，也只有应用于市场才能更好地发挥对智慧城市发展的支持作用。要想实现繁荣、可持续的发展，需给予企业激励机制，吸引他们参与到智慧城市的建设过程中。这也是中国在学习发达国家智慧城市发展经验、解决城市发展瓶颈时必须注重的方面。

四、观念落后人才结构不合理

很多城市尤其是经济较不发达的中小城镇，虽然在中央政府的指导和号召下参与了智慧城市发展，在建设进程中也与信息技术供应商开展了合作，但由于观念还停留在工业经济时代，未能意识到信息时代的特点及其与工业时代的差异，因而出现了信息资源获取渠道窄、信息闭塞的问题，未能充分发挥信息技术在推动城市建设中的战略作用。

信息技术对智慧城市发展的支撑作用，归根结底是信息人才对智慧城市的推动作用。然而，中国虽然拥有数量庞大的研究员、博士、硕士群体，但由于当前教育资源区域不平等和体制问题，导致科研力量集中在经济较为发达的大城市，而在数量众多的中小城市中，科技人才占比很低。由于智慧城市本身对科技力量和社会经济理论指导要求较高，因而在中小城市发展智慧城市常常会面临着人力资源的限制。

此外，一些信息技术科研机构虽然取得了前沿成果，但成果难以落地转化为实际应用的技术。根据 2015 年清华大学陈劲教授面向中国 680 余家高校开展的专项调研，得出高校 5 年内的平均科技成果转化率仅为 17.6％ 的结论。这一方面是由于政策支持的力度不够，对于部分科研团队来说，在得到结论、发表论文后就完成了全套课题流程，没有驱动力去做科技成果的转化。另一方面，虽然相对于其他工学学科外，信息技术的迁移性较强，但仍存在许多转化壁垒，难以实现产业化发展。这就导致了中国在智慧城市发展建设过程中，需要大量引入国外的成熟技术，不仅浪费大量资金，而且缺少与实践的结合，限制了中国在信息科技领域自主创新能力的提升。

五、信息技术缺乏统一的标准

2014 年，《关于开展市县"多规合一"试点工作的通知》（发改规划〔2014〕1971 号）颁布，标志着中国在寻求解决各地区在规划编制与实施中存在的突出问题的途径方面又向前迈进了一步。"多规合一"对于强化空间规划能力、土地综合利用能力有着重要的价值，对于未来城市的空间开发和经济发展也具有基础性的作用。建设智慧城市同样对于空间资源的优化配置、提升城市经济管理效能具有积极促进作用，智慧城市的建设与城市空间的规划之间不是互斥关系，结合起来能够产生"1+1＞2"的效果。但当前，中国的智慧城市发展中却广泛存在着规范、标准不一致的问题，可以说要想实现智慧城市发展背景下的"多规合一"，首先就要解决"多规"之间的数据不融问题。这需要建立起一套在智慧城市"多规"之间起到统领作用的标准，这就需要政府各部门之间、政企之间打破信息壁垒，建立一套各方认可的管理标准和数据标准，搭建一套建立在"云技术"和大数据技术基础上的信息平台，根据需求和风险的不同，为不同的部门和企业开通不同的权限，避免政府部门内部之间使用的系统不同、不同企业自行开发的系统标准差异等造成的信息传输障碍和损耗。

例如，中国安徽省滁州市政府与京东集团合作，利用京东的云技术服务滁州的经济发展，打造了全国家电产业集团中心、中国（滁州）食品电商运营中心两大平台，推动数字经济产业园的发展。在平台的搭建过程中充分考虑技术标准和经济维度，由政府和企业分工进行监督管理，促进了标准的融合，降低了滁州当地食品产业、家电产业在接入电子商务平台时的开发难度。这两大平台的打造，对于吸引创新型企业入驻滁州也起到了积极作用。滁州市政府与京东集团的合作向全社会交出了一份"产业数字化、数字产业化、品牌高端化、跨界融合化"的答卷。

现阶段信息技术建设规划中广泛存在的"多规不一"问题，不仅大大降低了信息技术在智慧城市发展中的价值，而且还可能给城市规划本身造成负面影响。如何建立起一套标准体系将城市相关大数据、云服务、物联网等信息技术进行规划融合，如何促进现代信息技术与城市规划融合关系到中国城市规划的科学性以及智慧城市发展的质量高低，必须引起足够的重视。

第三节　智慧城市发展对信息技术支撑体系的要求

一、智慧城市发展应具备的信息技术手段

通过以上分析不难看出，虽然智慧城市建设过程中所涉及的领域众多，且由于智慧城市规划的不同，在技术应用中有所差异，但几乎都离不开云计算、移动互联网、大数据、物联网、智能制造、人工智能、区块链几项核心技术，下面分别加以介绍。

（一）云计算技术

近年来，随着"阿里云""腾讯云""百度云"等企业与应用的发展，云计算已经成为信息科技领域的热门词汇。云计算是一种付费模式，付费的标准是使用量。该模式可以大量地节约资源，将整体需求放入可配置的计算资源共享池，提供可用的、按需的、方便的网络访问。只需要投入很少的管理工作，就可以快速地获取这些资源。

通常，在三种情况下应用云计算技术较为适合——基础设施即服务（IaaS）、平台即服务（PaaS）和软件即服务（SaaS）。在这三种场景下应用云计算技术，可以通过每秒10万亿次的高速运算能力模拟市场变化、预测城市发展趋势，借助服务器平台的打造，提供开放的开发环境，服务于个人用户与企业。软件开发机构将应用软件部署在自己的服务器上，用户根据自己的需求进行选用，并根据获取的服务量和时长在线支付费用。这样就改变了传统的服务提供方式和支付方式，而云计算所拥有的信息处置能力对于智慧城市发展而言也是至关重要的。

例如，在福建省龙岩市，智慧城市发展的规划充分应用了信息技术，尤其是云计算技术，现已建造完成了包含计算平台、信息安全服务平台和测试中心

在内的一整套公共信息存储、交换、处理的信息共享基础设施①。而在江苏省常熟市，充分应用云计算的"虚拟化"和"池化管理"优势，发展云服务的集约化效益，实现了基础设施建设从分散到集中，同时也实现了信息资源从独占到共享，并达成了信息管理从无序到有序，也使得信息化建设资金从浪费到节约转变，最终实现全市范围内的基础设施共享。当前，云计算中心和运行管理中心已经入驻了包括便民服务平台、可视常熟、征信中心等项目，成了常熟市智慧城市发展的核心部门。龙岩已初步建成了运行管理中心和云计算中心，在硬件方面可承载150个机柜，同时也打造了云计算环境。通过云计算技术的运用，可以满足智慧城市发展中市区各运营管理中心的项目需求和信息系统层面对数据的处理和存储需求②。

云计算技术在智慧城市的建设过程中具有广阔的应用前景，一方面为云计算的应用带来了更加广阔的空间，另一方面建设实践中出现的新问题、新挑战无疑也会反过来促进云计算技术的发展和进步。智慧城市的主要特征有三个，即强大的信息感知能力、快速的数据处理能力以及智慧化的社会管理服务能力。智慧城市一体化智能服务控制平台，要求实现跨部门、跨行业、协同处理和智能控制，除各部门之间本身的信息鸿沟外，数据和信息资源的处理速度也是影响智能服务控制服务平台建设效果的关键所在。可以说，对数据的智能挖掘和分类处置能力，成了智慧城市构建的一大重要需求，而云计算技术所特有的数据分布式存储能力以及超高速的数据处置能力为实现这一需求提供了可能。

在智慧城市的发展过程中，云计算技术的应用场景无疑是丰富而多样的。强大的数据存储和分析能力，让云计算之于智慧城市的建设发展就像"大脑"之于人，节约了运行成本，提高了资源的利用率，成为提升城市智慧水平的强大助力。

通过云计算技术的平台服务能力，促进政府部门之间的信息融合，可以建立起一套更加完善的信用体系，促进社会保障、医疗、教育、公共交通等的信息交互，实现细化管理，缓解社会矛盾；借助云计算技术的数据处置能力，可以促进政企之间的信息共享，可以促进政府的精细化管理，同时让企业对社会上的需求规模有更加清晰的认识，从而避免了产能过剩问题的出现；交通、社区生活、医疗等方方面面对于智慧建设的需求衍生出市政云、交通云、社区云等一系列智慧云；发动现代服务业、带动产业结构调整作为中国信息产业的重

① 林开荣. 信息技术下龙岩智慧城市建设路径初探 [J]. 通讯世界，2016 (9)：277−278.
② 商中尧. 常熟企业助力 "智慧城市" 建设 [N]. 苏州日报，2012−06−07 (A02).

要使命，其中各种各样的计算服务都需要云计算的计算解决方案；此外，工作效率的提高、数据安全的保障，都离不开云计算服务。

据此，我们可以得出以下结论：云计算技术的出现是智慧城市发展的基础，而智慧城市对信息技术的依赖，推动了云计算的落地实施，两者相辅相成，不可或缺。

（二）移动互联网

手机的出现改变了人们的沟通方式，而智能手机的出现则对人们的衣食住行都产生了巨大的影响。移动互联网已经进入了人们工作生活的方方面面，对于提升工作效率和生活质量发挥着巨大的作用，智慧城市发展的过程中自然不能忽视对这一技术的运用。所谓移动互联网，指的是借助智能移动终端以无线通信的方式获取业务和服务的新兴业务形态，具有智能感知、便携性和个性化三个主要特点。通过移动互联网，人们可以随时随地连入无线网络，运行各种应用。移动互联网的智能感知在于其设备可进行自身定位并采集附近的信息，更可以感知温度、触碰等。

随着智能手机和各种移动终端的发展，移动互联网越来越趋向于多元化，也逐渐渗透于我们生活的方方面面。具体来讲，移动互联网运用无线互联网技术，利用大众点评、淘宝、高德地图等 App，给我们的衣食住行带来了极大的便利；而结合蓝牙（Bluetooth）等技术，智能手机可以与可穿戴设备获取的数据结合起来，并通过 Nike＋等软件的应用，即时反馈用户的健康情况和用户数据；微信的崛起，是移动互联网应用的一大里程碑式的创新发展，给人们的通信方式带来极大的变化，和传统的云市场产生了千丝万缕的关联，也对其造成了冲击；除此之外，移动互联网在搜索应用领域、金融服务应用领域等快速发展，也将有巨大的发展空间。

移动互联网作为云计算技术在智慧城市发展中的并行技术支撑，自然也受到了广泛的关注。移动互联网的发展与云计算的发展是互不分离的。在各项信息技术中，移动互联网技术起到了桥梁和纽带的作用。对于通过云存储、云安全、云中间件等关键技术所获取的数据和得到的处理结果，可通过移动互联网输送至各个应用环境，而不同应用场景提出的新的数据需求，也通过移动互联网技术传输至处理运算平台。此外，移动互联网对于云计算、大数据、物联网、智能制造、人工智能彼此之间的多向交互和深度融合也具有至关重要的价值。如果没有移动互联网，智慧城市发展中起到基石作用的几项技术彼此之间将难以形成协同局面，难以充分发挥出对智慧城市发展的支撑作用。通过移动互联网技术，个人用户可以将资料上传至云平台，用以共享和存储，企业可以将自己的信息服务产品上传到公共平台，政府可以更好地与智慧城市发展中的其他主体进行互动，并获取第一手的反馈资料。对于智慧城市发展中涉及的关键问题，无论是提升基础设施的智慧化以提升工作效能，还是通过智能感知技术提升城市舒适度、提高生活福祉，移动互联网技术都在发挥着重要的作用。

同样以福建省龙岩市为例，在建设信息融合综合服务平台的过程中，为包括个人电脑、智能手机、平板电脑、数字电视、热线电话等在内的多种终端提供了可以从外部接入的通道，这些终端可以通过 3G、4G 移动网络以及互联网直接链接平台。继而依托云计算技术，处理使用来自移动互联网终端的各类数据和信息资源。在信息融合服务平台上，可以聚合政府政策资源、公共服务资源以及信息通道，实现对智能终端、社区服务、企业服务等渠道的融合，为平台用户提供丰富的信息资源和服务。

在移动互联网普及之前，人们与互联网的接触往往受到时间限制，而移动互联网技术则是把互联网放到了人们的手中，实现了 24 小时随时随地的在线网络服务，保证了人们的资讯查找、工作处理、沟通顺畅。"移动改变生活"，越来越多的人习惯于用手机购物、点餐、出行、交友、工作，这种崭新的生活方式，也为企业带来了新的商业机遇，推动了城市经济的发展。在建设智慧城市的过程中，传统信息产业将被逐步替代，新的运动模式应运而生，之于厂商，之于政府，都应该且必须积极参与移动互联网的市场发展。

（三）大数据

提到智慧城市就绕不开智慧感知，而传感设备的广泛应用自然会引起需要处理的数据呈几何级数的增长。大数据，恰如其名，就是具备体量巨大、结构多元、时效性强等特点的数据。原有的数据处理结构难以掌握如此庞大的数据信息，需要采用新型的计算架构和智能算法等对其进行专业化的处理，以充分发挥数据的价值，实现产业增值。

通过大数据可以充分地研究用户的行为特征，给出更加精确的用户画像，进而提供满足用户个性化需求的服务。在智慧城市的建设中，主要在金融、交通、教育、农业、环保和政务领域需要引入大数据技术，下面分别加以说明。

首先，大数据可以在以下几个方面促进金融行业的智慧化。金融行业具有指标性、垄断性、高风险性、高负债率和效益依存性几个典型特点，而通过运用大数据技术可以通过对比经营数据和全行业数据，进而有效识别内外部风险，降低投资的风险，提高行业的效益。在风险控制环节，结合用户的行为数据、人民银行征信情况和交易记录数据，打造分为 A Score、B Score、C Score 三级的综合评分卡，可以有效提高信审人员对客户的审核、识别速度以及准确性，实现对贷前风险的强管控。而在金融产品的设计环节，结合用户的现金流数据、过往消费数据等可以更好了解客户资金成本的敏感性和对金融产品的需求，从而设计更易销售的金融产品。

其次，在交通领域，大数据也有着明显的用武之地。当前广泛存在的道路拥堵问题，一方面是由于基础设施的建设未能跟上城市化的进度，存在明显不足；另一方面则是因为路线规划和设施设计上的不合理。对于道路基础建设的环节，通过大数据分析可以更容易地识别出真正限制了交通发展的路段，从而提升决策效率。对于路线规划问题，可以通过数据分析实现对信号灯的调度，提升现有线路的运行能力，同时引导交通向非拥堵路段流动。当前中国的一些导航 App 已经引入了大数据分析，通过提供更加合理的路线规划，提升司机的驾驶体验，缩短乘客交通耗费的时间。

再次，当前大数据技术已经广泛地应用于教育领域。对于义务教育而言，通过大数据技术的应用，教育管理部门可以制定更加科学合理的指导政策和学校绩效考核政策，学校、教师和学生、家长可以更好地了解当前教育的发展趋势。对于高等教育和继续教育，大数据一方面可以在在线课堂等领域发挥作用；另一方面大数据技术对社会经济发展的分析，也可以成为学生选课时的依据。

在环保领域，可以通过大数据技术的应用，直观地了解城市绿化情况、污水排放情况和垃圾处置情况，更好地实现垃圾分类，并督促工业生产企业实现节能减排。在智慧城市发展过程中，通过大数据技术得到的结论可以成为市政管理部门的决策依据。

最后，对于政府而言，大数据的决策支持和管理支撑作用更加突出。政府通过大数据技术可以更好地了解各个地区的经济社会发展情况，从而在制定宏观政策时有的放矢，防止出现供给不足和产能过剩的问题。政府在财政规划时运用大数据技术可以将资金投入社会效益产出比最高的区域，更好地提高资金的利用效率。此外，大数据技术的运用对于打造阳光政府，加强公务员队伍的廉政建设也具有重要的价值。

应该说，智慧城市的各个方面都与大数据技术密切相关，无论是在智慧城市的产业布局环节、运营规划环节，还是在提高政府应急处理能力和安全防范能力的过程中，大数据都可以起到重要的支持和推动作用。例如贵州省贵阳市智慧城市发展中的交通大数据中心，统筹全市交通数据资源，对道路的拥堵情况、公共交通的利用情况和建设规划进行了可视化的分析，分别满足了政用、商用、民用三方面需求。

随着智慧城市的不断深入发展，传统关系型数据库的弊端愈发凸显，大数据技术受到了信息技术行业、中央和地方各级政府的青睐。2018 年 6 月 26 日的中国国际大数据产业博览会上，国家主席习近平发来贺信，指出：中国高度重视大数据发展。我们秉持创新、协调、绿色、开放、共享的发展理念，围绕建设网络强国、数字中国、智慧社会，全面实施国家大数据战略，助力中国经济从高速增长转向高质量发展。这充分表明国家领导人对于数据这一信息经济时代的基础性战略资源的重视，以及推动大数据产业发展的真诚意愿。由于地方政府在信息技术应用能力上不具优势，越来越多的政府部门将公众智慧引入智慧政务的打造中来，通过社会力量的引入丰富了政务数据的采集和处理手段，推动了政府大数据的充分应用。

（四）物联网

物联网，顾名思义就是物与物联系的互联网，是通过 GPS 系统、射频识别技术、各类感应器等设备和技术按照约定的协议，将物品与互联网相联系，实现物品的智能化识别、追踪、管理的网络。物联网是在互联网和移动互联网的基础上发展起来的，是互联网的延伸以及延伸的网络。物联网通过智能感知识别技术同现有计算机通信技术结合，其发展的核心是以"用户体验为核心的创新 2.0"，而这与智慧城市发展的初衷不谋而合。当前，受到工业制造行业转型升级的驱动，物联网的发展已经进入了与传统行业深入融合的阶段，工业物联网应运而生。工业物联网是物联网技术的一个分支，主要通过工业资源与互联网联结，实现数据互通和远程操作，进而实现对原料和生产设备的优化配置，对于构建新的工业生态体系具有积极意义。

物联网本身具有互联网的特征，但同时也有自己的独特之处。首先，物联网技术的兴起是以互联网技术为基础的，但由于其运行的过程是将传感器物收集到的物的信息通过有线和无线网络的联结实时、准确地传输至指定平台，智能设备的多样性就决定了数据量的巨大，为了确保传输准确无误，需要适应各类异构网络协议。其次，物联网技术需要广泛运用各种感知技术，以传感器作为信息源，可以收集不同格式的信息。例如，智能音箱运用声音传感器，可以识别用户的语音指令并做出反馈。智能手表则综合运用了加速度传感器、心率传感器、陀螺仪等多项传感器，可以实现计步、屏幕抬起唤醒、心率监测等功能。最后，物联网除了作为链接传感器的中枢，同时也具备智慧处理能力，可以对物体进行控制。例如，通过特制的 App 可以输入指令，智能音响识别指令后做出相应反馈；通过"科沃斯机器人"App 可以控制扫地机器人的行为，并提前设置自动清扫的时间。物联网通过接收、处理传感器获得的海量信息，并根据用户的需求筛选、加工为有意义的数据，减少了生产和生活中人的工作量。

在建设智慧城市的过程中，物联网的应用范围广阔，无论是在远程教育、智慧家居、智慧社区，还是在公共安全、城市管理、环境保护领域，都可以进行物联网的应用实践。在生产领域，电子商务的兴起带动了物流运输行业的发展。为了满足日益增加的货运量，当前主流的物流公司都陆续引入了智能分拣机器人。分拣机器人以自主导航技术作为核心，可以根据包裹要送达的区域动态规划行走路径，确保行走路线最短，分拣效率最高。而在人工环境下，需要工人首先识别送达区域，然后分为几个大区，再运送到指定地点。智能分拣机器人的运用降低了在人工识别、运送方面消耗的时间，同时提高了分拣的准确率，可以更好地支持电子商务的发展。在电子设备装配中同样可以运用物联网技术，从而实现对设备状态和定位信息的实时监控，更准确地预测维护计划，提升生产管理效率。另外，还可以对原料的消耗量和机械的折旧磨损情况进行统计，动态掌握设备状态，防止出现突然性的设备停摆。

在能源行业，通过 IoT 网关对处于地面以下的钻井平台、输油管道等进行监控，将油温、油压等数据实时传输到中控室，确保生产的安全性。对于采矿、冶金行业，由于矿场通常处于偏远地区，且其中的露天矿矿坑深、面积大，可以对运输车辆状态进行监控，随时掌握车辆的定位情况，结合矿坑的斜坡参数，实现远程安全生产。

在生活领域，在社区的水表、电表、天然气开关处安装射频终端，可以对小区的使用量进行监督。同时在空气质量不佳的城市，社区内还可以安装空气污染物监测终端，对社区居民的防护措施给出指导。而在居民家中，可穿戴设备如 VR 眼镜、运动手环、智能手表等已经开始大规模应用，可以有效地防止老人、儿童走失，同时提升生活质量。

中国福建省龙岩市在综合信息服务平台项目中，当地企业整合物流资源，推广射频识别（RFID）、多维条码等信息技术在物流行业中的应用，与综合物流园区信息化建设相配合，促进物联网信息平台的建设，以实现物流政务和物流商务的一体化发展。江苏省徐州市在开展智慧城市试点中同样高度重视物联网技术的运用。在当地"安全谷"产业园中集聚了中国矿业大学徐州校区多个国家重点学科和实验室，其分别在矿物开采、采矿设备还有产业链环节上的环保设计、地下工程等方面，充分发挥物联网在数字矿山的作用，同时在地下工程建设中也作用显著，以适用范围更加广阔的传感器、智能传输和智能信息分析处理为核心，建设中国领先的物联网应用示范区。另外，工业传感器和互联网在其他行业也有广泛的应用，如"智慧医疗""智慧物流"，需要加快部署应用平台，进行物联网应用推广。

当前，物联网技术已经广泛应用于人们生活的方方面面，带来了巨大的经济价值，在推动传统工业企业转型发展的同时，对于生产物料的配置和对生态环境的保护都起到了积极的作用。并且，随着移动互联网的升级换代，3G 网络变为 4G、5G 网络，物联网与传统行业的融合将进一步加深，进入万物互联的时代。

（五）智能制造

制造业是中国经济的根基所在，也是推动经济发展的主动力，是推动智慧城市进程的重要元素。在全世界的商品中都可以看到"Made in China"的标记，从 2010 年起，中国在制造业的市场份额超过了美国，成为世界第一制造业大国。近些年来，随着新的信息技术的不断涌入，中国制造业的技术创新能力显著增强，正逐步缩小与发达国家之间的差距。而发展制造业的核心要素是智能制造，智能制造是制造业创新升级和产品优化的重要手段之一。推动智能制造，有利于中国制造业应对经济全球化的复杂局面，同时提高国际竞争力，加快实现从制造大国向制造强国的转变。

智能制造，是智慧城市发展中在制造业领域的具体应用，是将新一代信息技术与传统生产技术相结合，贯穿于物料的采购、产品线的搭建、制成品的运输和销售整个生命周期，有着自决策、自执行、自感知和自适应几个典型的特征，可以大大降低制造过程中人力劳动的强度。

较之于传统制造行业，智能制造具备如下几个特点：首先，智能制造的实现依赖于人机一体化的智能管理系统。通过人类和智能系统的结合，此系统不仅具有逻辑思维和形象思维，还有灵感思维，它能够独立地完成分析、推断、预测、决策和执行等任务。人机之间展示出互相辅助、相互协作和共同发展的关系，人类的特性和机器的特性相结合，从而达到高效率和高质量制造生产的目的。其次，智能制造中广泛运用具有结合环境和工作场景进行分析判断能力的智能机器，此类机器可以规划自身的行为，并与其他智能设备进行协调，这种能力通常被称作自律能力。再次，智能制造系统中的各个构成部分可以根据当前任务的要求，自行组织成一个最优组合，使得制造系统能够对外来因素的变化做出快速的反应和调整，同时消除冗余的损耗，这就是通常所说的运作方式上的超柔性，这一特性的存在确保了智能制造的可迁移性。第四，充分运用虚拟现实技术。电影《头号玩家》中广泛运用了 VR 技术，而这一场景实际已在制造业中得到了一定程度的运用。智能制造通过互联网、物联网的联动，结合动画技术、传感设备、模拟仿真技术、多媒体技术等信息技术手段，模拟出具有感知性、交互性、自主性的制造环境，使得人们有身临其境的感受。同时，交互的特征能够创建新型的智能界面，更加有利于制造过程中人类的参与，也可以方便专家进行指导。最后，智能制造系统在具体运用过程中可以进行在线学习，即具有自学习功能，结合运营实际中的问题和后台系统开发的新功能，逐渐扩张知识储备，从而做出更好的决策。而且，该系统在运行过程中会自主诊断故障，并对故障进行排除和修复，即具有自我维护能力。所以，智能制造可使得系统拥有较高的灵活程度，从而实现自我的不断优化。

智慧城市的建造过程中制造生产环节可采用智能制造技术。智能制造是整个制造业产业链的智能化和技术革新，是工业化和信息技术的进一步拓展。智能制造也是信息技术、先进制造技术、自动化技术和人工智能相互融合的具体表现形式，在制造生产的各个环节都可以加以使用。

在智能制造的运用过程中，开发智能产品和提供智能服务可以实现企业商业模式上的创新，从而提高用户体验和忠诚度；使用智能装备、创造智能产线、构建智能车间和建设智能工厂可以实现企业生产模式的创新，使得企业在生产效率和质量上得到提高；促进智能研发、实行智能管理、打造智能物流和供应链体系可以帮助企业完成运营模式上的创新，有利于增强企业管理能力、运作效率和吸收高科技人才；智能决策可以促使企业做出更加有效和科学的决策，从而实现决策模式上的创新。这些方面的有机结合，将从各个方面提高企业的实力，进而提升竞争力。

在江苏省徐州市智慧城市发展中充分推广智能制造，主要推进方案包括：打造先进制造创新试点企业，通过开发人机智能交互和柔性敏捷性功能，推动生产制造行业的智能化改造。结合传统制造行业的产品线基础与新兴信息技术设备，实现对传统生产线的智能化改造，提高其系统智慧水平。此外，徐州市还十分注重对智能生产车间、智能工程的政策倾向，打造智能制造示范区域。

近几年来，虽然中国的制造业已居世界首位，但仍明显存在一些问题。例如，早期制造业快速发展的原因之一在于低廉的劳动力，但随着东南亚国家进入制造业竞争领域，人力成本不再是中国最明显的竞争优势。另外，传统的制造业更多依赖于低成本要素投入和规模化生产，因而获得的价值增值较低。在工业4.0的背景下，建设智慧城市应当充分利用智能制造的价值，在国际市场上获取竞争优势。在制造业的产品研发阶段，通过电子计算机进行模拟仿真，得到产品方案后运用VR技术进行实景模拟，从而发现问题并加以解决，降低试错成本，提高研发效率。另外，对于一些需要在实物基础上进行研发的产业，可以通过3D打印技术进行投产前测试，降低测试的时间投入和人力、物力成本。中国要想从制造业大国向制造业强国转变，首先应当实现机床、设备的数字化，引入自我学习系统，识别残次品，同时提升制成品质量。

（六）人工智能

人工智能简称 AI，即赋予机器设备以人类智能的思考逻辑，该领域研究方向主要包括机器人、影像识别、语音识别、专家系统等。AI 技术具备五项基本能力：其一，感知能力。感知能力是智能系统获取外部信息主要的方式，人工智能的感知能力主要体现在视觉和听觉上，虽然部分机器人可能有触觉和嗅觉，但大部分人工智能的载体（如手机、电脑）是难以运用的。计算机视觉不仅包括图像处理（将输入的图像转化为计算机可理解的表示方式和模式识别，根据从图像中抽取的特征信息和结构信息，对图像进行鉴别），还可以实现场景重现。听觉主要是语音识别，即可以从一段嘈杂的声音中，识别和提取出所需要的声音。其二，记忆思维能力。人工智能的载体可以将感知到的外部信息和由思维所产生的知识进行存储，相当于人类大脑的记忆功能。思维能力是对记忆中的信息进行处理，可利用已有的知识进行分析、计算、对比、推断及决策等，具体表现为逻辑思维、形象思维和顿悟思维。其中，顿悟思维是指对于长期未解决的问题，在受到了启发和灵感后得到了解决方案的创造性思维。其三，归纳演绎能力。所谓归纳能力，就是具备从特殊到一般的思维方式，将大量的实例分析转化为一般性的规律。演绎能力则是从一般到特殊的思维方式，根据已经掌握的信息和规律，对可能的情况进行推演。具备这两种能力的 AI 智能载体可以显著提高思维的敏捷性，加快运行和反应时间。其四，学习能力。其指计算机能够像人类一样自动地获取新知识，并在实践中不断完善自己，从而增强能力。机器学习是机器具有智能的根本途径，主要是模拟或实现人类的学习行动，深度学习主要是通过建立和模拟人脑的神经网络机制来进行分析学习。其五，行为能力。人工智能感知能力可以看作是信息的输入，行为能力则是信息的输出。行为能力是机器在一次活动中对所获得的信息进行处理、分析、归纳、分类、预测和决策等步骤后的最终环节，可以使机器具备像人一样的行动和表达能力。

人工智能的应用范围十分广泛。现在已有不少金融企业、生产企业、数据企业在公司内部建立了专门的人工智能实验室。第一，在金融领域，人工智能可以从客户的历史数据中挖掘出潜在的需求，并进行个性化推荐，从而提高客户黏性；人工智能可以使金融大数据处理能力大幅提升，在量化投资、保险、风险管理、信用评级、反欺诈等方面都可应用。第二，在安防领域，随着平安城市的建设，布控的监控点越来越多，人工智能可从海量的视频信息中发现犯罪嫌疑人的线索。住宅区、办公区、工业园区等地多种识别技术的使用将大幅度地提高安全性。第三，在医疗领域，人工智能的应用可以降低医疗诊断的错误率，也能及时发现健康风险。第四，在政务领域，人工智能可以加快电子政务搭建的进程，通过 AI 技术抓取公开平台信息，提高门户网站的交互性，对社会影响较大的、较为急迫的问题优先响应，提高公众对政府工作的满意度。第五，在交通领域，人工智能可通过大量的车辆通行记录信息，分析城市交通流量，调整红绿灯时间，提升城市交通的通行效率，合理调配资源。随着无人驾驶的研发和投入，道路安全性也将增加。第六，在商业环境下，企业可以通过运用 AI 技术，对用户行为进行学习，实现更有效的生产和调度。例如，出行领域的巨头滴滴将城市按照片区进行划分，统计每个片区不同种类车辆的数量和分布，结合历史叫车数据，对司机的行车路线进行指导，实现对商业数据的深度挖掘。第七，在通信网络领域，人工智能可以用于改善 5G 网络的性能，用于 5G 通信的信号处理中的自适应滤波，推断移动用户的位置和行为，还可以帮助网络运营商提高其服务质量。第八，在客服领域，人工智能的运用主要体现在虚拟客服。虚拟客服可进行 24 小时的服务，高效处理常见问题。相对于传统的人工客服，电子客服失误减少，人力资源的投入也得以降低。第九，在虚拟场景领域，通过人工智能，可将文字描述模拟成虚拟场景，也可提供更多的交互方式，让人们身临其境。

以江苏徐州市"智慧交通"建设为例，为强化监管机动车排气污染，搭建智能化监督管理平台、为车辆装电子卡识别系统作为机动车环保标志，大大促进全市机动车污染减排工作。信息采集点在主城区干支道路、城市出入口道路及市域高速公路上随处可见，路网信息发布系统、国省干线公路车辆检测系统也都搭建完成。通过将各类数据汇集在一个平台上进行统计分析、集中管理，推动了人力、运力资源的合理分配。

（七）区块链

《中国区块链技术和应用发展白皮书》是工信部对区块链发展的指导意见。2019 年，习近平在中央政治局第十八次集体学习时发表重要讲话，深刻阐明了区块链技术在新的技术革新和产业变革中的重要作用，对推动区块链技术和产业发展也提出了明确要求。区块链技术核心点在于验证与存储数据是利用块链式数据结构完成的，生成和更新数据是利用分布式节点共识算法来完成的，数据传输和访问的安全是利用密码学的方式保证，编程和操作数据则是利用自动化脚本代码组成的智能合约来完成。这是一种全新的分布式基础架构与计算范式。其主要技术特性如下：去中心化，即任意节点的权利和义务都是均等的；开放性，即除交易外的数据是公开的；自治性，即一致的协议不得人为干预；信息不可篡改，即数据永久储存稳定高效；匿名性，即交换遵循固定算法，形成信用积累。区块链的技术特点非常明显，从其技术特点看，区块链赋能的应用场景主要与以下几个方面相关：交流效率低、信任成本高的领域，对信息可验证性、共识有极大需求的领域，对大体量数据分享和计算有较大需求的领域。

基于以上特性，区块链基本服务场景如下：第一，支付、清结算等货币市场应用。传统的银行体系，支付需经过多个组织，处理流程较为繁冗，往往需要依赖第三方的中央清算机构，支付及清结算费用高且效率低。尤其是对于小额跨境支付来说，高昂的手续费及漫长的等待时间所造成的负担尤其沉重。区块链带来的效率提升主要来自两方面：利用无地域限制的通用数字资产作为支付媒介，减少中间流程；利用去中心化共享账本技术，提高清结算效率。第二、证券、票据、另类投资等资本市场应用。目前金融资产交易依赖于中心化的确认，其特征是能够让各参与主体进行完全自由的交流，无须提前认证、建立信任后再进行，各个节点只需信任整个网络以及网络所带有的共识机制，大大缩减了由信息不对称造成的信任成本，以及层层中央结算流程造成的时间成本。第三，医疗健康。目前医疗领域区块链技术研发主要集中在电子病历、远程医疗、医疗保险方面，应用主要凸显了区块链在信息真实、信息安全、隐私保护、去中心化储存和智能合约中的特性，解决了医疗数据零散存储、隐私保护不足、信息安全性欠佳等问题。第四，供应链溯源及金融。区块链对供应链的变革主要有供应链溯源及确权和供应链金融两个切入点。供应链溯源及确权方面，目前大体思路都是给货品赋予一个唯一的数字 ID，从生产环节到流通记录信息。这些传统解决方案的防伪数据存储在了中心化结构上，易于篡改。而基于区块链的防伪溯源，将货品的实时数据存储在去中心化结构之上，任何人都无法篡改，公信力更高。更重要的是，基于区块链可以生成智能合约，实时确定货品的所有权和处置权的归属，使整个供应链更加自动化。供应链金融方面，银行和核心企业供应链生态系统内的企业可以建立共享的账本及交易信用历史，提高银行处理贷款信用审核的效率，且基于区块链溯源和货品确权系统，银行审核企业仓单等抵押物的流程将进一步简化，缩短贷款周期。就融资成本来说，银行优先服务于大型供应商，而中小企业虽然手握优质的供应链资产，但是由于自身的信用缺乏，难以从银行处获取低成本的资金。

以南京市为例，南京市 2017 年成功建成了区块链电子证照共享平台，通过区块链解决了很多问题，如电子证照库采集和应用权责不分的问题、数据可能被篡改的问题等，这个共享平台创新实现了电子证照跨区域的信息归集，并能做到快速检索。此项目对接公安、民政、国土、房产、人社等 49 个政府部门，完成了 1600 多个办件事项的连接与 600 多项电子证照的归集，涵盖全市 25 万企业、830 万自然人的信息。区块链电子证照技术将电子证照形态从证照和批文延伸到政务业务记录，公民/法人相关的社保记录、纳税记录、行政审批和处罚记录等都可以作为互信互认的电子证照使用，在购房资格证明、房产一体化交易、人才落户等多部门联动场景中大幅提高了政务办件的效率，真正实现了群众少跑腿、数据多跑路的"互联网＋政务服务"的业务目标，对进一步推进南京"互联网＋政务服务"，深化简政放权、放管结合，实现各部门、各层级间政务服务数据共享，促进政府高效施政，提供了强有力的支持。

二、智慧城市发展的标准技术体系框架

中国在建设智慧城市过程中，为了更好地统筹规划、协调管理，成立了国家智慧城市标准化总体组，将相关的研究组织结合起来，共同探讨智慧城市的标准体系规范，以推动智慧城市标准化工作的开展。总体组结合 ISO、ITU、IEC 等智慧城市国际标准的编制经验和中国试点的智慧城市发展经验，编制了一套覆盖总体标准、支撑技术与平台、基础设施、建设与宜居、管理与服务、产业与经济、安全与保障 7 个维度的标准体系框架（图 5.2）。这一套标准体系的提出，对开展智慧城市标准化的顶层设计具有积极的意义，有利于协助各地政府明确智慧城市发展的重点方向，对于智慧城市的科学发展具有重要意义。

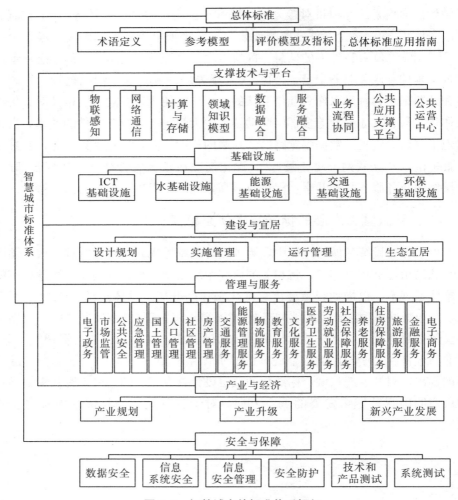

图 5.2　智慧城市的标准体系框架

　　智慧城市的标准体系框架对中国智慧城市规划的总体性、一致性、体系性提出了要求，给各地在智慧城市项目申报及规划制定提供了依据，对于促进智慧城市的规模化、健康可持续发展具有重要作用。同时，由于智慧城市的建设是一个系统工程，涉及云计算、移动互联网、物联网等众多技术手段，以及城市交通、公共服务、社区服务等多个管理领域，统一信息平台具有外部接口多、时效性要求高、信息开放和互动性强的特点，如何确保信息安全成了关键的技术难题，这些特征也凸显了搭建智慧城市标准体系的重要意义。

　　由图 5.2 可以看出，智慧城市的标准体系框架是由智慧城市范围内相互影响的标准按照一定的逻辑结构进行组合而构成的有机整体。下面对 7 个主要维度的标准进行简要说明：

第一，总体标准。智慧城市的总体标准是总体性、框架性、基础性的规范，是制定其他 6 项标准的基础。总体标准主要包括对智慧城市的定义和术语的解释、智慧城市发展中的参考模型、智慧城市的评价指标和模型，以及智慧城市标准应用指南 4 个子类标准。

第二，智慧城市支撑技术与平台标准。智慧城市的建设离不开物联感知、业务流程协调、数据计算与存储、领域知识模型、数据融合、服务融合、网络通信、公共应用支撑平台、公共运营中心等主要的信息科技领域技术与手段。为确保信息技术可以更好地服务于智慧城市发展，中国智慧城市标准化总体组就上述各项技术分别提出了子类标准。其中，数据融合类标准可细分为虚拟数据模型、数据汇聚与存储、数据融合处理、智能挖掘分析 4 个方面，提出数据融合类标准可以更好地支持智慧城市的信息交互、汇聚和数据综合利用，减少因数据标准不一致而出现的部门之间数据共享障碍。服务融合类标准包括 SOA 技术、云计算技术、开发服务、服务管理、协同处理、城市共性业务服务 6 个方面，这些标准提出的目的在于推动跨部门、跨系统的资源整合，提升业务协同程度。

第三，基础设施标准。完善的基础设施是开展智慧城市发展的重要基础，只有先确保城市 ICT、水、能源、交通、环保 5 个方面的基础设施完善，才能提及后续的数据化、数字化乃至智慧化发展。

第四，建设与宜居标准。提升城镇居民的生活质量和幸福感，是建设智慧城市的根本出发点之一。为了保障在宜居领域建设的质量，提出了从设计规划、实施管理、运行管理到生态宜居的 4 个子类标准，覆盖了宜居性的主要方面。

第五，管理与服务标准。在公民本位理念的指导下，党的十八大以后中国明确提出了要建设"职能科学、结构优化、廉洁高效、人民满意"的服务型政府，这 16 个字不仅说明了服务型政府目标，同时也提出了服务型政府的标准。在智慧城市的体系下，要想推动社会服务质量的提升，打造公众满意的城市，就必须在提升社会服务质量方面发力。国家智慧城市标准化总体组正是在对智慧城市发展目标深度认识的基础上，提出了覆盖电子政务、市场监管、公共安全、应急管理、国土管理、人口管理、社区管理、房产管理、交通服务、能源管理服务、物流服务、教育服务、文化服务、医疗卫生服务、劳动就业服务、社会保障服务、养老服务、旅游服务、金融服务和电子商务的 21 个子类标准。

第六，产业与经济标准。一方面，城市产业升级是建设智慧城市的重要驱动力；另一方面，智慧城市发展中引入的大数据技术、物联网技术、智慧制造等又可以加快产业规范升级和发展进程。当前，为确保产业的可持续发展，国家层面提出了包括产业规划、产业升级、新兴产业发展 3 个子类在内的标准和规范。

第七，信息安全标准。信息安全是智慧城市发展的基本前提。如果不能保证信息交互和信息存储的安全，那么越高程度的信息共享就意味着越大程度的风险。国家智慧城市标准化总体组在制定信息安全标准时，综合考虑了软件和硬件因素，结合信息流转的全生命周期，提出了覆盖数据安全、信息系统安全、信息安全管理、安全防护、技术和产品测试、系统测试 6 个方向的安全标准体系。

第四节　智慧城市发展的信息系统设计

一、智慧城市信息感知与传输平台

智慧城市信息感知与传输平台能够实现更透彻、更全面的互联互通，包括感知设备和信息传递设施两大部分。

感知设备，包括读写器、摄像头、有源及无源 GPS、RFID 标签、GNSS 终端、遥感技术、传感器、智能卡、传感器网络等感知终端，主要功能是识别物体、采集信息。其中二维码标签显示身份、GPS 跟踪定位、摄像头记录图像、传感器捕捉信息状态，最终实现对物体的识别、对地理位置的定位跟踪等信息采集目的。从技术角度划分，传感器、RFID、GPS、MEMS 等技术专用感知设备及其组成的传感网是智慧城市信息化基础设施建设的重要技术手段，在物体识别、交通物流智能化等领域已广泛应用；摄像头等智能视觉感知设备，在感知人、车或其他物体等各类异常事件和自动警示领域应用较多，如车辆规章管理等；另外还有在特殊行业中的应用，如智能交通领域的 ETC 感知等。

信息传递设施，目的是可靠传递和处理感知层获取的信息。将从感知层采集到的信息进行介入和传输，可以通过互联网、移动通信网和卫星通信网等网络设施进行。信息传递设施是数据收集和指令下达的通道。

二、智慧城市资源共享与服务平台

智慧城市的信息共享与服务平台，是基于感知平台所获取的数据和其他平台共享的信息，在决策支持系统和 AI 智能分析技术支持下，结合智慧城市的运行特点提供软件服务、设施服务、解决方案建议等服务的系统。这一系统可以对城市中的应用服务请求进行响应，并执行流程管理、资源分配等任务。为更好地实现政府数据价值，需不断推进和完善政府数据的管理与应用，颁布措施促进政府数据资源共享，制定数据安全保护政策，保障公众数据的安全。

智慧城市的信息共享与服务平台，可以实现一个城市中不同管理部门间的资源共享、业务协同，全面提高城市服务水平、运行效率和管理效能。其基本作用体现在以下三个方面：其一，该平台利用一个通道承载城市的公共数据进出，城市级公共资源信息的交换和清洗、整合和分析；其二，平台能够最大限度实现对城市公共资源的整合、管理和应用绩效评估；其三，智慧城市建设需要大量应用，包括政府专网与公共网络上的应用。这些智慧应用则需要城市公共数据库的数据服务。

三、智慧城市决策支持与服务系统

无论是政府还是企业，都存在综合决策的问题，需要科学的决策支持服务。智慧城市决策支持与服务系统，就是在城市经营管理系统的基础上，根据具体案例情况，结合专家意见、历史数据、情景分析、决策模型，对重大事件给出综合上述几个方面的决策建议，以提高决策者的决策效率和质量，促进城市管理的智能化，实现政府决策用数据说话、智能辅助、跟踪实施。政府决策支持与服务系统为城市提供了核心的中枢智慧系统，全面挂进城市的可持续发展。

建设智慧政府决策支持与服务系统可以从以下方面展开：一是建立共享互通的数据形成机制。整合政务、商业、民生以及公安、交通、人力资源、统计部门等相关信息资源，对内构建全区域接口互通、一体化覆盖的信息互通共享网络，对外延伸项目服务结构，逐步扩大信息共享互通覆盖区域和领域。二是建立全面准确的数据分析平台。及时发布全球和国家宏观调控、行业统计、经济形势预测以及资源利用、信息服务等方面的统计数据与分析，为政府开展质量安全管理、产业运行、政策调控等决策提供信息支持。三是建立直观便捷的政策研讨环境。提前公示拟出台实施的政策文件，提供公众发表相应评论和建议的在线调查平台等服务，提高政策制定的社会参与度和实施效果。四是探索可靠高效的数据安全策略。对已有和新建的信息系统进行规范化管理，建立以数据为中心的安全系统，制定面向政府、企业和个人的信息数据管控方式和数据交换规矩，确定相应权责范围。

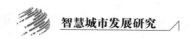

四、智慧城市综合运维与保障体系

智慧城市的规划建设是一项涉及城市经营管理各个方面以及广大公众的系统工程。以客户为中心，协助运营组织以合理的成本提供更高质量的 IT 服务，全面提升支持能力，是城市信息化发展中的长期任务，不可能一蹴而就。为了确保智慧城市的建设有条不紊地进行，需要在建设之初即设定一套涵盖资金、技术、人才、政策、机制、安全六个方面的保障机制。

资金保障方面，主要是设立智慧城市发展专项基金。一方面用于扶持一些非营利性项目的建设；另一方面用于吸引社会资本方的参与，创新建设运营模式。

技术保障方面，需要深化各技术各方面的推广应用，包括云计算、物联网、智能装备等，及时更新升级已有系统和应用技术，强化对数据计算、可视化应用、数据处理分析和辅助决策等技术的研发，发挥信息基础产业的支撑作用。

人才保障方面，一是开展对主要使用人员和管理人员的技术培训，培育专业技术团队；二是营造良好的人才引进和留用环境，吸引高端技术人才，为智慧城市发展提供智力支持。

政策保障方面，主要配套行业管理政策、数据开放和利用政策等，调整和完善智慧城市发展动态考评方式，确保智慧城市的建设效果跟预期匹配。

机制保障方面，主要涉及政府、企业、研究机构、社会组织等的合作机制，区域之间、各级各部门之间的协同联动机制，以及智慧城市发展的统筹管理机制等，目的是保障智慧城市发展的统筹协调和顺利推进。

安全保障方面，主要包括安全监管、网络治理，以及功能支撑、环境营造等，是城市网络和信息安全保障体系，保障重要信息系统的安全，形成全社会共同参与的信息安全协同机制。信息安全是信息化的基础。随着新一代信息技术的发展和广泛应用，信息安全覆盖的广度和深度不断增强。棱镜门事件充分表明，信息安全不仅是传统意义上的信息系统安全，而且对个人安全、社会安全、国家安全产生重大影响。智慧城市具有高度的系统性、复杂性和灵活性，其发展必须建立在可靠的信息安全基础上，必须根据智慧城市的特点，构建新的信息安全体系。智慧城市信息安全具有服务对象多样化、协同关系复杂化、沟通方式社交化、攻击目标终端化、服务模式市场化等特点。为保证智慧城市的信息安全，需要建立与其特点相适应的信息安全体系，具体可以分为主体安全、渠道安全、技术安全、产业安全四部分。其中，主体安全包括个人、法人和政府信息安全，核心是界定不同主体对信息的采集权、所有权和使用权边界，保证信息共享和有效流动情况下的信息安全，是在降低社会资本、促进社会进步前提下的适度信息保护。渠道安全包括互联网、有线电视等多种现代信息传播渠道下的信息安全，重点并非限制信息传播的自由，而是保证信息传播的真实性，让信息传播者承担相应的责任。技术安全指用技术手段保证信息的保密性、完整性、可用性、不可否认性和可控性。产业安全者为智慧城市提供产品和服务的信息产业安全，大体可以分为两类：一类是芯片、服务器、网络设备、储备设备、智能终端、操作系统、数据库等信息产品，一类是智慧城市规划和设计、应用系统开放、系统集成、系统运维、服务运营等信息服务。

五、智慧城市生态运行与支撑体系

智慧城市发展和运营是一个多方利益体参与、协同创新、合力推进的过程。任何智慧城市的建设都不是独立进行的，而是通过几方面的连接形成生态体系，主要包括智慧城市厂商、机构和技术服务商等。为了保障智慧城市的建设和运营过程能持续、有效开展，需要构建一个能够支撑智慧城市各参与者在一个自治的生态体系内实现价值传递的支撑系统，以保障各个参与者智能化地享受知识、数据、技术、服务流动的价值。

根据智慧城市的构成因素及其作用和地位的不同，可以将智慧城市生态运行系统分为战略子系统、空间子系统、信息子系统、社会活动子系统和经济活动子系统五个子系统，各个子系统之间相互联系、相互制约[①]。其中，战略子系统从宏观层面对智慧城市的长期发展进行全局性规划，统筹其他四个子系统的协同发展，包括智慧城市发展的愿景、目标、任务和保障措施等；空间子系统主要包括对经济、社会、物质、生态四个领域的空间规划，以促进智慧城市在空间上的科学发展；信息子系统包括经济社会活动运行和发展所依托的信息技术及相关设施和部门，主要是促进信息技术的应用及相关资源的互联互通；社会活动子系统主要包括城市中的人进行的政治、文化、社交等各类活动，主要体现为政府、社会组织、社区三个层面协同开展的社会管理和社会自治活动，具体涉及智慧政务和智慧民生两大领域；经济活动子系统主要内容是提升经济运行效率和促进产业转型升级。

---

① 张振刚，张小娟. 智慧城市系统构成及其应用研究［J］. 中国科技论坛，2014（7）：88-93.

第五节　本章小结

　　随着信息技术水平的提升，智慧城市发展也由数字化、数据化向信息化发展，信息技术为智慧城市发展带来巨大的经济效益和社会效益。智慧城市发展"技术－主体－模式"TMM 分析框架中，我们着重阐述了技术 T。本章节从信息技术对城市化的推动、在智慧城市建设中发挥的社会效益和经济效益三方面阐述了信息技术是生产力基础作用的体现。随后剖析了当前的信息技术在数据、安全、企业信息化、观念和标准等方面仍面临的挑战，以及为应对在智慧城市众多领域中存在的共性和个性问题，结合实践对云计算、移动互联网、大数据、物联网、智能制造、人工智能、区块链七项技术进行深入分析，提出了智慧城市应当具备的技术支撑体系架构。最后明确了核心的技术实现要靠合理的系统实现，并对信息感知与传输平台、资源共享与服务平台、决策支持与服务平台、综合运维与保障平台和生态运行与支撑平台进行了阐述。通常情况下，单独使用其中任意一项技术手段，虽然有助于提升城市的数字化水平，但难以实现"智慧化"。只有将几项技术联合起来，协同作用，并有一定前瞻性的融合技术的发展趋势，才能有效推进智慧城市的发展。

第六章　智慧城市发展核心：主体协同

马克思认为，生产关系是指人们在生产过程中所形成的人与人之间的相互关系。在智慧城市发展中，最核心的生产关系是主体 M（Main Boby）之间的关系。相关主体包括政府、研究机构、企业和公众，他们既是设计者也是受益者。各方主体的思想和行为是以各自所占有的资源情况和希望实现的目标为基础的，主体之间的互动和沟通过程是一个利益博弈和调整的过程。将这一理论投射于智慧城市发展中，大量参与到智慧城市规划、研究、建设、服务和使用环节的组织和个人分别代表了不同的利益群体，有着不同的利益诉求，对智慧城市的态度和影响各不相同，是智慧城市的利益相关方。信息化无处不在，本书将其称之为"主体智慧"。智慧城市涉及城市中所有的元素，包括公众、企业、研究机构、政府等各类主体，交通、环境、能源、住房等各个领域，这些元素组成有机的整体，就像人体的各个组成部分一样，相互作用、相互制约。不同主体在智慧城市的运营和建设中的贡献和收益各不相同，发挥作用的方式也各有区别。

第一节　主体智慧在智慧城市中的作用

智慧城市的建设中，一个重要的环节是赋予"物和系统"以智能。在信息化的时代，无论是研发具有信息储存、传输、分析功能的"物"，还是将不同属性、不同效用的物质联结，使之成为一个正常运转的系统，都离不开"人"的作用，即主体智慧的发挥。

一、智慧城市发展中的不同主体

智慧城市是一个开放、互联、不断进化的复杂生态系统。主体是指事物的主要部分，从不同角度看，有不同的解释：从哲学层面上看，主体是指对客体有认识和实践能力的人；从民法角度看，主体指享受权利和负担义务的公民或法人；从刑法角度看，主体是指因犯罪而负刑事责任的人；从国际法角度看，主体是指国家主权的行使者与义务的承担者。在智慧城市发展中，建设的主导者是人，建设和服务的对象是城市中的各个方面。从哲学的角度看，这里的主体是"人"。

在智慧城市理论分析的语境下，"人"是一个泛化的概念，没有特定的指向。根据其在社会生活中所处的环节和发挥的作用，主要可以分为政府、企业、研究机构和公众四个群体（图6.1）。而与主体相对的客体，因场景和建设目标的不同而有所区别，包括交通、能源、环境等。例如，在智慧医疗中的客体是医疗，在智慧社区中的客体是社区，在智慧家居中的客体是家居。在不同的场景下，主体均为上述四类群体中的一个或多个，但客体则可能因场景不同而不同，并且数量上也可能不是唯一的。智慧城市发展中必不可少的是主体和其客体，智慧城市的研究也首先要明确主体、客体。

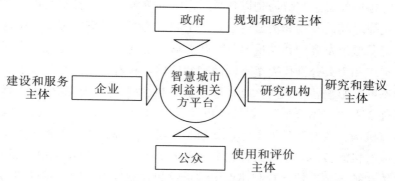

图 6.1　智慧城市中的主体

二、主体在智慧城市发展中的作用

假如把城市运转比作人体血液的循环过程，那么政府在城市中起到的就是心脏的作用，可以把政府主导的公共管理工作和政策颁布工作看作是心脏的脉动，此类管理工作和政策制定工作的成果通过信息流、物质流传递给社会其他主体的过程可以看作是动脉的主动输送过程，研究机构、企业和公众对政府工作的反馈过程可以看作是血液向静脉的回流。要想确保机体的健康，首先需要保障血液循环的顺畅，对应于城市建设就需要：第一，打造道路微循环，确保城市交通的顺畅；第二，构筑高度发达的信息网络，鼓励城市公众和其他社会主体积极同政府开展互动，避免信息孤岛的出现，使城市中的不同主体沟通更加顺畅；第三，通过技术与理念的革新，推动绿色低碳生活，减少对人造环境及自然环境造成的负担；第四，重视 RFID 等传感技术，减少安全隐患的发生，在发生突发性事件时，提高反应速度，降低反应时间；第五，将政府本身的职能由管理向服务倾斜，提供更加丰富、更加契合社会公众需求的服务和公共品；第六，打造可信的信息支撑系统，提供更加可靠、安全、可控的价值转递，使各个主体更高效且低成本地建立可信链接。

研究机构在城市运转中的角色，类似于人体中的神经感觉系统和免疫系统。一方面，研究机构在城市自主创新建设中的作用类似于神经感觉系统，其发挥效用的过程一般包括以下几个环节：发现社会特定领域中的显性或隐性需求，对当前技术或知识储备与需求之间的差距进行评估，广泛搜集相关领域资料及前人研究成果，在评估可行性的基础上就特定的细分领域开展研究，最终无论研究成功或失败，都会推动人类知识库的丰富。人体的神经感觉系统也是一样，通过视觉、听觉、嗅觉、味觉、温度等感受器感知外界条件，进行神经传输。无论感受到的信息是正向的（例如摸到温度合适的水），还是负向的（如摸到刚烧开的水），都会带来人经验储备的增加。可以说，如果没有神经感知的过程，人类对环境的了解将会处于懵懂状态，自然无法实现改造自然的目的；在城市运转的过程中，如果没有专门的研究机构，那么社会群体对于规律的掌握和利用能力将大大降低，各个行业的创新速度和质量也必然大幅下降。另一方面，研究机构中的标准机构在城市运转中的作用则和免疫系统在人体中的作用有着异曲同工之处，人体的免疫功能可以分为特异性免疫和非特异性免疫，前者是针对一种特定病原、在受到抗原刺激后形成的，而后者则是人类在进化过程中所获得的遗传特性。在城市正常运转的过程中，标准机构一方面根据社会伦理、法律制度以及人们的行为偏好制定出标准，实现各行各业通用指标的标准化，从而提高不同企业、不同区域提供的产品和服务的匹配度，减少因适配性问题造成的资源和时间的损耗。面对新出现的事物和原有标准不再适合经济发展的情况，标准机构还会根据新事物的特征打造一套标准，或有针对性地调整现有的标准体系，因此，成形的标准体系也会随着技术发展进步而逐渐调整。以在中国随处可见的二维码为例，二维码的普及提高了人民生活的便利性，推动了移动支付行业和自动识别技术的发展，但同时也带来了中国开放流通领域货币和金融管理工作的重重困难。在意识到二维码带来的挑战和机遇后，2017年7月，中国物品编码中心带头起草的《商品二维码》顺利通过国家质量监督检查检疫总局和国家标准化管理委员会的批准，在全国范围内正式发布。这一标准的出台，有助于规范二维码在公开市场上的应用，搭建使用二维码的良好生态环境，同时，对于商品的跨国流通标识和信息互动互联也将起到重要作用。

企业在城市中的作用，类似于各个器官在人体中的作用。在市场上，不同的企业发挥的作用不同，例如采矿、冶炼等领域的企业为城市的基础设施建设提供物料支持，农产品生产加工企业为城市公众提供生存的必要物资，这和人体中消化系统为新陈代谢提供营养支持具有类似之处；汽车生产商为城市交通提供了运输工具，物流公司将各人所需的物品配送至指定地点，这与人体中骨髓的造血功能有着明显的相似性；金融公司主要满足人们投资、融资的需求，在人们资金丰富时可以通过金融公司运作获取更多的收益，在资金紧缺时又可以通过质押、抵押、信贷等手段获取收益，良好运行的金融体系可以将波动控制在正常范围内，这和人体的自稳态功能具有相似之处。除列举出的企业外，很多其他类别的企业也在城市中发挥着重要的作用，并且与其他城市或地区具有信息流、物质流的动态交换。随着信息技术的发展和现代细分领域的增多，企业的主营业务和类型也在逐渐丰富，一些原有的企业因不再符合时代发展而逐渐消失，另一些新兴企业应运而生。就单个企业而言，存在着兴起、发达、衰落、终结的过程，但就市场存续的企业整体而言，则始终可以保证基础的功能，只是在不同的时期侧重的方向不同。

这里我们将市民、居民、旅行者等的集合称之为公众。公众在城市中的作用，类似于细胞在人体中的作用。每个细胞都在有机体中获得养分，同时将代谢的废物通过循环系统带走。在家庭中，每个公众承担的角色也都是相似的。每个家庭都不能独立于社会，需要在社会的各个部门获得不同的资源。例如在教育机构获得知识资源，通过电力系统获得生活必需的电能，通过超市、网上商店等购买生活必需品，同时也将使用后的生活废物排入城市的垃圾和污水处置系统。甚至家庭成员新增与去世的过程，也和细胞的分裂、衰亡过程高度相似。就像人体中细胞因基因的选择性表达而呈现出不同的形态与功能一样，每个家庭中的成员又是社会的一分子，在企业、政府、研究机构中发挥着不同的作用，为社会做出不同贡献，从社会运行中获得的资源丰富程度也有所差异。

就像人类生活在社会中，会与形形色色的人打交道，通过向他人学习而提升自己一样，城市与城市之间也存在着物质的交换和能量的辐射。不同的城市有着自己的特点和优势，城市之间的信息互联会推动城市逐步实现功能完善，提升城市公众的便利度和幸福感，并为整个人类的发展创造更多的价值。在智慧城市的背景下，城市中四种主体所承担的基本功能大致保持不变，但发挥作用的方式和效率较之于原有城市有所区别。其中，政府由于掌握最为系统的信息储备，更容易做出全局性的决定，因而在智慧城市的建设中，率先发起者和有力推动者等角色最初往往是由政府承担的。以中国为例，中国住建部在2012年12月5日颁布了《国家智慧城市试点暂行管理办法》和《国家智慧城市（区、镇）试点指标体系（试行）》，并在这两个文件的基础上分三批批准了约三百个城市（区、镇）开展国家智慧城市试点。中国开始系统性建设智慧城市。

在政府发起智慧城市建设并给出政策支持后，企业和研究机构逐步活跃起来。企业根据社会上的需求空缺和现有技术条件开展生产运营，对于当前技术无法支持的，组织专门的研发部门开展针对性的研究和开发，以提高生产效率或者更好地契合消费者的需求。研究机构则更侧重政策解读，了解政府颁布某一政策的背景、目的和该政策提供的支持，结合对市场整体情况的分析与探究，就智慧城市的建设周期、建设任务、建设目标和完成情况进行评价，给出评判的标准，并根据研究过程中发现的共性问题和可借鉴之处形成报告，为智慧城市发展建设实践提供理论指导。

公众在智慧城市的建设中，既是参与者又是最主要的获益者。城市公众在智慧城市的建设中通过贡献自有的资源，发挥个体的推动作用。因个体所拥有的技能高低和资源多少各异，每个人对智慧城市发展的贡献不同，获取的收益也不同。在信息时代，高度发达的互联网和大数据技术使得城市公众更容易就城市的建设发声，一方面使得个人的作用更容易被识别和感知，另一方面一些负面的因素也容易因为网络的扩散作用而放大，从而引发公众关注，及时发现问题、解决问题。

第二节　智慧城市中的设计者

智慧城市中的设计者是建设智慧城市的推动者和积极参与者，政府、企业、研究机构以及公众均可以承担起设计者的职能。但不同主体在智慧城市发展中起到的具体推动作用不同，贡献的大小也有所差异。

一、政府

相较于城市中的其他主体，政府可以通过普查、政府网站、官网社交媒体等形式和路径，更宏观、系统地了解城市发展过程中存在的弊病，以及不同经济状况、不同行业、不同年龄阶段的社会群体对城市建设的诉求。所以，在智慧城市发展建设中，政府可以全面综合地考虑各方的利益，提出影响全局的指导性政策和规划。在城市建设中，政府主要起到制定规划政策、组织项目建设、提供公共服务以及地方实验推广的作用；在建设智慧城市的过程中，政府更多充当发起者的角色，同时，可以更加便捷快速地了解到建设的进程和反馈，实现对政策方针的实时调整，这也是和传统城市建设的区别所在。

具体说来，智慧城市发展中，政府主要发挥如下作用：第一，制定规划政策。在高速发展的城市化进程中，各个主体都可以感知到"城市病"的存在，但只有政府能够获得整体画像，因此政府更适合提出政策方针并引导实践项目的开展。为了推动智慧城市的建设，国务院在 2016 年印发了《关于加快推进"互联网＋政务服务"工作的意见》，要求中国各地区强化统筹效应，注重工作实效，在智慧城市的建设中采用分级分类的方式开展，避免"一刀切"。第二，项目建设实施。一般而言，新政策推出后，市场往往需要消化和响应的时间。为了推动智慧城市的发展，初期往往需要政府率先开展试点工程，以实践的方式推动项目的发展，同时也给市场上的企业一个引导。第三，提供公共服务。在传统城市建设中，由政府来提供国防工程、安居工程和法制工程等具有收益的非排他性、消费的非竞争性特征的公共物品，在智慧城市的建设中，由于企业无法从公共物品中获得收益，因而信息技术基础研究和智慧教育等领域都离不开政府的投入。第四，地方实验推广。作为地方性的管理机构，政府需要选定试点的区域和范围，给出政策引导，实现新上线的实践项目和建设工程有序开展。

在推动智慧城市发展过程中，政府作为主体最关键的是要解决治理结构的问题。智慧城市发展基本是"一把手"工程，但真正在推动实施过程中，会出现执行层面的不统一。集中表现在：第一，规划不统一。各委办局有各自的职能和考核指标，其在制定相应的规划时会更多从自身的角度出发，从单方面进行规划和设计，如公安会把自己的人口库做到最全最好，民政也会有这样的需求，二者的需求由谁来统筹考虑，同时未来数据如何获取、共享和使用，这些都是需要解决的问题。第二，预算不统一。规划的不统一导致出现重复投资或者无效投资的现象。项目没有统一的出口和统一的监督机制，项目的建设效果和使用效果将无法得到保障。第三，组织不统一。规划和预算不统一的关键是在智慧城市发展的层面没有一个统筹的部门或者规则，所以政府作为设计者和主导者，需要从实际出发，设立统筹部门，将各方的需求汇聚到一起，协调各方资源，从机制上形成保障。而在具体操作层面，是设立独立运作部门还是设立资本平台，则可以根据自身的基本情况而定，不做硬性规定。

二、研究机构

研究机构在智慧城市发展的试点、实施和验收阶段都发挥着重要的作用。正所谓无规矩不成方圆，如果智慧城市发展缺乏相应的标准体系，在没有规划的情况下仓促上马，则很有可能会考虑不周，形成信息孤岛，即便投资建设了也难以发挥融合和互通的综合效应，甚至可能造成重复建设和资源浪费的问题。研究机构就是根据对国内外的建设实际、试点城市的基础和国家政策给地方政府以指引，同时，也引导创新型企业的投资方向。

举例来说，在选择试点城市方面，中国政府在提出智慧城市发展的方针时，组建国家智慧城市专家委员会，由专家委员会对智慧城市发展规划以及技术实现给出指导，同时对智慧城市发展的成果进行验收。专家委员会的成员包括市政建设、公共服务、园林工程、信息技术及城市规划领域的专家和学者。通过对各个城市提交的材料进行审核，结合实地考察的结果，对城市的信息基础设施、应用系统建设水平和保障体系建设情况进行评价，最终确定试点城市清单。

目前的研究机构基本由以下几个层面构成：第一是国家层面的智库。这些专家具备先进的理念，站在全局的高度，对智慧城市发展的规划给出明确的战略定位、顶层设计和配套的制度意见，是智慧城市发展的指南针。第二是科研院校。该部分专家具备扎实的理论基础，加之见多识广，能收集非常多的案例进行分析比较，形成具有共性和个性的可供参考的规划指南，有利于标准的产生。第三是国内外知名的高端咨询机构。这些专家具有很强的市场敏感度，能抓住世界最前沿的概念、产品、技术、模式等，同时他们具有非常清晰完备的方法论，能在错综复杂的资料信息中理清基本的逻辑，形成有体系的规划。第四类是智慧城市发展的中坚力量，即建设企业成立的研究机构。这类机构具有多样性的人才，能够非常灵活地考虑客户的需求，其最大优势是实践经验丰富，能更好地根据问题导向提出相应的解决方案。现在很多城市为了避免规划的片面性，会在规划时吸纳各方的意见，从政策导向到理论高度，再到清晰的体系和实践的可行性，都充分研判。在这一导向下，研究机构在其中发挥着自己的作用。

三、企业

企业是智慧城市发展实践的主要力量。如果只有政府引导而无企业参与，智慧城市的建设很难贴近普通公众的生活，相关政策也很难落地。具体说来，企业在智慧城市发展中主要发挥如下几方面的价值：第一，参与项目投资建设。政府的政策风向可以在很大程度上影响市场的热点行业，在政府提出智慧城市发展后，企业可以通过参与政府的公开投标、投资风口行业等方式参与项目的建设，推动智慧城市的发展。第二，提供技术产品。对于生产加工企业和创新型企业，可以通过提供智慧城市发展所需要的物资和技术来推动项目的发展。国务院发布的《中国制造2025》指出2020年中国芯片自给率要达到40%，到2025年要达到50%。智慧城市对芯片的需求巨大，而当前中国还是世界上最大的芯片进口国，若中国企业可以通过自主创新完成高质量芯片的生产，可以在很大程度上降低智慧城市发展的成本，同时提升建设的效率。第三，提供管理与服务。近些年来，中国的第三产业份额不断提高，服务业的发展速度越来越快，诞生了众多主要提供服务和培训的企业。在智慧城市发展的过程中，这些服务类型的企业也可以通过提供服务外包、智力支持和培训来推动地方的城市建设工作。第四，网络协作交流。企业在日常运营中需要进行网络的搭建，在智慧城市的背景下，企业可以通过既有网络进行深度的沟通与探讨，以共享合作的方式为项目的推进提供智力资源。所以，智慧城市发展应充分发挥市场的作用，使其更有活力。

四、公众

公众通常具有双重身份，一方面是智慧城市的主要受益者，可以在城市智慧化程度提高的过程中提升生活福祉；另一方面作为社会人，也为智慧城市的建设添砖加瓦。不考虑公众在企业和社会组织中的身份，仅就个人角度而言，主要可以在智慧城市发展中发挥两方面的作用：其一，主动投入个人资源。公众可以根据自己的投资取向在城市建设过程中投入个人的资源。把零散的个人资源汇集起来，形成巨大的数据储量，有助于引导自下而上的分布式创新。在这一过程中，公众往往投入自己所拥有的技术、能力和信息等资源。其二，不投入资源，但以合作的方式参与到项目实践当中。公众在政府和企业提供的项目基础上参与实践环节，以公众的工作配合项目的开展。这里我们强调了公众而非仅仅是市民，智慧城市需要全体公众及其智慧的支撑，城市当中的每一份子甚至包括旅游者都将是参与者。

由于各城市的区位条件、资源禀赋、人口环境等要素不尽相同，公众对城市各类服务的需求也千差万别。物质富足的城市需要好的生态环境，生态基础较好的城市可能会关心更好的流通渠道，基础设施较好的城市公众需要更高的文化水平，等等。满足不同城市公众的不同需求也是智慧城市发展中需要考虑的重要因素。所以，需要将公众的主体智慧融入规划、建设、实施等各个环节，广泛征求民意，让公众这个主体贡献智慧，这样打造出来的智慧城市才能更符合公众期望。政府、企业和研究机构的咨询规划都需要融入公众的主体智慧。制定适当的制度保障，支持民间智慧和创新，才能真正把智慧城市发展做到实处，这也充分体现出历史的真正创造者不是"英雄"，而是人民群众。

第三节 智慧城市中的受益者

智慧城市发展中的参与者也是智慧城市发展的受益者。在发展建设实践中，四种主体的利益诉求相互影响、相互作用，最终达到博弈均衡。只有将利益进行合理分配，才能够实现整个社会收益的帕累托最优。下面分析几类主体的受益机制。

一、政府

政府作为国家统治和社会管理的机构，是智慧城市发展的受益者之一，主要体现为对管理和服务能力的提升和效率的提高，为非经济性受益。

第一，通过建设智慧城市，可以进一步提高政府的监督管理能力和服务效能。智慧城市的一个特征就是管理的精细化和智能化，政府可以对社会进行精准管理，对交通路况进行精细调配，对安全隐患高发的地点进行全方位监控，从而降低资源损耗，提高管理效率。

第二，节约人力资源，提升决策效能。据《光明日报》报道，2018 年 4 月 22 日举行的数字中国建设成果展览会上，工业和信息化部展示的"中国制造 2025"大数据决策支撑系统整合了全国范围内的大量数据资源，可以提供全国、区域、行业、专题等多个层面的专业解决方案，为社会发展提供了优质的决策支持。此类系统正是智慧城市发展在政府管理上的体现，通过系统将原有人工完成的工作转换为系统自动操作，在提高决策效率的同时，保证了解决方案的质量，将人力从程序性工作中释放出来，投入更有创造性的工作当中。

第三，促进廉洁、高效、透明政府的建设。智慧城市在发展建设过程中，通过云计算中心提供数据共享，对数据的挖掘和分析，会逐步清除信息流通的障碍，推动政府不同部门之间的信息交流，提高各部门相互协同程度和信息透明度，提升政府的管理和服务效率，有利于城市的可持续发展，同时避免出现来源不明的收入和不合理的支出。

第四，提高公务员的办事效率和办事能力。在智慧政府的建设中，将充分利用远程办公、实时消息等功能，实现对群众诉求的快速反馈，提高工作效率，更好地为广大公众服务。

第五，有利于建立平安有序的社会。智慧城市发展建设中，城市指挥调度中心必不可少，它涵盖了视频监控系统、城市报警系统、GIS 系统等。利用智能分析系统将其与各项服务融合，能处理日常的警务警告，可以应急指挥突发事件，保护老百姓财产安全，促进平安中国建设。

第六，促进产业的转型升级和发展。产业环境的打造和改善可以为招商引资创造新的契机，促进传统行业与战略性新兴行业的融合，推动中国经济发展模式转型，促进产业结构和产品结构的调整。

第七，打造民生工程，促进民生幸福。通过智慧城市市民融合服务平台，促进资源共享，部署各种民生系统，实现服务均等化，将解决民生问题真正落到实处。

可见，政府不仅是更广泛的责任主体，从设计者的角色出发，要综合各方意见，从更广义的政府智能出发，既在城市运行管理和政府治理方面受益，也在民生服务和经济发展上受益。

二、研究机构

研究机构是智慧城市发展的研究和建议主体，在建设实践的过程中出现的种种问题和积累的各类经验，可以反过来促进研究机构所制定的评判标准更新，丰富知识库，同时推动研究的深化。

第一，促进评估标准的更迭，更好地引导后续建设。在智慧城市发展的过程中，很难保证一套标准对每个城市和每种情况都适用，为了顺利建设，标准机构往往会结合当地情况进行适度的调整，这些调整策略同时也会进入标准机构的数据库，为下一次标准的制定给出指引。

第二，促进专项研究的深化。研究机构在智慧城市发展中主要起到的作用是通过对细分领域所需的技术、手段和理论进行深入研究，结合现实需求，使之成为建设实践的有力推手。反过来，由于智慧城市是从未出现过的城市形态，在建设过程中必然会遇到种种疑难问题和新的情况，在不断解决问题的过程中，理论知识和技术方案也自然而然得到优化。

第三，促进人才的培养。研究机构在智慧城市发展整体规划中主要依靠人的智慧形成相应的方案和建议，并在整体实践中进行检验。一般来说，规划形成后都会跟踪其建设进程和运行效果。每一个智慧城市的建设都会给该团队带来宝贵的经验，从而加快人才队伍的培养和建设。

三、企业

在智慧城市发展中，企业发挥着至关重要的作用。除公共品供给外的每一个领域，设施智慧化、服务人性化的实现都离不开企业的支持。反过来，智慧城市的建设中企业也是巨大的受益者，主要包括以下几点：

第一，提高企业的工作效率。智慧城市建设的前提条件就是技术的支持，企业主体在为智慧城市发展开发新技术的同时，也可以对企业自身的后台技术进行优化升级，进而提高研发新产品的效率。

第二，提升企业社会影响力。一些企业参与政府的招标，成为政府在建设智慧城市过程中的供应商，这可以大大提高企业的社会影响力。另外，智慧城市的建设势必带来信息交换效率的大幅提升，也为企业开展在线营销提供了助力。

第三，便于进行生产决策。智慧城市发展中的信息共享可以使企业获得更加全面的数据，对市场体量的预估将更加准确，在企业战略制定中也能有的放矢。

第四，企业可以获取专业的信息技术服务。在高度发达的基础设施和网络建设的基础上，同时专业人才也逐步形成完善服务的前提下，企业可以将精力聚焦在主营业务上，而将其相关的 IT 服务外包，免除企业运营发展 IT 上的后顾之忧。同时能帮助企业善用 IT，为企业产品更新、渠道的变化和衍生相关产业的快速发展保驾护航。

第五，良好的产业环境。企业在智慧城市发展中可以获得以政府为主导的产业环境和经营环境的改善与升级，这给企业发展创造了良好的外部环境，如金融产业的聚集、信息的流动性、人才配套、IT 基础环境等。比如加工贸易型企业需要快速通关，地方政府联合海关实现线上联网监管，货物出口可以先放行再做数据比对，一单货的通关速度从过去的 7 天提高到现在的 2 小时（苏州工业园区海关联网监管系统）。

四、公众

智慧城市产生和发展的根本原因在于城市的建设理念转变为以人民为中心，目标由追求经济高速增长转变为追求高质量增长。因而，在智慧城市发展中，公众会明显感到生活质量的提高和幸福指数的提升。

第一，交通出行的效率大幅提高。现在广泛存在的"城市病"之一就是交通拥堵问题，采取公共交通出行的人通常面临等车久、换乘难的问题，乘坐私家车出行的人则面临着停车困难、道路拥堵的问题。通过打造智慧交通体系，可以对现有的道路设施进行更加有效的利用，如通过对信号灯更换体系的调整，降低乘车人和驾驶员的等待时间，同时也减少交通拥堵的情况；通过对停车位数据的分析，结合驾驶员的导航数据，引导公众顺利停车。

第二，降低公众生活成本和物资损耗量。通过建设智能家居体系，以多样化的传感器和智能控制器管理家庭的水、电、气用量，改善家庭成员的耗能习惯，降低生活成本。同时，多样化传感器的应用也可以使公众对家庭中的水电安全和空气质量有更加直观的感受，并有针对性地进行改善。

第三，提高家居生活便利性。现在，智能家居成了制造业的热门领域，各大 3C（电脑 Computer、通信 Communication、消费类电子产品 Consumer Electronics）生产者都发力智能家居领域，其中扫地机器人、语音智能音箱、擦窗机器人已经逐步走进千家万户，将人们从家务劳动中释放出来，将时间投入自己真正享受的事情中。

第四，提升医疗服务质量。通过建设智慧医疗，可以对公众的健康情况进行监测和提示，有效减少急诊数量。对于已经出诊的病患，可以通过远程诊断、电子病历、在线挂号等方式提高就医的便捷度。

第五，提高公众教育水平。其一，对于正在接受传统教育的学生，可以通过引入信息化手段改革教育的方式和方法，在课程安排上充分考虑学生记忆曲线的特点；其二，参与培训的公众可以通过远程教育、在线互动和在线评估的方法，更加便捷地学到所需的知识和技能。

总之，智慧城市发展能够打造致力于公众幸福安康的民生服务系统。通过资源共享平台和市民融合服务平台，部署智慧民生应用系统和服务支持，为市民提供多方面的智慧应用，并形成互动。

智慧城市的长远计划是让其可持续性发展，而其可持续性分为以下几个方面：第一，整体智慧城市规划及推进的可持续。智慧城市建设不是一蹴而就的，需要一个长期的、稳定的发展，并随着科技和理念的发展不断进行更新变化。它不仅是个系统工程，也是个持续规划和不断迭代的过程。第二，智慧的行业和领域项目的可持续性。无论是单体项目，还是系统的建设项目，其一定不是孤立的闭环，系统业务的设计都需要有一定的开放性和前瞻性，这样才能使建设内容可以在未来的发展中得以升级改造并同其他系统形成对接。第三，团队可持续性。智慧城市建设中最重要的组成部分是组织和团队。该团队的持续性将决定该城市智慧城市建设的延续性和对于历史投资产出的使用效率，因此，建立一支稳定高效的智慧城市建设和运营团队将是智慧城市能否持续发展的重要因素。第四，资金的可持续性。简单来说，资金是保障智慧城市持续发展的重要血液，智慧城市一方面保证政府的预算不被挪用，另外，利用社会资本，最重要的是要在智慧城市建设的基础上进行运营，形成可以持续的运营收入来反哺智慧城市的新一轮迭代。最后是要形成可持续发展的保障机制，以保障上述四点能有效落实。

要保障智慧城市发展正常推进运行，达到真正的可持续性发展目标，需要动员整个产业链上的每个主体共同参与。各方面的主体职能是相互关联、错综复杂的，既需要看到他们独立动作时的重要作用，又需要厘清他们之间的关系，引导其良性互动。

第四节　面向主体的智慧城市发展业务框架

智慧城市属于交叉学科，每个城市或者设计者都会从智慧城市规划和建设的角度结合技术设计智慧城市的基本业务框架，该框架的设计会从面向对象的角度出发，即面向政府、企业（含研究机构）和公众的需求设计业务框架和基本内容。

我们现在将基于技术机构形成如图 6.2 的智慧城市发展的基本架构。该架构系统梳理了城市各个要素与城市发展之间的关系，总体可概括为"三横三纵"的智慧城市发展框架体系。三横是智慧城市基础设施、信息资源和融合服务三个方面，三纵是面向公众、企业（含研究机构）、城市运行三个主要城市服务对象的融合跨界服务体系。接下来阐述的智慧城市发展的主要内容将遵循以上原则。

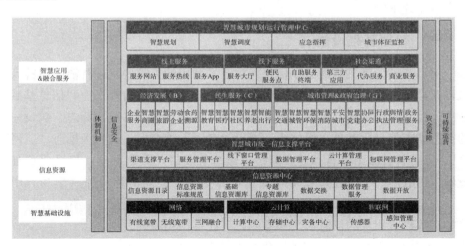

图 6.2　智慧城市发展的基本架构

具体地说，三横中最底层的是城市级基础设施，包括网络、云计算和物联网，尤其是未来万物互联的感应系统将成为下一个风口的关键技术，这构成了智慧城市相关系统的运行基础。再向上一层是信息资源层，这一层是智慧城市技术和业务架构的中枢部分。其中既涵盖了对业务的理解和构建，也采用微服务和 API（Application Programming Interface，应用程序接口，是目前平台主流技术方式）的设计理念。信息资源中心是城市基本数据（如五大库：城市地理信息库、人口库、法人库、宏观经济及征信数据库）的中心，而信息支撑平台则为定义数据、定义服务、数据的开放和交换提供整体的支撑。最上层是智慧应用和融合服务体系，从城市服务体系提供的角度，我们可以看到其基本的服务内容已经从基于传统政府各委办局的服务改为了面向三个对象的基本服务。另外，从服务渠道的整合角度也将线上、线下和社会渠道进行了归集，更值得期待的是最上层的服务内容，虽然只列举了两个城市运行管理的事项，但可以看出，要想获得融合的服务，一定要打通数据、打通渠道，甚至可能需要涉及职能的转变。当然，背后一定会有大数据和 AI 等新型的技术为之助力。

三纵主要是从面向对象的角度出发，也就是面向城市中的三个角色（公众、企业和城市运行管理）出发，包括面向人的智慧教育、智慧医疗、智慧养老、智慧社区、智慧出行等服务体系，面向企业的企业服务、智慧商圈、劳动就业、溯源产业链等服务体系以及达到城市治理目的的平安、环保、交通、政务等治理体系。具体内容我们将在后文进行阐述。

根据图 6.2 的框架，结合实际需求及其重要性，下面对智慧城市发展的主要内容作详细阐述。

一、智慧基础设施

信息基础设施支撑是城市信息资源开发利用的关键要素，智能应用的开发与普及是建设智慧城市的基础，也是提高智能化水平的前提条件。信息基础设施的建设和管理水平，已成为衡量一个城市综合竞争力的重要标志。建设完备的智慧城市信息化基础支撑体系，可以参考以下策略：一是积极推进"三网融合"，完善智慧城市信息高速公路；二是统筹发展，共建共享，提升信息基础设施应用效能；三是建设城市级信息资源中心，提高信息资源共享和利用水平；四是打造城市感知网络，对城市内的地下管线、轨道交通、井盖路灯、建筑楼宇等进行积极的信息采集和监测，有序推动物联网发展。

应着力建设智慧城市信息安全中心、云计算中心、城市信息资源中心，搭建感知基础设施等项目，推动城市智慧基础设施建设，为智慧城市发展提供原动力。

二、信息资源共享

现阶段政府是开放数据的主体。它收集、处理、加工和发布政府数据，以供社会自由使用。用户可以通过数据处理来获取信息，并通过服务创新产生更多的价值。

建议从以下几个方面入手推动开放数据：第一，明确规则。国家加快制定开放数据的法律和政策，确保开放数据有法可依、有章可循，各项工作有序进行。第二，打通渠道。打破政府部门间"信息孤岛"壁垒，建立标准统一、集中管理、信息共享的跨部门协调机制，建立政府开放数据门户，拓宽数据资源的公共使用渠道。第三，促进应用。形成循环机制良性发展的局面，打通产业链，将数据收集、数据开放以及数据使用、数据监督和信息反馈做好链接，使数据开放工作不断优化。

三、创新融合服务

信息时代的到来促进城市新形态的发展，智慧城市的诞生将城市的规划、服务和管理过程都植入信息技术。公众、企业、政府以及第三方组织共同参与，科学地配置城市各类资源，实现产业经济转型升级、创新低碳、城市环境绿色友好、政府治理高效科学、整个城市的竞争力和吸引力增加的目标，最终服务于公众，打造公众高品质的生活。随着智慧城市理念的升级，实践中不断地深入单一领域和行业的发展及单一的服务模式都无法满足各方的需求，创新融合服务应运而生。

目前，智慧城市的融合服务主要体现在以下几个方面：一是领域的融合。我们可以看到，智慧城市的设计与建设中，很难再看到智慧的医疗、智慧的教育、智慧的交通等独立存在，各部门在自由领域建设的基础上全部实行数据和服务开放，一种是建设后的服务延伸，另一种是协同建设和发展。二是服务的融合。在面向公众、企业和政府管理者三个方面，不仅是从政务角度产生的行业领域的融合，而且在政务服务、公共服务、商业服务、金融服务等多方面的服务在面向同一对象、面对同一目标下进行服务的融合，全面地并逐步个性化地提供服务，比如多个城市发行的公众卡就是一个很好的例证。三是渠道的融合。办理银行卡的同时可以办理公众业务，办理网上挂号的同时可以申请保险理赔，交纳物业费时可以预定早餐……我们可以看到，无论是线上还是线下，不同的服务渠道开始融合，形成了多服务的入口。四是技术的融合。目前很难看到全部从头做到尾的技术公司，基于更精准分工的生态圈建设，各个建设公

141

司术业有专攻，能更好地整合在一起，提供各方需要的技术能力。同时技术已经不是简单的技术，如"区块链"就已经带有明显的技术加上运行机制的标签，这种融合将会越来越普遍。另外，更大的融合将会是数据、技术、人员、服务、渠道等各个方面多维度的融合，这将给智慧城市带来更大的想象空间和发展空间。

四、面向公众的服务

人是城市的核心，智慧城市发展的出发点和根本目的就是使公众能够享受均等化服务，进而逐步提高生活品质，增强满意度。城市必须不断提高其公共产品的质量，包括提升医疗、教育、养老等各领域公共服务的供给，提高公共服务获取的便捷度，以及提供更多的个人发展机会。建设策略如下：第一是利用信息化手段，融合并提升公众服务的内容模式和渠道，充分利用信息化创新服务；第二是打造公共信息服务平台和市民融合服务平台，汇聚服务入口，便捷公众服务；三是扩大公众参与渠道，加载反馈和互动的入口，优化服务，推进智慧城市的服务驱动。

具体来看，可致力于建设和优化公众公共服务信息平台（公众卡、公众热线、公众网页等），推进智慧社保、智慧医疗、智慧养老、智慧食品安全、智慧住房发展，打造公众融合服务体系，提升公共服务质量，提高公众满意度。以公众需求为目标，提高公众参与度，充分发挥公众的作用，逐步培养和吸引高素质公众，打造城市软实力。在公众服务领域，要注重从公众需求而非部门需求出发，设计公共服务的内容和形式，并强化用户参与和意见反馈；在产业经济领域，要以解决就业问题、增加公众收入为目标，鼓励开放创新、大众创新和协同创新；在城市管理领域，要为公众创造"使能"环境，以鼓励公众解决其发现的城市问题；在政府治理领域，要积极促成公众与政府各部门的对话，从而使公众的声音不仅能够被听到，而且能在政府治理方案的设计中起作用；在信息基础领域，要充分考虑公众对信息基础设施和服务的需要，为公众提供信息基础设施。

五、面向企业的服务

智慧城市的核心目标之一是经济繁荣，其核心运行者是企业。政府在不同层面上给企业提供了各种服务，在面向企业的服务中，应以构建现代产业体系为核心，持续扩大"两化融合"试点示范企业的范围，以社会信用体系建设为基础，全面提升企业服务水平，在节能减排、安全生产等重点领域，提高信息化应用的比率。此外，结合城市经济、产业优势和地方特色，聚焦重点产业及现代服务业发展，全面优化发展软环境。

另外，产业转型升级是中国经济发展的核心问题，包括产业结构的调整、产业层次提升。产业转型升级的关键是技术进步和商业模式创新。创建一个运行效率高、服务效果好、创新动力足的产业经济运行环境势在必行。产业转型升级实施策略如下：一是推进各项产业与信息化深度融合，走集约化、可持续的新型工业化路线；二是以企业需求为核心，建设企业公共信息服务平台，加强政府宏观调控能力；三是利用开放平台，整合创新资源，培育创新环境。

在操作过程中，可建设企业公共服务平台、宏观经济运行平台、创新公共平台，扶持智慧物流、智慧旅游产业，推进两化融合。通过一系列措施与手段，最终达到促进产业经济创新型增长、可持续增长和包容性增长的目标。

六、面向城市运行管理者的服务

城市运行管理者主要将服务集中在政府治理和城市管理上。政府治理是一种由政府、企业、公众和第三方组织等多主体参与的合作治理模式。有效的政府治理要求转变政府职能，创新行政管理，增强公信力，打造法制与服务并存的阳光政府，实现治理体系和治理能力现代化。政府治理建设策略如下：一是信息化能使行政效率提升，部门间业务协同更近民，能推动简政放权，提高管理者执政能力；二是构建动态循环的信息资源管理体制，建设大数据支撑的政府决策体系；三是大力推进信息公开和数据开放，逐步构建多元共治的社会治理网络体系。

建设政府管理信息决策平台、协同办公平台、行政服务平台、开放数据平台等，通过一系列举措促进行政效能提高，使得决策更加科学有力，政府更加开放透明。为形成一套更高效、更统筹、更开放的智慧城市管理体系，可以参考以下策略：一是对城市管理各领域进行智能化改造，提升城市的基础承载力；二是打造城市运行管理中心，统筹协调日常管理和应急处置；三是建设城市管理公众参与体系，优化管理模式，推动多方共同治理。

通过建设城市运行管理平台，整合各领域的业务、资源和应用，使城市承载能力得到提升，高效的城市运行管理体系就此产生。

智慧城市发挥的作用是全面的、长效的：能够推进两化融合以实现产业升级转型，构建公共信息服务平台以提升城市服务水平，有效管理水资源、能源、交通以提升城市的承载能力，建设城市信息基础设施以提供更好的创新创业环境。这些因素的结合，才能提升城市的竞争力和吸引力。所以智慧城市体

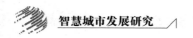

现了城市发展的大循环、大战略。

规划、建设、管理、服务贯穿了智慧城市的全过程。比如，如果没有合理的规划和有效的服务，仅聚焦在城市管理领域，单纯通过管控手段提升现有城市运行效率，"城市病"仍然会日益严重。因此，要多管齐下，对城市进行全生命周期的智慧化改造。

智慧城市是跨系统的整合，更加强调把城市作为一个整体来考虑，强调跨系统整合和跨界发展。以教育为例，智慧教育不仅仅关注教学流程的优化和效率的提升，也关注各城市的产业发展趋势和人才的需求。同时，在教育的方式上，整合国内外的各种教学资源，实现跨时空、跨年龄段、跨媒介的教育服务。

关于机制体制、信息安全、资金保障和可持续运营的问题将会在智慧城市运行机理中进行阐述。

第五节　本章小结

智慧城市发展核心是主体 M（Main Boby）之间的协同。相关主体包括政府、研究机构还有企业和公众，他们既是设计者也是受益者，各主体的思想和行为以各自所占有的资源情况为基础，根据各自的利益而做出选择。本章着力描述了四类主体在智慧城市发展中分别作为设计者和受益者是如何发挥作用的，同时强调了各主体的功能定位也是会变化和发展的，他们不存在着绝对对立，而是融合统一的。最后，强调了如果需要保障智慧城市发展的正常推进，达到真正的可持续性发展，需要动员整个产业链上的每个主体共同参与，各类主体职能是相互关联、错综复杂的，既需要看到他们独立运作时的重要作用，也需要厘清他们之间的关系，引导其良性互动。本书还从面向主体的角度，设计了智慧城市发展的业务架构，形成了"三横三纵"的业务架构。

第七章　智慧城市发展保障：发展模式

　　生产力发展到一定的阶段，各主体之间会形成一定的规范体系来保障智慧城市发展持续稳定地推进，这一规范体系就是智慧城市发展的机制体制的保障——模式 M（Model）。模式的建立可以厘清各主体之间的关系，形成相应的组织制度，按照一定的标准共享，促进智慧城市协调发展。同时，体制内部的组成要素之间按照一定的方式相互作用，进行职责分工，实现其特定的功能。这些为智慧城市发展建设和运营提供了有效的保障。模式虽然多样，但在建设过程中也有很多的共性因素，不同模式的资源占有和资金来源不同。本章重点阐述智慧城市发展过程中不同发展模式的特点和优劣势，并着力比较智慧城市发展前后城市各方面的差异①，总结出智慧城市发展典型模式的特点及与之相匹配的体制机制。

　　智慧城市发展推进的基本力量是政府和市场。根据政府力量和市场力量结合情况的不同，本章将智慧城市发展模式 M（Model）分为三种，即政府主导型、市场主导型和政企合作型（图7.1）。政府主导型是指政府在智慧城市发展中发挥动力的作用，深入调研后编制明确的发展战略路线图，出台加快智慧城市发展的政策。通常利用财政资金投资建设项目，由政府进行项目的可持续分析和立项申报，用于智慧城市基础建设。政府主导型通常可以做到因地制宜，以城市治理和民生诉求为主要出发点。市场主导型智慧城市发展是由企业独自负责项目的投资、建设、维护和运营的智慧城市运营模式。该模式下，政府无须承担智慧城市发展出现问题的风险，企业创新热情高涨。政企合作型智慧城市发展新模式，即在城市建设时吸纳政府和市场两种力量的建设模式，通常也被称作混合型智慧城市发展模式。在建设过程中，政策层面由政府发挥推动者和主导者的作用，通过政策支持来推进城市信息化基础设施的完善；在重点项目的建设过程中，则充分利用市场的作用，推动建设要素向城市集聚和流动，实现自上而下和自下而上两种推行模式的有机结合。

---

　　①　沈明欢. "智慧城市"助力中国城市发展模式转型［J］. 城市观察，2010（3）：140－146.

图 7.1 智慧城市发展典型模式

第一节 政府主导型智慧城市发展模式

政府主导型智慧城市发展模式，就是政府在智慧城市发展中发挥动力的作用。政府通过制定明确的发展战略，颁布促进智慧城市发展的政策措施以及扩大在城市基础设施领域的投资，以吸引国内外的有关资源向城市集中，促进智慧城市发展。

一、政府主导型智慧城市发展模式概况介绍

政府主导型其第一要务就是确保智慧城市发展的可持续性，政府往往会打造覆盖政府、企业、研究机构、公众等主体的互动网络关系，目的是营造良好的创新氛围，引导全社会参与智慧城市发展。依赖自上而下的力量是政府主导型智慧城市发展模式的主要特点。这一模式相对更适宜金融行业不发达的区域以及风险投资额不足的城市，或者城市中的信息基础设施领域，如当前互联网中心、云计算中心、信息终端等，大多采取政府投资为主、企业和社会投入为辅的形式。

由于政府本身不是信息技术和基础设施物料的供给者，因而通常利用财政资金投资建设项目，由政府进行项目的可持续分析和立项申报，通过申报后面向社会进行招标，完成招标后根据项目的进展情况进行支付。典型的案例如香港特区政府，在 2007 年拨款 2.1 亿元港币用于搭建 WiFi 网络，到 2008 年 3月，城市公众可使用的公共 WiFi 热点数量达到 6400 个，主要分布在公共图书馆、大型公园、就业中心、社区会堂等地。该网络禁止浏览赌博网站、色情网站和游戏网站，具体项目的运营则是由电讯盈科企业负责完成。

二、政府主导型智慧城市发展模式优劣分析

我们对政府主导型智慧城市发展模式进行剖析，不仅要考虑到当前所处的状态，还需要考虑过去的影响和未来的发展趋势。横向来看，可以找到研究对象自身所具备的、值得进一步发挥的优势，激发创新活力；也可以找出研究对象内部的消极因素和外部的不利因素，从而找出解决方案以降低负面影响。纵向来看，可以对比内外部的长处和短板，更好地扬长避短。

政府主导型的智慧城市发展模式从优势上看，可以更好地顾全政府、企业、研究机构和公众各方面的需求，站在更高和更全面的角度上进行合理的规划布局，发展更加均衡，也可以做到因地制宜，更适宜当地的发展和现状。其劣势主要是地方政府财政负担过重、投资过大，容易引起社会信用恶化；有时也会因为资金不足而限制智慧城市的发展；另外地方政府本身信息化力量和技术人员储备都不足，不足以支撑智慧城市发展的需求。该模式一定要注意避免干预到正常的经济秩序，适当的市场化行为应继续鼓励，不能因此而降低市场化的效率。

这种模式的优势具体如下：其一，政府在智慧城市基础网络设施的搭建中起到主导地位，可以避免出现市场为了追求超额利益在某个方向重点投资，而在其他领域投入较少造成的发展不均衡问题。其二，确保政府对网络具有足够的监管力度，使得政府在公共管理方面具有足够的网络容量。其三，移动运营商已经建设好诸多基础设施，具有丰富的设备建设经验和运营管理经验，并且拥有大量存量客户和技术人员，可以实现对现有资源的充分利用，降低成本。其四，政府负责智慧城市网络建设的整体构架创设，由运营商完成具体的设施布置和设备安装，确保政府和市场都可以从事自己的优势工作，节约建设成本，降低商务风险，同时提高基础网络构建的安全性。

没有一种模式是十全十美的，此种模式也存在着弊端，主要包括：其一，采取公开招标的方式需要由政府财政拨款，政府仍面临着巨大的资金压力。其二，政府在基础网络搭建的过程中发挥着主导作用，因而如果项目发展出现问题，政府仍需要承担相应的风险。其三，由于是政府主导的项目，中标的市场运营商在基础网络搭建中的话语权和控制权会相应缩减，可能降低其在成本控制和资源再利用方面的优势作用。

三、政府主导型智慧城市发展模式案例分析

福建省龙岩市是典型的政府主导型智慧城市发展模式，智慧城市合作建设

专项资金由龙岩市政府根据合同阶段性支付，用于智慧城市的基础设施建设、综合应用项目建设、数据支撑平台建设和智慧城市的项目推进支持工作。在具体的智慧城市发展构建当中，智慧城市的基础设施建设部分主要包括了作为智慧城市信息传输系统的信息网络设施建设，作为智慧城市数据存储、交换及支持平台的信息共享基础设施搭建，以及包括水、电、天然气输送等在内的进行智能改造的传统城市基础设施①。智慧城市的综合应用项目主要包括基础信息处理平台与数据库、政府信息资源目录体系和交换体系以及公开信息资源的市场化。智慧城市在数据方面的建设侧重方向在于数据中心的搭建、网络基础设施建设以及信息安全保护措施的建设等。智慧城市的项目推进支持工作内容较为丰富，主要包括智慧教育、智慧医疗、智慧社区管理、智慧公共服务、智慧安居体系、智慧防灾减灾系统、面向新农村的公共信息平台等，这些支持系统也都属于福建龙岩市政府主导的智慧城市发展体系范畴。

经过几年的建设，龙岩市的智慧公共服务网络已经逐渐成熟，成了在区域内具有明显优势的服务门户。服务平台的资源丰富，公积金、社保、汽车购票、预约挂号、实时公交等已经成为当地广受欢迎的政务服务，其中公积金与实时公交均属独家，资源优势相当明显。同时，龙岩市着力把政务服务系统打造为面向社会公众的宣传阵营、公众的虚拟家园和社区电商平台，以实现为城市公众提供智慧化公共服务的目标。

湖北省武汉市建设智慧城市发展战略于 2010 年正式提出，武汉成为全国首个提出该发展战略的城市，同时也成了首批科技部智慧城市的试点城市。武汉市委市政府成立了智慧城市发展领导小组，统一思想、统一团队，整体架构设计由武汉市信息产业办和科技局共同负责完成。

武汉市智慧城市的发展思路为"总体规划先行，行业应用并举"，以全球顶尖的智慧城市作为标杆，努力创建国际一流的智慧城市。在"概念设计"与"总体规划设计"两个环节开展公开招标。同时委托中标企业编制了全国第一份既具有理论科学性又具有前瞻性的设计方案——《智慧城市概念设计方案》与《武汉智慧城市总体规划与设计方案》。武汉市在当时智慧城市整体规划的基础上不断迭代，在政府市政管理、民生方面的智慧旅游、智慧医疗等 13 个领域的规划上逐步展望，每个规划指导未来五到十年发展。

武汉智慧城市的建设内容众多，其核心是构筑一个以"中国云"为基础的智慧城市基础设施和智能决策平台，打造服务于社会民生的用户体验平台以及

① 楚天骄. 中国智慧城市建设最新实践案例集［M］. 北京：中国法制出版社，2016.

智能城市决策展示系统。基于社会基本需求，武汉市优先建设智能交通、城市基础设施、公共应急决策、能源与资源管理四项应用示范工程，并在建设的过程中逐步掌握包括智慧感知、时空协同、数据活化、泛在互联、服务发布和安全可信在内的六项核心技术。

　　虽然采取的是政府主导的智慧城市发展模式，但武汉市并没有忽略市场在城市建设方面的重大作用，通过政策引导，培育具有自主创新能力的高新技术发展主体，打造智慧产业链，打通物联网、智慧软件行业和智慧制造行业的发展，并充分发挥大数据技术、空间信息技术、通信硬件技术和光纤传感技术的优势，做强、做大智慧产业，促进相关行业企业的发展①。

　　为了保障智慧城市发展的可持续性，防止在接口匹配、数据妥入、信息传输方面资源的浪费，武汉市建立了较为完善的智慧城市标准体系，该体系主要由《智慧城市的名词术语》《智慧城市的需求》《智慧城市的体系架构与技术要求》《智慧城市的应用场景》四个标准文档以及智能家居、智慧交通等细分领域的技术要求和测试规范共同构成。政府主导型智慧城市发展模式的一大特征就是政府的资金投入和政策指引，武汉市智慧城市的建设过程也不例外。一方面，政府拓宽了投资渠道，增加了对智慧城市相关行业和项目的资金支持，并争取国家级、省级科技部门还有经济管理部门的资金，指导和支持武汉智慧城市的发展。武汉市估计划每年投入 10 亿人民币用于推动光电子技术和新一代移动通信等技术的进步，并吸引社会资本、国际资本的投入，促进智慧城市建设的相关企业和行业的发展。智慧城市的建设离不开人才的支持，一方面武汉市发挥"3551 人才引进和培养计划"以及"511 黄鹤英才计划"的引导作用，另一方面在市内高校科技创新项目设立和课程设计方面更多加入信息技术和人工智能的要素，引进高素质人才的同时，鼓励本市复合型、创新型、战略型人才的培养。

　　除中国外，政府主导的智慧城市发展模式也受到了不少其他国家城市政府的认可。西班牙的巴塞罗那市议会作为智慧城市发展的主导，制定了包括信息化基础设施、智能社会公共服务、绿色可持续发展等建设在内的综合性智慧城市规划建设方案。全市范围内综合网络覆盖、智能交通、智能垃圾回收、智能农业灌溉以及高度数据共享可视化服务等的实现，使巴塞罗那成为欧洲智慧城市发展的标杆。巴塞罗那副市长安东尼·维斯曾经表示，巴塞罗那每年使用智

---

　　① 顾新建，代风，陈芨熙，等. 智慧制造与智慧城市的关系研究［J］. 计算机集成制造系统，2013，19（5）：1127—1133.

能水技术可节省资金 5800 万美元，而且每年通过使用智能停车技术，可使城市年停车费收入增加 5000 万美元。另外巴塞罗那通过智慧城市项目建设，还提供有 4.7 万个新工作岗位（图 7.2）。这样一系列智慧城市项目的建设，不仅提高了巴塞罗那公民的生活质量，提升了巴塞罗那的社会效益，同时也促进了该地公众的经济水平和城市 GDP 的提升，而在智慧城市发展过程中节约的资金又反过来促进该城市智慧城市发展的进一步推进。

民众
政府开放计划能够增加行政的透明度和公民参与度

进程
开放数据门户，允许私人和公司开发满足城市居民需求的应用程序

数据
传递给市民的信息以及主动获取的市民信息，源源不断地汇聚

事件
城市通过智慧资源、智慧照明和智慧能源等项目中的传感器获取大量数据

万物互联

影响
智慧水资源技术每年可以节约 5800 万美元，智能停车技术每年可以增加 5000 万美元的收入，创造 4.7 万个就业岗位

图 7.2　巴塞罗那智慧城市效应

第二节　市场主导型智慧城市发展模式

市场主导型智慧城市，顾名思义，就是由企业独自负责项目的投资、建设、维护和运营的智慧城市运营模式。

一、市场主导型智慧城市发展模式概况介绍

相较于另外两种运营模式的实现来说，市场主导型智慧城市发展模式主要依赖于自下而上的力量。目前在国内尚未有大规模智慧城市发展案例，大多仅局限在智慧社区的建设和交通业务的实现上。此种发展模式以市场的资源配置功能作为基础，各个建设主体在市场竞争压力下，结合自身利益和城市公众的需求，不断追求技术上的革新，从而自发形成了利于创新的产业集群。

在市场主导型智慧城市发展模式中，参与建设的企业方认为政府在智慧城市发展过程中的作用是在项目进行可行性评估完成后，提出智慧城市实际建设过程当中重要的阶段性目标，而具体的建设内容和建设细节应完全交由市场来

完成。这一模式下，智慧城市应由政府规划引导，制定相关政策法规，规范建设标准，进行市场监管，营造出公平有序的市场环境。市场上的各参与主体对信息资源进行开发和利用，打造因地制宜、科学发展的智慧服务平台，营造出全员参与的良好的智慧城市发展氛围，提升智慧城市发展的整合能力。

二、市场主导型智慧城市发展模式优劣分析

全球智慧城市发展为科技巨头、电信运营商等企业提供了庞大的商业机会，也为投资机构及其创业公司带来了更多的回报渠道。无论是国外的 IBM、谷歌、微软，还是中国的腾讯、华为以及移动、联通等企业，均纷纷抢占智慧城市市场。由企业主导或独立投资运营的智慧城市发展模式，有利于减轻政府财政压力，激发市场活力和促进技术创新应用，但也要求企业自身要有雄厚的资金和强大的运营能力，具备成熟的、可持续的商业盈利模式。

市场主导型模式的优势在于政府无须承担投资风险，企业市场行为一般是比较活跃的，其相关的智慧城市发展建设所提供的产品和服务会比较贴近民众的需求，会及时响应民众需求并调整方向。但这一模式中建设基本是自下而上的，缺乏宏观的统筹规划，政府话语权弱。现在很多国家处于市场经济环境，这为市场主导型模式创造了基础条件，但一定要注意结合宏观调控，这样才能避免不同的建设主体采取不同标准，数据无法互联互通，导致不同的板块难以形成联动的局面。

采用市场主导型智慧城市发展模式，其优势是明显的：第一，对政府而言，由于不参与智慧城市发展过程中的投资和运营，因而无须承担智慧城市发展出现问题的风险；其二，由于市场上的企业和运营商拥有对智慧城市发展的主要话语权和收益权，因而创新热情高涨，可以充分地调动建设和运营的积极性；其三，在市场竞争的压力下，为了战胜同行业的竞争对手，企业会将现有人力资源、设施资源投入市场，充分调查了解城市公众的需求，努力提升服务的品质。

市场主导型智慧城市发展模式的劣势则在于，建设的过程是自下而上的，政府没有话语权，也就难以实现深入的监督和管理。另外，不同的建设主体可能采取的标准不同，导致只能实现部分功能的智能化，而不能形成整个城市的联动。

三、市场主导型智慧城市发展模式案例分析

2004 年，韩国浦项制铁集团和美国盖尔国际在韩国首都西侧 6 平方千米

的人造陆地（松岛）上共同出资 13.27 亿美元，计划从零开始建设一个各方面都满足世界级城市要求的智慧城市①。其建设理念是将松岛建设为具有先进的电动汽车充电系统、绿色公共空间、先进的国际学校、智慧中央垃圾处理系统和节能节水城市建筑的清洁城市②。在这个城市中将聚集国际机构总部、跨国企业、酒店、办公楼宇等，结合数字技术和可持续的城市管理手段，打造兼具生态友好和生活质量优越特征的智慧城市。其各项系统（包括安全监控系统）都由企业来运行管理，政府无须购买所有的公共服务。

2012 年，谷歌母公司 Alphabet 旗下的城市发展组织——人行道实验室，推出了"无线网络中心"，将传统的城市付费电话升级为技术先进且免费使用的接入点。该接入点具有视频通话、无线上网等功能。随后，在整个纽约城市安装了 7500 多个类似接入点，助力免费全城 WiFi 发展。2017 年，人行道实验室又与开发商 Waterfront Toronto 联合，先期投资约 5000 万美元，在多伦多滨水区打造 Quayside 高科技社区，将此作为新兴技术、材料以及应对新挑战的试验平台，测试智慧城市技术，在加拿大其他城市乃至全球复制。

另外，特斯拉打造的 Yarra Bend 社区位于澳大利亚墨尔本的城郊，是世界首个"特斯拉城"。"特斯拉城"的建设主题是绿色、环保，目标是成为澳洲永续发展的社区。特斯拉利用其在储能等可持续技术方面的优势，将社区内每户房屋都安装上太阳能电池和自身研发的 Powerwall 家用电池储能系统，并在社区内配备了汽车充电桩，而太阳能板生产的电力就可以满足用户私家电动汽车的充电需求。据推测，该项目建成后，将减少 80% 的垃圾处理量、43% 的用水量，能源使用率也会降低 34% 左右。同时，Powerwall 家用电池储能系统与太阳能板结合使用的模式，不仅促进了再生资源的有效利用，也大幅降低了住户的用电量。

此外，德国柏林的智能交通系统中的摄像头管理部分也是由一家私人企业负责的，而不是由政府管理整个交通系统。

第三节　政企合作型智慧城市发展模式

政企合作型智慧城市发展模式就是在智慧城市发展时充分发挥政府和市场

---

① 吴标兵，林承亮. 智慧城市的开放式治理创新模式：欧盟和韩国的实践及启示 [J]. 中国软科学，2016（5）：55-66.

② 王丽颖，姬晴晴，张缘舒. 智慧城市·智慧生活——解读韩国智慧城市建设 [J]. 智能建筑与智慧城市，2016（2）：39-44.

的作用，二者协同推进的建设模式。这一模式通常也被称为混合型智慧城市发展模式。

一、政企合作型智慧城市发展模式概况介绍

在建设过程中，政府在政策层面发挥推动者和主导者的作用，通过政策支持来推进城市信息化基础设施的完善，如政府投资建设政务系统等；在重点项目的建设过程中，则充分利用市场的作用推动建设要素向城市集聚和流动，实现自上而下和自下而上两种推行模式的有机结合。通过模式创新，遵循大集成的思想，区分出政府运营类项目和企业运营类项目，让企业在顶层规划时就完成商业模式的设计，提供从规划、组织到建设、运营的全套服务，从而大大提高市场在智慧城市发展中的参与度。对于市场主导参与的项目，政府只需要购买服务，而不需要真正地去投资建设。

建设智慧城市不是政府单方面的工作，而是一项需要多方共同参与的项目。政府在宏观调控方面具有明显的优势，但缺乏进行智慧城市构建的人力与技术支撑，同样，市场中的企业即便有智慧城市相关的技术解决方案，但如果没有政府的配合和适当的商业模式也难以获得成功。从长远的角度分析，投资方、建设方和运营方通过在智慧城市发展上的合作，可以构成一个共赢体。

2013年，中国国家开发银行与住建部签约，为住建部提供800亿元人民币的投资额度。但是，无论是哪一投资方投资建设智慧城市，都需要事先衡量商业模式是否构成闭环，能否获得回报。因而，智慧城市的建设不能完全依赖于贷款，单纯依靠投资难以推动城市产业的发展。建设智慧城市，还需要探索可持续的商业合作模式。

目前，政企合作型智慧城市发展的资金来源主要为PPP融资模式，PPP模式就是政府与私人组织之间，为了建设城市基础设施项目或提供公共物品和服务，通过签署协议明确双方权利义务，形成一种伙伴形式的合作关系。PPP融资模式作为当下最为普遍使用的一种融资模式，由政府和组织合作投资，共同进行智慧城市的建设。该投资模式以"共赢"为合作理念。在吸取国内外智慧城市发展经验教训的基础上，中国政府开始认识到PPP模式的重要性，并为这一模式的顺利应用提供了一定的政策和法律支持。

智慧城市发展过程中政府与企业的合作新模式，不仅意味着公共服务水平的提升和技术优势的结合，也带来了商业模式创新的可能性。只有在数据可以被有效地收集管理，生产实时的数据流时，城市才能真正称作是"职场"。通过展现和统筹此类实时数据，可以获得更多以业务为导向的收益。

二、政企合作型智慧城市发展模式优劣分析

政企合作型目前比较典型的方式就是 PPP 模式，一是解决资金来源，二是可以让实施单位为长期运营负责。目前该模式已经被政企合作型的智慧城市发展模式广泛应用，因此在进行优劣分析时将 PPP 模式纳入考虑范围。可以看出，政企合作型由于整合了政府和企业资源，且优势互补，使得智慧城市发展建设的效率更高，服务更好。但如果分工不明确或者存在一定的歧义，则会导致出现问题时责任界定不清，或有收益时分配规则含糊，所以，前期工作要谨慎细致，力求将关键问题都梳理清楚。目前市场上已经进行的 PPP 项目真正落地开工的并不多，这也是值得我们思考的。但无论怎样，结合政府与市场两种力量的作用，是可以发挥最大效用的。

通过优劣分析可以看出，以 PPP 为代表的政企合作型智慧城市发展模式具有如下明显优势：第一，PPP 融投资模式通过利用社会资本参与智慧城市发展，可有效地为政府减轻庞大的债务压力、盘活回收大量政府存量资产；第二，政府和企业共同参与规划设计，提高了投资的效率和服务质量，可以更好地满足城市公众的需求；第三，解决了资金需求的巨大缺口，政府不再是单纯的投资者，同时也是服务购买者。

政企合作型发展模式也存在一定缺点，包括：第一，在智慧城市具体的构建过程中，合作双方容易产生很多矛盾，必须在合作初期就未雨绸缪，如在获得收益时按照何种比例进行分配、出现问题时是归责于政府还是企业等；第二，在智慧城市发展的实际操作过程中，权责分配不合理也是一个重要的矛盾点，政府方对 PPP 模式认识不到位，操作过程中经常做出脱离实际的允诺，承担风险过高，且企业的参与积极性低；第三，PPP 项目推进规模扩张过快，社会资本参与公共产品建设的经验相对不足，签约和开工率都偏低。

三、政企合作型智慧城市发展模式案例分析

总体上看，PPP 的融资模式纵然会引起政企合作盈利划分、权责分配不合理等问题，然而其带来的效益也不容小觑。PPP 模式已成为当下国内外智慧城市发展资金来源的重要方式。美国政府与 IBM 就迪比克市合作开展的"智慧可持续型城市"（SSD）项目，通过应用传感器、软件、互联网等智能设备对城市的所有资源进行链接、侦测、分析、整合各种数据，智能化地快速响应故障和超负荷运行，优化资源，减少运营成本。该项目在城市规划管理、基础设施建设、民众生活服务三个方面展开了智慧城市的体系构建。

　　迪比克市的市政环卫部门，通过应用传感技术对垃圾分类、回收和处理数据进行了监测，结合 IBM 提供的管理平台对各类垃圾处置数据进行了可视化分析，并将结论公开反馈给城市公众，对其提供指导（图 7.3）。此外，对于传感器技术的回报率也进行了分析，以指导市政部门的采购计划，提升垃圾处理的效能。迪比克将水电计量器全面安装到户、到店，以防止水电泄漏造成的浪费，同时，搭建综合监测平台，利用地理信息和大数据系统从宏观层面上分析整个城市的用水、泄漏、泄漏修复进度及可持续碳足迹等情况，指导政府水电政策的调整优化，实现了 15 周内家庭用水量下降 6.6%、漏水检测率提高 8 倍、家庭用电量减少 11% 的成效。

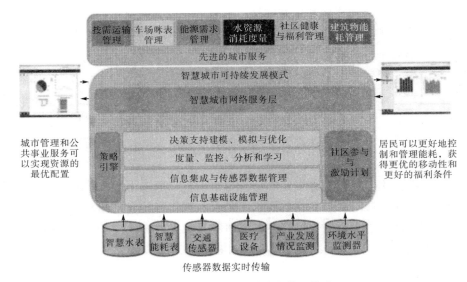

图 7.3　迪比克市智慧城市体系构建

　　总之，迪比克市作为美国政企合作智慧城市发展的先驱者和典型代表，由于 SSD 项目的投入建设，成功地降低了城市的能耗与成本，减少了碳排放，提升了环境质量，给城市的安全和城市公众的健康问题都带来了一系列积极的影响。

　　中国贵州省聚焦大数据产业方向，建成了中国第一个以云计算技术为基础的数据共享平台，"云上贵州，数谷贵阳"已经成了贵州省的标签，获得了中国最佳管理实践智慧城市的荣誉称号。然而，贵州省政府认为智慧城市不仅于此，如何深入挖掘公共服务数据，充分发挥"大数据改善民生"的作用，是贵州智慧城市发展的目标和方向。"大数据改善民生"这一理念与"以人为本"的智慧城市发展理念不谋而合，当地企业在大数据、云计算等领域有雄厚的技术实力，在智慧城市发展领域有丰富的经验等因素进一步促进了贵阳市政府和当地企业的战略合作。在这样的一场战略性合作中，贵州省企业计划总投资100亿元，通过自有资金投入与贵阳市政府的 PPP 融资模式，在政府引导、市场主导下展开具体合作，结合政府、产业和民生三方面的需求，设计建设基础设施、智慧产业、智慧应用领域，并打造安全保障、技术支撑体系，发布政策保障机制，广泛了解基层群众意见，通过大数据技术加以分析，打破资源供需不平衡的局面，更好地为民生工程服务。

2015 年，辽宁省本溪市接入微信"城市服务"功能，成为中国东北地区的第一座微信智慧城市，并获得了包括中欧绿色和智慧城市奖、微信城市服务最佳实践奖等一系列奖项和荣誉称号。本溪市政府与神州数码集团合作，通过 PPP 的融资模式，利用现代信息技术和政府资源整合能力，成功完成了健康医疗、社会安全、教育培训、招生就业领域的智能化改造，并于 2016 年底前发放集金融、健康、图书借阅、交通等功能为一体的市民卡 100 万张，取得了惠民惠企惠政的良好成效[①]。本溪市在坚持以人为本、特色突出、量力而行原则的基础上，以市长为领导小组组长，由副市长分管智慧城市发展工作，与企业合作，"借脑而行"，迅速提升了当地的智慧城市发展技术队伍能力，实现了顶层设计上的统一领导、统一协调、统一审批。

智慧城市未来路径怎么走，既取决于市场，也取决于地方政府设计智慧城市的目标是否能应对社会变化的需求，是否和现代科技紧密相连，是否可以引领各方主体面向需求和问题进行更好的研究。如果政府认清了这些目标，那么智慧城市发展速度会更快，各方主体也能更迅速地获得收益。

第四节　与典型模式相匹配的体制机制保障

智慧城市发展的体制是指在智慧城市发展中的相关组织的机构设置、管理权限划分及其相应关系的制度，包括组织、程序、管理和伦理的体制。组织体制是处理问题的人的相互关系，即组成及结构；程序体制是解决问题的流程；而管理体制则是指导如何完成任务并形成制度，对于违法与违规行为进行惩处；伦理是智慧城市人行事的准则。机制是在体制内以一定的运作方式把城市事务的各个部分联系起来，使之协调运行。机制的功能有调动积极性，保证管理活动有序化、规范化等。核心内容包括两大机制：发展机制和约束机制。发

---

① 高新民，郭为. 中国智慧城市建设——指南及优秀实践 [M]. 北京：电子工业出版社，2016.

展机制包括创新机制、竞争激励机制、人才培育机制、资金投入机制等。发展机制使城市的运行不断增添活力，推进经济与社会信息化的深入广泛应用。约束机制则包括民主决策机制、监督机制、制约机制和风险预警机制等。智慧城市发展需要通过约束机制，随时对智慧城市运行中发生的问题进行监督管理，制约侵犯公共利益的行为，防止出现重大风险。

一、发展模式体制机制的特征

智慧城市发展典型模式有相应的体制，即相关的机构设置、如何划分管理权限及其制定相应关系的制度。某一模式确立后，相应组织、相关程序、管理流程和人力行政管理体制就必须完善。之后，就会有与之相匹配的基于该模式的智慧城市发展的运行机制产生，也就是形成一套运作方式，把各种事务的各个部分联系起来，使其都能协调运行，并能起到相应的行政、指导、服务和监督的职能。好的机制有助于调动管理活动主体积极性。

政府主导型：由于政府在智慧城市发展中起主导作用，其在编制方案的过程中会更多地反映政府的执政诉求，即通过智慧城市的建设能实现城市治理健康有序发展、社会居民均等幸福的服务及产业快速发展的目标。政府会注重基础设施和数据的开发和利用，会有相对长久的眼光和高度。由于资金来源基本是财政拨款，所以智慧城市相关项目规划建设和日常组织实施将会以政府为主导，相关的机构设置和权限划分也将会由政府的委办局之间统筹协调。这种体制多半会存在缺乏活力甚至出现责权利不清楚的情况，这就要求政府在主导智慧城市发展时设立领导小组和统筹扎口的组织，能有权利在规划、预算、招标、谈判等环节设定相应的程序，最关键的是要形成长效的管理，更多地从运营角度出发来考虑智慧城市的发展建设。政府主导型过于追求稳健并受制于预算，其相应的约束机制会多于发展机制，使得发展速度过慢。

市场主导型：智慧城市发展由企业负责规划、建设和运营，尤其资金也自行筹措。该模式下会出现灵活快速的反应和市场活力，但其基本也会从企业的利益出发，严格计算企业投入产出比，会从投资短、见效快的项目着手，多上运营类项目。其代表的核心观点会以企业为主，会更多制定一些贴近市场的制度和政策。这种类型的体制架构会以企业运营为主体搭建，通常会以企业组织和运作程序为主，其主要问题是缺乏大局观和统筹性，其相应的体制结构也是保障市场主导投资商更有效收回投资和获取回报。该类型需要想办法获取更多的政府支持，争取更好的制度与其相匹配，当然也需要从大局出发，站在更高的层面实现整个智慧城市发展的目标。整体机制设置会比较灵活，且会以发展机制为主。

政企合作型：智慧城市发展新模式，兼顾了政府和企业的诉求，也发挥了政府和企业的优势和特点。在发展过程中，政策层面由政府发挥推动者和主导者的作用，项目的建设过程中则要充分利用市场的作用推动建设要素向城市集聚和流动。政府具有一定的全面性，可以站在一定的高度上统筹智慧城市发展规划，同时在资金的使用上更加趋于合理，城市级基础设施等方面的投入可以政府为主导，市场化运营程度高的项目可以采用市场为主导。二者结合所产生的组织机构设置和权限划分将双方的诉求和优势点通盘考虑，形成最优配置，同时根据各方的体制状况，设置出一个融合的体制结构，更高效地发挥合作模式的优势。该模式匹配的相应机制比较均衡，会兼顾发展和约束两个机制。

二、创新机制体制的重要举措

智慧城市发展的典型模式反映了体制机制的保障。基于智慧城市以信息为导向的特点，并伴随着智慧城市发展进程逐步深入，不同模式的主导方需要具备与此相适应的不断适应市场信息变化的能力，并不断创新体制机制与之相适应，提高决策质量，减少资源浪费。

智慧城市发展广泛运用现代信息技术与方法，使得公共管理组织扁平化，信息可以在横向上实现共享而及时处理相关事务，迅速响应公众的需要。无论哪种模式都可以考虑创新，并着重考虑如下重要举措：第一，以服务为导向，转变政府职能。智慧城市发展中的政府职能体现在公共事务管理领域，应在社会与经济发展的总体方向上，承担领导与指导责任；在社会与经济秩序上，公正执法；在行政审批事务上，以为企业与市民服务为基本职能。第二，发挥企业的作用。在智慧城市发展中，政府、企业与市民是基本参与角色，他们的权能与职能各不相同。随着改革深入开展，政府对于市场与行业的管理权能在逐步转移。在智慧城市发展建设中，大量的建设与运行事务并非政府的责任，而应充分发挥企业的力量，当然这里也需要政府统筹协调，避免垄断的出现。第三，加大公众与媒体对公共管理行为的监督力度。加强公众与新闻媒体对政府、市场、企业等多种行为的监督，不仅有助于社会的进步与和谐发展，还能减少政府的工作量，提高智慧城市公共管理者自我约束及市场监督的能力。第四，建立公共事务管理的新模式，把由政府承担的部分公共事务移交出去，逐步实现公共事务管理社会化。智慧城市发展的智慧信息系统，除电子政务、军事、警务及城市应急指挥等公共事务外，大量的都是由行业、企业与市民运行操作的业务，无论是资金投入、标准制定、行业内外协调，其主体都可以发生变化。无论哪种典型模式，智慧城市发展都需要推动政府以外的力量积极参与，争取产品和服务的优质与多样性，凭自身优势与各方合作，进行项目的技术研究和开发，在不影响服务质量和公众接受的原则下，可以给予企业或个人一定的商业机会和商业利益，并实现共享。

总之，智慧城市发展体制机制的构建是庞大而复杂的系统工程，需要政府、企业、市民等各方共同参与和努力，对各项体制和制度进行改革与完善，在不同层次、不同方面互相呼应、相互补充，整合力量，起到支撑保障的作用。

三、发展模式的运行保障要点

相适应的体制机制是保障智慧城市发展典型模式最重要的一环。智慧城市发展的模式确立后，需要有与其相适应的机制体制以保障该模式的正常推进。如建立相应的运作组织，设定职责，制定运作流程，建立有效的发展机制和约束机制，有效的激励机制就是其中之一。除此之外，还有两点是任何一种模式都需要的保障要点。

其一，有保障的资金来源。智慧城市建设是一项庞大繁杂的系统工程，特点是涉及面广、时间跨度长、投入资源大、科技含量高。智慧城市建设伊始，资金来源和模式问题就被不断讨论，如何长久运营是另一个重点。当前已有的各国的智慧城市建设经验显示，智慧城市的商业模式主要有两种，一种为政府拥有城市中大部分甚至全部的所有权，另一种为由运营商、投资者联合运营的模式。前者由政府提供全部的公共服务，智慧城市建设的效率更高，但完全由政府买单往往会导致社会公民税收比例的提升，并且在运营维护方面需要大量的人才投入，将导致政府规模的急剧膨胀。由运营商或第三方独立投资来联合建设有助于充分发挥市场的价值，吸收多样化资金，但存在精力分散、难以投资基础设施建设的问题。如何综合考虑智慧城市的特点，合理选择建设者、运营方，并提出合理的效益与分配方案成为建设智慧城市之初必须加以考虑的问题。所以，如何从规划开始就设计投入方式，在政府一次性财政投资、政府购买服务、PPP模式（政府和社会资本合作）、政府开放资源民间投入资本、合资公司等方案中进行选择；在模式建立之前，做好资金规划，在模式建立之后，统筹安排资金，使智慧城市发展建设按照计划推进执行。总之，资金是保障智慧城市发展的重要血液，一方面需要保证政府的预算不被挪用，另一方面也要合理利用社会资本。当然，最重要的是在智慧城市建设的基础上形成可以持续的运营收入，从而反哺智慧城市的新一轮迭代。

其二，稳定的核心队伍。智慧城市发展模式确定后，最关键的是团队的建设。这支团队不仅需要适应相应的模式，还要有良好的职业素养和跨界的融合能力，以及最关键的团队稳定性。确保团队稳定性能基本确保该智慧城市发展的可持续性，这也是建立发展模式下最重要的一个保障措施。所以，建立一支稳定高效的智慧城市建设和运营团队将是智慧城市能否持续发展的重要影响因素。除了运行团队的稳定性外，我们更要确保大团队的持续使用，也就是要动员整个产业链上的成员共同、持续地参与。

总之，智慧城市发展规划建设才刚刚开始，真正的目标是如何让智慧城市持续运营下去。所以，保障智慧城市的可持续建设、持续运营才是智慧城市发展运行机制中最重要的部分。

第五节　本章小结

本章从"技术-主体-模式"TMM 中 M 模式的分析入手，阐述了其作为体制机制的支撑所起到的作用。从建设主导者角度划分，可以将智慧城市发展模式分为政府主导型、企业主导型和政企合作型三种。智慧城市发展模式的确定需要综合考虑多方面因素，三种模式各具特点，适用于不同情况。本章分别对这三种类型的基本概况、优劣分析进行了阐述，并结合国内外一些实践案例，分析了不同模式下智慧城市的运营情况。不同智慧城市的发展，可以根据项目特点、城市基础、企业和民众参与度等实际情况，选择合适的发展模式。本章还阐述了智慧城市发展中不同发展模式体制机制的特征、机制体制创新的重要举措；最后，阐述了智慧城市发展运行保障的三个要点，即确定与之相匹配的体制机制、有保障的资金来源和稳定的核心团队。

第八章 基于 TMM 分析框架不同类型智慧城市的分类实现

智慧城市的建设一定要结合城市特色，依据城市经济结构、发展战略的不同而选择不同的建设模式和侧重点。同时，由于智慧城市发展和运营具有长期性和复杂性的特征，为保证智慧城市建设有序、平稳地开展，需要根据城市特点，结合"技术－主体－模式"TMM 基本分析框架设计不同城市的实现路径。

第一节 分类实现的依据和重要意义

一、分类实现的依据

根据不同的划分指标，可以将城市区分为不同的类别，例如：按照城区的人口数量，可以把城市区分为微型城市、小城市、中等城市、大城市、特大城市、巨型城市和超级城市；按照城市的影响力，可以把城市区分为世界城市、国际化城市、国际性城市、区域中心城市和地方中心城市；按照行政等级，可以把城市区分为直辖市、地级市和县级市。

考虑到智慧城市出现的根本原因在于城市的发展以 GDP 为中心转向以人民为中心，从高速增长转向高质量发展，因而本书按照主导产业类型、经济发展阶段和城市规模几个维度对城市进行分类，并分别考虑不同类型城市在建设智慧城市项目时的实现路径。本书将从三个维度对城市进行研究：一是根据城市主导产业类型分为以第一产业主导、第二产业主导和第三产业主导的城市；二是根据城市经济发展阶段分为发达城市、发展中城市和欠发达城市；三是以人口为依据的城市规模分类，即大型城市、中型城市和小型城市（表 8.1）。

表 8.1 城市分类维度及类别

产业类型	经济发展阶段	城市规模
第一产业为主	发达城市	大型城市

产业类型	经济发展阶段	城市规模
第二产业为主	发展中城市	中型城市
第三产业为主	欠发达城市	小型城市

二、分类实现的意义

世界上没有完全相同的两片树叶，所有的城市也都存在着自己的特点和与众不同之处，为了确保智慧城市的建设质量，不能将同一套建设方案套用在不同的城市上。但是，根据城市的主导产业、所处经济发展阶段、人口规模等，可以将城市区分为几个主要的类别。属于同一类别的城市具有较多的共性，可以合并考虑。

在智慧城市发展过程中采取分类实现的方法，有助于吸取属于同一类别的城市建设经验教训，提高自身建设的质量和效率。同时，地方政府也可以做到在建设路径选取上的因地制宜，更好地使建设方案匹配城市自身的特点。分类实现的意义可以概括为以下几点：

第一，按照产业、经济发展阶段和城市规模对城市本身进行分类，处于同一象限的城市之间具有较多的共同性，而分属不同类别的城市之间可比性则相对较弱。这样，地方政府在智慧城市发展中若采取标杆管理的方式，可以更好把握建设目标，防止脱离城市实际的盲目跟风。

第二，在对城市分类的过程中，智慧城市的主体可以更加清晰地掌握所在城市的整体发展状况，更加客观地根据城市发展方向进行选择，避免受到细节因素的影响。

第三，智慧城市发展的分类实现，对于打造面向公众、企业和政府的三个主要城市服务对象的融合跨界服务体系具有积极的推动作用。城市所属的分类不同，城市中的物质条件差异巨大，政府在进行城市治理时面临的问题、企业投入的方向和公众的基本诉求等也会存在明显的差别。例如，中国的北上广深几个城市，经济发展状况良好，人才储量巨大，文化资源丰富，但交通拥堵、雾霾等环境污染问题突出，因此在智慧城市发展过程中需要重点考虑绿色环保和智慧交通领域的项目。而在辽宁省本溪市，城市规模较小，环境和交通压力较小，在人口方面更多面临的是人才流失问题，而非经济发达城市普遍存在的就业问题，在建设智慧城市时亟待解决的问题也与经济发达城市明显不同。因此，通过划分城市的类别，可以根据城市发展的客观实际来剖析智慧城市发展三个主体的诉求，从而提供效能更高的融合跨界服务体系。

第二节　以产业类型分类的智慧城市发展实现

从一般意义来讲，产业指国民经济的各行各业。其涵盖了各环节，包括生产、流通、服务等。每个城市发展都依托其一个或多个主导产业。本节首先按照第一、二、三产业进行分类，并在每种产业中选择具有代表性产业特性的城市制定实施路径。

从表 8.2 中我们可以看出根据产业结构对三个产业的划分，其中第一产业为农业，包括种植业、林业、畜牧业和渔业，核心特点是产品来自自然界。第二产业是工业和建筑业，其核心特点是对初级产品进行再加二。第三产业广义上是除第一和第二产业以外的其他行业，主要是流通和服务部门，还包括文体福利和党政机关，其主要特点是产品附加值的增加和服务复杂化①。以上述分类为基础，我们来分析智慧城市发展的重点关注领域和案例分析。

表 8.2　产业结构分类简表

产业结构	具体产业	关注的重点领域
第一产业	农业（包括种植业、林业、畜牧业和渔业）	智慧乡村、基本服务、"三农"
第二产业	工业（包括采掘业，制造业，电力、煤气、水的生产和供应业）、建筑业	制造业供应链管理、产品设备监控管理、泛在制造信息处理技术、人机交互技术、工业过程建模等
第三产业	流通部门、服务部门、文体福利、党政机关	智慧旅游、智能交通系统、智能就业服务等

城市的发展催生了工业革命，工业革命反过来创造了人类聚集的可能性。一方面工业革命提高了农业生产效率，释放了大量的农村劳动力；另一方面，工业革命提供了大量的就业机会，提高了对劳动力的需求，推动了人口的转移并改善了人们的生活，满足了人类追求舒适、幸福、自由、交流的需求。可以说，工业文明带来了城市的进步，工业化进程催生了城市跨越式发展。以下分析，我们将首先从第二产业和第三产业主导的智慧城市发展实现入手，之后再分析以产业主导的智慧乡镇。

---

① 陆文娟，王东博. 经济新常态下我国产业结构与社会投资动态调整策略［J］. 改革与战略. 2018（1）：87－89，93.

一、第二产业主导的智慧城市发展实现

第二产业指有形物质财富的生产部门，以第二产业为主导的城市中尤以工业型、资源型城市为典型。这类城市在建设智慧城市时应特别关注以下几点：

第一，注重工业用地的合理布局。根据城市经济学理论，对土地的价值具有至关重要影响的因素是土地的位置。对于主导产业是工业的城市，由于工厂本身对周围环境具有负外部性，因而可能会给周边土地的价格带来负面的影响。在智慧城市的建设过程中必须将工业城市的空间布局纳入优先规划的事项中，综合考虑主要风向、水源、物流运输便利性和职工通勤等因素，确保居民区的环境不会受到工厂排放的影响，在不造成土地价格大幅波动的前提下，妥善安排工业区、居民区、商业中心等主要功能区的空间结构。

第二，注重交通运输的便利。以第二产业为主导的工业城市的主要经济来源依赖于制造业、生产加工业的贡献，而无论是制造业还是生产加工行业，都涉及上游的采购和下游的销售。只有交通运输条件便利了，才能及时地将生产原料运输到场地，将生产的最终产品运输到下一加工环节或市场中。在智慧城市发展过程中要充分利用大数据平台、云计算手段，使工业区与交通运输枢纽之间保持有机的联系。另外，由于工业产品的消耗存在季节性和波动性，需要做好库存储备，因而以第二产业为主导的城市还需要有足够的仓库用地。

第三，注重环境保护的监测评估。工业城市要特别重视环境保护，充分利用物联网、云计算手段。一方面，工厂和生产加工企业本身应当提前对废水、废气和固体废弃物排放进行处置，减少直接排放到空气和露天环境中的有害物质数量，建设智慧城市在空间规划环节可以在工业区和公众区之间设置卫生防护地带等。另一方面，可以在污染物的排放口设置传感器，动态监测排放的污染物是否达标，同时避免环境污染事件的发生。

第四，注重产业结构的调整效果。制造业与互联网的融合是现阶段工业城市尤其是老工业基地，避免落入"低增长陷阱"，促进企业技术创新、产品升级和城市产业结构调整的重要举措。面对发达国家制造业回流、全球产业结构深度调整、中国低生产成本优势减弱等形势，"中国制造"向"中国智造"转型已成为必然趋势。推进制造业信息化，加强信息技术在工业设计、生产控制、供应链管理、产业融合等领域的广泛应用，对工业城市深化结构性改革、促进升级传统企业、培育新兴产业、引领城市转型发展具有重要意义。

中国福建省龙岩市是以第二产业为主导的资源型城市的典型代表。龙岩市矿物资源丰富，居于全国前列，而它在建设智慧城市时就重点考虑了资源可持

续开采以及三次产业协调发展的问题，主要采取了两种措施：首先，加强环境保护力度。资源型城市由于早期的粗放型经济体制，往往面临着环境质量不佳的问题，所以在智慧城市发展时首先要强化对环境的保护，破除城市病，保障能源和资源的供给，确保经济的健康发展。其次，加强信息化、智能化监管措施。对于资源型城市，要想破除"富饶的贫困"悖论，获得持续性发展，就需要在开采资源的同时做好监控和调度，力求做到取之有度、用之不竭。

中国山东省淄博市是典型的老工业城市，产业附加值低、传统工业竞争优势降低等是城市发展面临的首要问题。为此，淄博市积极利用新技术推动新旧动能转换，在以工业互联网促进城市转型发展方面主要做法有：建设数字车间、推动"机器换人"、鼓励个性化定制生产，在生产层面提高加工精度、制造效率、产品质量和附加值；加快互联网设备和技术的普及，积极寻求芯片、传感器等领域的技术突破，与清华大学合作打造微机电系统（MEMS）产业基地；同时，积极搭建电商平台，集聚金融、咨询、法律、技术、供销商等各类企业，打通从生产到消费以及期间相关配套服务的信息互通渠道；基于工业互联网大数据应用，为齐鲁股权交易中心、中试基地等企业和科研机构搭建平台，加速实体经济融资和科技成果转化。除经济领域外，淄博市也加强社会、法治、生态、党建等各领域的智慧应用。例如，开通了网上办事大厅、微信公众服务平台、移动办公 App，在潘庄社区推行"智能卡云平台系统"，利用"智能卡"实现"以房管人"智能化等。

二、第三产业带动的智慧城市发展实现

第三产业中包含的行业范围更广，涉及的领域更加复杂。根据国家统计局对三次产业划分的意见，中国的第三产业主要包括四个层次：流通部门，为生产和生活服务的部门，为提高居民素质和科技水平服务的部门，社会团体、党政机关等。虽然第三产业的门类众多，但总体上讲第三产业生产的商品都是服务。

中国为了完善社会主义经济体制，扩大内需和提升人民生活水平，正在着力发展第三产业。中国贵州省的省会城市贵阳市就是以第三产业为支柱产业的代表城市。贵阳市旅游业和消费品零售业在经济发展中占很大比重，因而贵阳市在建设智慧城市时重点关注了这些方面，利用云计算、大数据，特别是将大数据技术运用在第三产业上，提高了城市的智慧程度。

以第三产业带动的城市在实现智慧城市的建设中应关注以下几点：

首先，积极扩大就业机会，提高对落后地区的支持。第三产业的快速发展是现代经济的典型特征，对于扩大内需、增加就业机会具有积极的影响。在以

第三产业为主导的城市建设智慧城市的过程中，可以通过打造公开的信息服务平台，增强对周边地区的辐射力量，提高对相对落后区域的支持力度。

其次，加快完善就业与失业统计，利用信息化统计手段加强统计。第三产业相对于第一产业和第二产业，人员的流动性更大，统计更加困难。因而，在以第三产业为主导的城市建设智慧城市的过程中，应当强化对就业人口、失业人员数量以及岗位空缺的统计，避免因信息不对称造成的企业"招不到人"，人员"入不了职"。

再次，开拓国际贸易服务，参与国际贸易业务，参与国际经济分工。通过泛在网络系统的搭建，可以促进以第三产业为主导的城市更多地参与到国际贸易中。在增加城市经济来源的同时，也增加了就业机会。

最后，打造智慧社区和智慧医疗体系，提升城市公众的生活质量。以第三产业为主导的城市往往可以吸引其他城市公众到此旅游或生活，因而有必要提升社区和医疗的智慧，以更好地服务于公众。

敦煌市是以智慧旅游引领的产业型智慧城市。智慧敦煌服务主体除了当地政府、企业、公众以外，还包括每年 800 万人次的游客，涉及景区建设、旅游营销、吃住行游购娱等旅游配套体系的线上、线下资源整合等。建设智慧城市后，2016 年，敦煌市游客接待量超过 800 万人次，同比增长达到 21%；旅游总收入突破 78 亿元，同比增长约 23%。敦煌模式的最大特点是根据自身特色，找准主攻方向并以此为支点，以点带面从而撬动整座城市。敦煌智慧城市发展体系包括"一个中心、九大板块"。由公共基础网络、地理信息系统、公共信息平台等构成的飞天云数据中心，承载了旅游、文化、政务、规划管理、建设管理、交通、生态、社会服务、家庭 9 大智慧应用板块。其中，智慧旅游方面，敦煌打造了"数字景区""线上敦煌"，先后与甘、陕、青、宁、蒙、新六省（自治区）150 多家景点景区达成合作，并在 50 多家景区部署了智慧化建设平台，在 80 多家景区部署了智能验票系统，形成了文化、旅游与信息技术融合、线上营销与线下经营互动的智慧旅游模式。在此基础上，敦煌市依托云计算中心，将景区和政府各部门数据进行共享，协同城市治理，使其能快速响应并决策；基于智慧旅游基础设施，敦煌市还充分利用了广电资源，因地制宜以电视为载体，将智慧家庭服务、智慧教育服务以及智慧医疗服务送到千家万户，直接受益用户达 4.6 万，提升了公众幸福感。

三、第一产业为基础的智慧乡镇发展实现

目前依然存在以第一产业为基础产业的地区，即以传统农业为主要 GDP

构成部分的城镇及乡村。随着新型城镇化的快速发展，智慧城市发展方兴未艾，为提升以第一产业为基础的城镇、城乡的生产和生活水平，智慧乡村和智慧乡镇建设也开始兴起。

除基本的宽带网络、移动通信等信息化基础设施建设外，智慧乡镇建设的重点，首先应该是借助信息技术实现城市医疗、教育、文化等基本公共服务资源在乡村的共享，缩小城乡公共服务水平差距；其次是推动科技手段和信息技术在农业生产、管理、推广、销售等环节的应用，提高农产品质量和农业效益。另外，还有与精准扶贫、村务管理、新型农民职业培训等特殊需求相结合的建设服务。结合中国新农村建设、美丽乡村建设等实施规划，福建泉州 500 多个乡村建设了"世纪之村智能化服务平台"，提供"农业、农民、农村"三农信息服务，很好地提升了农村社会资源利用效率，拉动了农村消费市场。

北京市平谷区大兴庄镇西柏店村，是北京市"美丽智慧乡村"集成创新试点之一。围绕生产、生活、生态、社会服务开展建设，除了村容村貌等外在形象外，还建设了西柏店综合服务平台、设施大棚物联网智能监控系统、农产品溯源管理系统及数据采集终端 App 以及村内视频监控系统、微信推广与销售系统、农民使用技能定期培训等设施，将信息技术融入乡村的生产经营、管理、生活服务等领域，促产业发展，帮助农民增收。

第三节　以经济发展阶段分类的智慧城市发展实现

根据经济发展境况，中国各城市可分为欠发达城市、发展中城市和发达城市。智慧城市的建设必须基于城市本身处于何种经济发展阶段，因地制宜。

本研究中，根据国家公布的 2014—2016 年城市 GDP 排名前 100 名，将综合排名前 20 名的城市列为发达城市，21～50 名的城市列为发展中城市，51～100 名的城市列为欠发达城市（表 8.3）。

表 8.3　经济发展阶段分类简表

经济规模	经济发展阶段	关注的重点领域
GDP 综合排名前 20 名	发达城市	智慧能源、绿色环保、电子政务
GDP 综合排名 21～50 名	发展中城市	教育科研创新、人才引进、发展服务业
GDP 综合排名 51～100 名	欠发达城市	经济发展、信息化基础

一、发达城市的智慧城市发展实现

经济发达的城市已经具有较为完善的基础设施建设，政府资金较充裕，当地也有很多高科技、互联网企业关注智慧城市的建设。因此，经济发达的城市有更大的空间关注于绿色能源、环境保护和优化公共服务等方面，而对于吸引资本、建设基础设施的需求较弱。

对于经济发达城市，由于人口规模更大、历史沿革更丰富，往往比经济欠发达城市或发展中城市面临更多的"城市病"。因而，在打造智慧城市体系时，应当聚焦现存的城市问题，在智慧政府和智慧能源领域发力，维持城市的良好发展态势。

杭州是中国信息化、数字化建设的领先城市，在信息基础设施建设、数字化技术创新应用，尤其是智慧政务、智慧公共服务和智慧产业等领域取得了超越式发展。信息基础设施方面，中国移动与杭州市共同开展了医疗、教育、警务、环保、交通、智能制造、创新创业、云计算、虚拟和增强现实等领域的智慧应用示范项目；产业方面，依托智慧城市发展经验和产业生态资源，万向集团、大华技术、方大智控、海康威视等智慧产业龙头企业，在公共服务、城市运行管理、治理等多个领域开展试点应用，有效带动了智慧城市相关产业的发展；民生服务方面，目前杭州城市公众通过支付宝平台可以享受 60 多项政务和生活服务，覆盖了水电煤气缴纳、医院挂号、交通违章缴费、小客车摇号、社保查询等应用。

南京市主要以综合运营管理中心为枢纽促进业务协同。南京市智慧城市运营管理中心，整合了 28 个委办局的业务数据，融合了规划管理、政务管理、政务数据中心、应用支持和信息化基础设施等服务，集成了城市运行展示、政务服务、智慧民生、电子商务等应用，实现了对城市运行情况的动态监测、直观展示，尤其是在交通运行管理、社会网格服务、平安城市管理等智慧城市应用方面为城市管理者提供了决策支持。

二、发展中城市的智慧城市发展实现

介于发达城市和欠发达城市之间的是发展中城市，经济发展情况较好，基础设施较为完善，该类型的城市需要注重经济的可持续发展，还要注重第三产业投入的提升，促进服务业的发展。

发展中城市的政府投资应当逐步向教育、科研等无法立即作用于经济发展但对长期发展具有推动作用的行业倾斜，提高区域内的人员素质，打通学校与企业之间的通路，为技术的创新和应用奠定基础。所以，在智慧城市发展过程中，必须注意智慧教育体系的创设，支持科研工作，这是发展中城市可以蓬勃发展的基础。此外，还要注意不同行业发展的协调性，确保智慧教育的升级可以反哺智慧工业和第三产业的发展。

总而言之，发展中城市要注重教育、科研领域，对于服务业的发展所需要的资源和环境给予支持，逐步使污染少、效益高的服务业取代传统制造业，利用产业结构转型来使城市更加科学地发展。智慧城市的建设目标中很重要的一点就是保障经济发展，为经济转型服务。

芜湖市智慧城市发展以信息资源共享为重点，其中，智慧教育是其重要板块。作为全国教育信息化试点城市，芜湖市对接安徽省基础教育资源应用平台，建立了连通教研、教学、学习、管理等多个环节，覆盖市、县区和学校三级应用的智慧教育平台，同时与线下教育结合，形成了芜湖教育 O2O 模式。该平台已在全市的 140 多所学校推广应用，参与教师 8000 多名，有效转变了教师教学、教研和管理方式，并促进了城乡教育公平。

潍坊市是山东省第四大城市，全国城市经济排名第 33 位。潍坊市智慧城市的发展在提供高质量公众服务、实现可持续发展方面成就显著，主要措施有：成立智慧潍坊建设办公室，保证智慧城市发展工作执行到位；搭建"潍V"云服务平台，整合医疗、教育、交通、旅游、电商、政务等公共服务资源，通过手机 App 提供便民信息服务；结合"云支付"，实现出行、购物、就医、教育支付以及水、电、气、暖等生活缴费。在此基础上，潍坊市还采用合同能源管理的方式结合路灯改造，在市区照明设施上加载"V 热点"路由设备，建立无线城市网；同时，还启动了"物联潍坊"建设，成立了华为（潍坊）物联网应用创新中心，根据"一网、一平台、N 应用"总体架构，推广智能环保、智慧市政、车联网等应用，推广潍坊智慧城市发展的创新升级。

三、欠发达城市的智慧城市发展实现

相比于经济较为发达的城市，经济欠发达的城市信息化建设受到经济的限制，基础薄弱，各项资源较为缺乏，资金来源少，人才储备不足。因此，欠发达地区要更加关注基础设施的建设，注重经济的发展和人才的引进。

欠发达城市在发展智慧城市时，首先应当提升信息化的水平，确保城市中各部门的街道、乡镇统一定制，结合当地的发展实际和业务的拓展水平，由综合服务商统一提供应用软件，避免出现各地采用标准不一致的问题。开设由政府与智慧城市综合服务商成立的合资运维公司，政府工作人员只承担行政管理职能，由专业技术人员承担信息加工分析工作，构成政府和市场和谐共生的格局，保障智慧城市的服务质量。

此外，欠发达城市在建设智慧城市时还需要为发展自身经济做准备，比如加快道路建设与智能交通建设，完善物流体系，开展智慧商务，加强智慧办公。这些体系在发达城市已经较为完善，而欠发达城市中，政府需要借助企业的力量，为经济发展做准备。这些努力的成果也将直接反映在经济效益上。

阜阳市是安徽省下辖的一个农业大市。考虑到该市经济欠发达、人口多，阜阳市在智慧城市发展中的项目选择并非大而全，而是考虑到实用性和重点优先，更加注重民生服务，实施了"一卡通""一城通""一号通"等发展措施。其中，"一卡通"是在居民健康卡基础上，与银行合作，融入医疗、交通、旅游、小额缴费等基本生活服务，实现了县市级医疗资源共享、分级诊疗、财政补贴直接入卡等功能；"一城通"是通过信息化手段将城市中河流、路桥、管网等信息进行统一采集和集成，打破政府业务部门间的"信息孤岛"现象；"一号通"是借助"互联网＋政务服务"平台，居民通过输入身份证号即可按照办理流程进行自助服务，缓解了居民办事难的痛点问题。

贵州省的欠发达城市偏多。2017 年，贵州省联合东华云计算有限公司和腾讯云，建立了全国首个"互联网＋产业精准扶贫云"（简称"扶贫云"）平台，从省向下逐步延伸，真正帮扶到贫困户。通过对基础扶贫数据的挖掘和分析、帮助村民发展电商、帮扶创新创业、开设慈善窗口等方式，进一步发展旅游产业，以产业精准扶贫带动精准脱贫，探索"互联网＋"扶贫模式。"扶贫云"计划从铜仁市开始，以"点"带面，逐步实现全省乃至全国的"精准"扶贫。目前铜仁市已率先启动大生态旅游平台示范项目，构建生态旅游大数据模型，推动特色数字小镇建设，切实帮助铜仁贫困家庭实现脱贫致富。

第四节　以城市规模分类的智慧城市发展实现

建设智慧城市要重点关注的因素之一是人口。中国不同地区不同的人口规模导致各地城镇化的不同，不同地区决定了城市不同的承载量，所以智慧城市发展应根据不同的人口规模和地区规模进行分类实现。

根据《中小城市绿皮书》中对城市的划分，市区中的常住人口数量低于50 万的属于小城市，在 50 万到 100 万之间属于中等城市，在 100 万到 500 万之间属于大城市，在 500 万到 1000 万之间属于特大城市，常住人口数量在1000 万以上的则属于巨大城市。本文中特大城市和巨大城市也归集到大型城市中做统筹考虑（表 8.4）。

表 8.4　城市规模分类简表

城市规模	市区常住人口	关注的重点领域
小型城市	50 万以下	旅游、能源、医疗及智慧人才的建设等
中型城市	50 万～100 万	城镇品牌、公共服务、特色产业等
大型城市	100 万以上	交通和通信基础设施建设、环保建设及信息技术等

智慧城市服务的对象主要是"人"，不同的城市规模，智慧城市发展需关注的重点不同。

一、大型城市的智慧城市发展实现

在人口较多的城市，"城市病"比较严重，生态环境相对较差，智慧城市的建设重点应放在"城市病"的治理和生态环境的治理上。在技术上，随着人口的增加，与人相关的信息数据库的技术难度会随之增加，不仅要求储存量大，储存结构、不同机构信息库的流通等都需要随之优化更新；在建设的重点上也要优先于人的生活服务。大城市在建设智慧城市时的四个重点方向如下：第一，智慧交通方面，人口数量对应人口出行量大、交通流量大、公共交通需求量大，由此造成的问题有交通堵塞、停车区域分化、公共交通工具严重拥挤等问题；第二，通信技术方面，随着人口密度的增大，对通信技术和通信量的需求明显大于人口密度较低的区域，这些问题的出现也正是智慧城市发展中所要重点解决的；第三，智慧政务方面，人口数量增大伴随着对应的人口信息、政府信息、房屋信息量增大，随之政府面临的主要问题就是在进行基本公共服务配置时很难准确掌握各类信息，制定或实施相关政策较难适应所有群体，故在智慧政务的建设中，数据的完整性和流通性需要得到重视；第四，智慧环保方面，由于大城市人口较密集，生态环境较差，智慧城市建设中可持续发展的宗旨要求将大城市的智慧环保作为重点。对于大型城市建设来说，有关人的服务是建设重点，所以，所有建设首先要解决的就是人口引起的矛盾。

深圳市是全国唯——个信息社会指数超过 0.85 的城市，其在智慧城市方面的主要做法有：

一是持续发展信息技术产业，培育智慧城市龙头企业，推动智慧城市发展走向国际基础设施市场，在传感网、大数据分析以及人工智能、移动互联方面加大技术研发和推广应用，提升信息消费产品及服务供给能力。

二是创新模式，通过政府购买服务以及数据开放等方式，充分发挥各方的积极性，让企业优势资源参与到智慧城市发展进程中。例如，与华为、浪潮等企业合作，推动政务云集约化建设；与通信运营商合作，提高基于大数据的政务管理和服务水平；与中国电子科技集团合作，搭建智慧城市运营管理中心，提高城市治理水平；与腾讯等互联网公司合作，推动掌上办事和服务，创新服务模式。

三是整合资源，构建一体化的基础设施。例如，搭建了包括网络基础、政务云平台、共享平台和基础信息数据库的全市统一信息化支撑体系；统筹建设云计算基础设施，充分利用公共云计算服务资源，为各类企业开展相关业务提供支持；建立全市综合管网信息平台，推进市政基础设施数据集成。通过集约化建设，每年节约财政资金 2 亿元。

四是不断提升智慧城市的公众体验。例如，建立了覆盖全流程办理的审批服务网上办事大厅；构建了公共服务向基层延伸的线上线下一体化公共服务体系；在医疗、教育、政府服务等领域，提供了平等、高效、便利的城市公共信息服务。

五是创新管理模式，促进社会治理能力现代化。例如，建立覆盖全市的政务信息资源库和共享平台；建立全市统一的食品安全追溯和信用信息服务平台；构建"全景态势一张图"；向企业开放数据，通过数据挖掘、数据开放、数据互联共享，实现政府管理的透明化，促进政府简政放权；鼓励企业开展基于大数据的增值服务，形成社会共治的社会治理模式。

另外，深圳市还建立了等级保护安全测评、风险评估和考核的制度，搭建了覆盖全市范围的网络安全态势感知、预警监测等平台，以保障网络与信息安全。

二、中型城市的智慧城市发展实现

中型城市的规模处于大城市和小城市之间。一方面，中型城市同时具有大城市和小城市的部分特征；另一方面，其面临的问题较大型城市和小型城市来说并不突出。相对而言，中型城市和小型城市相比，其基础设施系统更加完善，信息网络和技术支持更为完善；和大型城市相比，中型城市当前表现出来的"城市病"问题并不突出，且社会和自然环境较为简单。因而，中型城市在建设智慧城市时应更多结合自身特点，打造城市特色，充分挖掘自身资源优势，加强优势建设。福建省龙岩市的城市规模属于中等，各方面经济发展相对平稳，在其智慧城市发展中，以优化公众服务水平和提高政府工作效率为重点。

同属于中等城市的江苏省常熟市，结合自身区位优势，在建设智慧城市时更加关注公众的幸福、发展的协调、经济的繁荣、人与自然的和谐，力图打造美丽常熟的城镇品牌。

湖北省宜昌市结合自身特点，在智慧城市发展之初就瞄准"信息孤岛"这一关键难题，注重统筹整合，坚持走"一体化"的智慧城市之路，用"大统一"的理念整合各部门现有的信息网络资源，建立了城市级云计算中心。在构建一体化智慧城市基础支撑体系的同时，宜昌市以智慧政务为抓手，建立了数据共享平台、政务服务平台，实行一号申请、一网通办、一窗受理、一单（公共服务清单）规范、一卡（公众卡）通用。社会治理方面，宜昌市建立了市县乡村（社区）四级的智慧网格全覆盖的社会治理体系。宜昌城乡无缝全覆盖11000 个网格，"社区 e 通"是网格管理员采集各种动态数据的随身工具。宜昌市已经实现了 28 个委办局数据的实时交换，再造了 34 个委办局的 351 项工作流，整体治理工作向扁平化迈进。为扩大信息惠民服务覆盖面，宜昌市依托统一的公共服务平台，实施了电话"一号通"、网上"一页通"、电视"一屏通"、手机"一点通"、社区"一站通"、公众"一卡通"等项目，建立了"互联网＋分级诊疗"模式，在农村搭建了涉及政务、学务、村务、商务等方面的电子平台。宜昌市 16 个部门的智慧应用水平处于全国领先水平，实现了智慧城市从 1.0 智慧政务到 2.0 智慧治理，再到 3.0 智慧民生的跨越。

三、小型城市的智慧城市发展实现

小城市和大城市相比，在很多方面都呈现出完全相反的特征。例如大城市中较为严重的交通拥堵问题、空气质量问题等，在小城市中往往不存在或影响很小；反过来，大城市完善的信息基础设施、教育和医疗条件，以及丰富的人才储备也是小城市所不具备的。因而，小城市在建设智慧城市时应聚焦于以下几个问题：第一，资源利用不完善。第二，优质人才或技术的缺乏。第三，医疗资源匮乏，缺少先进医疗工具和人才。所以，在医疗建设方面可以与先进医疗企业合作，进行智慧医疗建设，如远程会诊、临床决策系统等。

吉林省通化市在智慧城市发展中，以云数据中心、政务一张网、城市管理指挥中心、公众融合服务、智慧旅游、智慧教育等重点项目为突破口，取得了一定的成效。例如，国税局和地税局联合建设了税源管控、票流分析、税收共治大数据等系统平台和税务指挥中心，积极推动了国、地两级联合办税，形成了通化"智慧税务"征管模式；通化市还搭建了智慧养老服务平台，建立了 4

个养老机构、26 个社区服务网点，形成了养老＋社区服务、医养结合、居家养老、机构养老、候鸟式养老等多种养老模式，受益人群覆盖两区一县约 8 万人。

江西省鹰潭市实施了"互联网＋健康扶贫服务试点"，对接浙江大学附属邵逸夫医院、郑州大学附属医院、北京安定医院、人民卫生出版社等外部专家资源，搭建市级统一健康云平台，推进远程在线诊疗服务，提供在线问诊服务，以缓解城乡公众就医资源不平衡问题。

第五节　分类实现的 TMM 策略选择

智慧城市发展的分类实现中，本章分别从产业、经济发展阶段和城市规模的角度阐述了其分类的依据、设计建设中重点关注的内容以及相关案例分析。依据"技术－主体－模式"TMM 分析框架，在不同的城市分类下，也会有其偏重的策略选择。

一、以产业类型分类实现的 TMM 策略选择

上文中我们阐述了以产业特征为分类的城市基本特征，以及相应的智慧城市发展关注的重点领域和相应的特点，并用实际案例进行了分析。基于第一、二、三产业，我们将对 TMM 作如下分析和建议。

（一）技术 T 策略选择

以第二产业为主的城市，其产业基本的特征是工业化生产。以该产业为主的城市在智慧城市发展中核心技术策略上着重点如下：第一，发展云计算中心，在保障城市自给自足的基础上可以发展其产业；第二，建立信息资源服务平台，尤其要以行业为基础发展行业大数据；第三，发展鼓励智能制造，融合工业和信息化；第四，适度发展互联和物联网，形成产业＋物联网的形式，为产业发展服务。

以服务为主的第三产业聚集的城市，其智慧城市发展核心技术策略可以做如下考虑：第一，加快高速宽带的建设；第二，数据开放共享，促进产业发展；第三，大力发展移动互联网，扩大应用广度；第四，搭建网络安全平台，为数据的安全提供保障；第五，适度尝试区块链在一些服务中的应用。

以第一产业为主的城市，其产业基本特征就是产品来自自然界。基于该特性，在智慧城市、乡镇中核心技术策略上应从以下两点着手：第一，要注重基础设施的搭建和基础网络的覆盖，形成数据收集和传输的基础平台，形成适度

规模的网络覆盖，为特色产业发展奠定基础；第二，加强物联网的布局，寻找应用示范，让自然界直接获取的"物"能形成可查找、可追溯的信息网络，提高产品的质量信誉，增加产品附加值，打造信用空间。

（二）主体 M 实现策略选择

这三种产业分类中，从面向三种主体相应的业务来看，其需求具有一定的共性，这里我们来谈一下差异部分。针对第二产业聚集的城市，在智慧城市发展中面向主体的业务选择如下：第一，搭载城市级业务监控平台，如环境监测平台；第二，大力发展智慧交通和仓储物流业；第三，完善政府办事效率，整合税收、工商等一站式、一网式服务；第四，注重教育和医疗的均衡服务。

对于第三产业聚集的城市，其业务选择特点如下：第一，搭载公共人才培养教育和就业撮合平台；第二，搭载基于数据开放的创新创业平台；第三，打造智慧商圈，为第三产业服务；第四，在智慧旅游、智慧教育、智慧医疗等民生方面加大力度。

以第一产业为主的城市，其在智慧城市发展中面向主体的业务选择有如下特征：其一，可搭建产品溯源平台、物流平台和电商平台，提高产品附加值，缩短产业链，让"物"能走出去；其二，搭建"三农"信息服务平台，充分利用农业资源，让信息技术融入乡村的生产经营、管理、生活服务等领域，促产业发展，帮助农民增收。

（三）模式 M 实现策略选择

在模式选择策略上，第二和第三产业聚集的城市将会在不同的层面上有不同的模式，政府主导、企业主导及政企合作这三种模式可能都会存在。政府基本会发挥统筹规划和资源协调的作用，并在管理、运营、人才、政策等机制体制保障上面提出相应的要求。第一产业聚集的城市一般会以政府为主导来推动智慧城市发展建设。

二、以经济发展阶段分类实现的 TMM 策略选择

根据经济发展境况，各城市可分为欠发达城市、发展中城市和发达城市。而智慧城市的建设必须基于城市本身处于何种经济发展阶段，因地制宜。

（一）技术 T 策略选择

发达城市在智慧城市发展中技术策略选择的着力点如下：第一，完善和提升信息资源平台，加大数据开放力度；第二，大力发展物联网和互联网，并尝试其在新领域中的应用；第三，发展人工智能，向数据分析方面发展。发展中

城市的基础设施相对完善，在智慧城市发展中的技术策略选择上与发达城市略有重叠，同样需要在数据平台上下功夫，促进数据开发，发展互联网和物联网。欠发达城市受资金资源各方面的限制，在智慧城市发展中的技术策略上，最重要的是基础设施的建设和基础网络的搭建，这是智慧城市发展的基础。

（二）主体 M 实现策略选择

依据城市经济发展不同阶段，在发达城市中面向主体的业务选择如下：第一，注重绿色环保，打造环境监测平台；第二，注重民生，在医疗、教育、社保、社区等方面提出更高要求；第三，打造市民融合服务平台，部署服务渠道，提升公众的幸福指数；第四，建设适合该城市特征的行业服务平台，如金融、先进制造业等。发展中城市面向主体的业务选择同发达城市有很多类似之处，只不过程度上略有不同，同时发展中城市还应在科研发展和人才吸引上做更多尝试。欠发达城市的业务选择主要以打造电子政府平台为主，在交通、物流上起步，同时，政府引导下的帮扶系统等可以发挥作用。

（三）模式 M 实现策略选择

在模式选择策略上，发达城市和发展中城市将会在不同的层面上有不同的模式，三种模式可能都会存在，但政府基本会发挥统筹规划和资源协调的作用，同时政企合作会越来越普遍，在一些领域以企业为主导的模式将成为主流。而欠发达城市一般会以政府为主导来推动智慧城市发展建设，或者找出明确的商业模式，做好市场融资。

三、以城市规模分类实现的 TMM 策略选择

根据城市规模，城市可以分为大型城市、中型城市和小型城市。智慧城市发展应根据城市规模的特点形成共性的策略选择。

（一）技术 T 策略选择

大型城市因其规模大，服务覆盖人口多，在智慧城市发展技术策略选择上的着力点如下：第一，搭建完整的技术体系架构，完善统一的数据标准体系，在此基础上，分区域进行规划；第二，设计建造统一的云中心，将应用汇聚起来，并发展相应的产业；第三，充分发挥互联网优势，形成全网络覆盖，为服务奠定基础。中型城市可以考虑如下几个方面：一是建立公共信息服务平台，形成五大库的基础；二是完善 GIS 平台，形成更开放和多元的应用。小型城市有自己的产业特征，在技术上建议如下：一是搭建自有公共信息服务平台，硬件托管可以使用外围资源，减少投资或利用不当的问题；二是搭建符合自身

产业特性的基础设施，如旅游或者养生为主的小城市需要的基础平台会有所不同；三是集中打造城市物联网，在一定范围内实现万物互联，形成样板。

（二）主体 M 实现策略选择

依据城市规模不同，大型城市的基本特征和策略选择如下：第一，注重交通体系的搭建；第二，加强网上办事的力度，形成一网式和多渠道的为民办事体系；第三，注重城市运行管理的协调发展，保障城市安全。中型城市应以发展民生为重点，在医疗、教育、社保、社区等方面提出更高要求；同时，发展金融平台，发挥产业和金融的结合。小型城市重点发展特色行业领域的信息化建设，形成相应的运营机制，发展特色行业，并寻找为民服务的突破点，逐一发展。

（三）模式 M 实现策略选择

在模式选择策略上，大型城市和中型城市在不同的层面上有不同的模式，三种模式可能都会同时存在，但政府基本会发挥统筹规划和资源协调的作用，同时政企合作会越来越普遍，一些领域中以企业为主导将成为主流。而小型城市一般会以政府为主导来推动智慧城市发展建设，或者找出明确的商业模式，做好市场融资。如果是主导开发特色小镇，未来模式还是会以企业主导为主。

四、分类实现的 TMM 策略选择综合分析

根据上文的阐述，我们将三个维度 9 种类型的城市的智慧城市发展 TMM 策略选择做了详细的阐述，由于不同的维度上不同类型城市有一定的共性特征，其在部署信息技术（T）、主体协同（M）和模式（M）策略部署上具有一定的共性。如：规模较大城市的交通问题是有一定共性的问题，这就要求城市进行动态交通和静态交通的规划和部署以缓解拥堵和杂乱的问题。城市需求相同会导致的策略选择的共性，以第二产业为主导的城市对于环保都有共同的需求，所以打造环保监测平台，推动相关企业利用信息化手段治理污染，利用《中国制造 2025》推动产业转型升级是由于共同需求产生的共性策略。经济发展形势不同的城市，由于其生产总值和财政收入的不同，带来可支配的资金也不同。大城市多采取城市基础设施政府采购的措施，行业应用会更加灵活；而欠发达的城市在智慧城市发展建设中，其也希望城市的基础设施建设能利用市场主导的模式完成，使得社会资本可以最大化被利用。基于以上阐述，我们通过城市的标签和特性为每种类型城市匹配相应的类型和策略，并汇总成表 8.5。

表 8.5 分类实现的 TMM 策略选择

	第一产业主导乡镇	第二产业主导城市	第三产业主导城市
信息技术 T	适度网络覆盖、用于溯源的物联网	云中心、信息资源服务中心、产业＋物联网（互联网）、智能制造	宽带和互联网部署、加快数据开放共享、网络安全、区块链应用
主体协同 M	智慧乡村，基本服务、"三农"平台、原产地溯源、信用体系、物流平台、电商平台	制造业供应链、设备监控、制造信息处理、人机交互、工业过程建模、环境监测、交通和仓储、一站式服务、市民融合服务	智慧旅游、就业服务、康养、国际贸易交易平台、人才培养教育撮合平台、创新创业平台、智慧商圈、市民融合服务平台
发展模式 M	政府主导	政府主导	融合模式
	发达城市	发展中城市	欠发达城市
信息技术 T	基础较好，完善提升信息资源平台、加大数据开放、人工智能、空间位置服务、网络安全	信息服务平台、数据梳理、物联网、互联网覆盖	信息化基础设施、网络覆盖、加快传输速度
主体协同 M	智慧环保、能源、医疗、教育、社保、社区、市民融合服务、行业服务平台（如金融、交通、突发应急等）	环保、企业产业链服务、民生类教育、医疗、社保、市民融合服务、人才引进、服务就业、公共安全	产业链平台、扶贫云、电子政务、智慧物流、
发展模式 M	融合模式	融合模式	政府主导 & 市场主导
	大型城市	中型城市	小型城市
信息技术 T	通信基础设施、数据标准体系完善、云中心、互联网覆盖、信息服务平台、数据开放	信息服务平台、数据开放、五大库、GIS 应用	租用云中心、有产业特性的基础设施、物联网
主体协同 M	智慧交通、环保、网上办事	城市服务、公共服务、特色产业、医疗、教育、社区、产业服务平台	旅游、能源等特色产业及城市管理服务
发展模式 M	融合模式	政企合作	政企合作

表 8.5 未对城市发展的必要条件如网络覆盖等共性内容进行赘述，只梳理出差异内容。其差异表现在两个方面：一是内容的差异，二是内容相同的情况下程度的差异。不难看出，每一个城市在这三个维度下都会有相应的标签，如：一个以第三产业为主导的城市也可能会有发展中城市和大型城市这两个标签。这样，从表 8.5 中我们就能根据这三个特性进行综合 TMM 策略的评判。

举例来说，舟山是第一产和第三产主导的发展中的小城市，综合这三个特性，从表 8.5 来看，舟山在信息技术（T）的策略是扩大网络覆盖，加快信息获取和开放，加大物联网的投入，加强网络安全防范措施。在主体协同（M）策略选择上主要体现为搭建信用体系，针对渔业建立原产地溯源平台、物流平台，面向普陀做好智慧旅游规划和运营，打造企业服务创新创业平台，以市民卡为基础逐步完善市民融合服务平台，发展海洋监控。在发展模式（M）的选择上可以采取融合的模式，以政府为龙头牵动各方参与规划，政府将在基础设施投放和基础民生服务方面进行主导建设和运营，而同行业产业相关的可以采取政企合作甚至市场主导的模式进行，并形成与之相匹配的体制机制和政策规制。

根据表 8.5，我们可以给每个城市都加载三个维度的标签，进而综合考量该城市的特征。通过这样的方式，在 TMM 策略的制定上将更加精准，起到更好的效果。

第六节　本章小结

考虑到城市和地区间在经济、资源和环境等基础上的差异，以及各城市面临的发展问题的不同，智慧城市发展路径应该要分类施策、循序渐进。本章根据不同城市的主导产业类型、经济发展阶段和城市规模三个维度，将智慧城市分为第一产主导型、第二产主导型、第三产主导型，发达城市、发展中城市、欠发达城市以及大型城市、中型城市、小型城市 9 种类型。文中对 9 种类型智慧城市的建设重点和特征分别进行了阐述，并列举了相应案例城市的经验做法，以期对中国不同类型智慧城市发展提供参考。在对这 9 种类型的城市特征进行分析的基础上，寻找各类型城市共性特质，并形成相应的 TMM 策略选择。

第九章　基于 TMM 分析框架的
智慧城市发展评价

　　智慧城市效率评价体系不同于传统基于过程管理的信息化项目评价体系，其关注点是从效益效果出发，对智慧城市整体发展水平进行绩效评估。适用的效率评价体系既是衡量自身智慧城市建设的"标尺"，又是"矫正器"，通过阶段性的评估和调整，可以避免盲目投资和重复建设，早日实现智慧城市战略目标。本章将首先阐述智慧城市发展效率评价的必要性和基本原则，之后将剖析对智慧城市发展状况影响较大的因素，以其作为指标建立评价体系。

第一节　智慧城市发展评价的必要性

　　从"数字城市""感知城市"到现在，智慧城市的建设进入了快车道，在中国境内已有数百个城市公布了智慧城市发展专项规划。然而，中国智慧城市的建设过程中存在一些共性的问题。通过开展智慧城市发展效率评价，可以更好地识别问题出现的原因，并进行有针对性的查缺补漏。同时，在开展智慧城市发展效率评价时，应当综合考虑城市产业结构、发展阶段和城市规模的差异，做到因地制宜、对症下药，避免出现"一刀切"现象。

一、智慧城市发展过程中存在的问题

　　中国各城市在推进智慧城市建设的过程中，通常在经济发达城市先开始试点，获得一定成果，而智慧城市建设项目开展较晚的城市往往会模仿先行者的政策和操作，导致资源禀赋、经济状况、信息技术基础差异巨大的两个城市，在智慧城市的规划阶段呈现出明显的趋同性。还有一些城市在打造智慧城市的过程中主要依赖于政府的推动，而较少采纳企业和社会的意见，导致部分投资上千万元的系统年使用次数只有个位数或十位数。定性来说，中国的智慧城市建设中主要存在以下几个问题：

　　第一，在智慧城市的建设过程中，对于城市的发展水平缺乏清晰的认识，

因而在制定规划时不能做到因地制宜、循序渐进，编制出来的规划体系对于智慧城市的建设没有实质性的指导意义，反而可能造成财政资源的浪费。

第二，智慧城市对信息技术有着较高的需求，地方政府的建设往往也是以信息化公共服务平台作为切入口。可是，一方面由于系统本身的功能与城市居民、企业等的需求不相匹配，导致出现"用而不适"的情况；另一方面，在完成公共信息服务平台搭建后没有进行有效的推广，或是虽然推广了，但是由于平台设计得较为复杂，市民不知如何操作，就会出现"建而不用"的情况，既占用了政府的预算和科技人力资源，又不能给市民和基层政府工作人员带来便利。

第三，在发展智慧城市的过程中，还存在着权责不清的问题。智慧城市的运转需要各部门协同作业、数据共享，但由于对于建设的内容和责任未进行精细的划分，没有配套的激励与考核制度，因而出现了跨部门协调困难重重的情况，制约了智慧城市的建设效率。

二、智慧城市发展评价的价值

结合当前中国智慧城市的建设阶段以及发展中出现的问题，有必要对智慧城市的建设效率适时开展评价工作，使得不同地区的智慧城市建设效果可以衡量，能够进行横向、纵向的比较，从而更好地落实任务分工，提高投资收益，避免形象工程，保障智慧城市的建设质量，切实解决城市发展的痛点问题。

第一，通过对智慧城市的发展情况进行效率评价，可以直观地发掘当前建设中的薄弱问题以及建设中具有比较优势的领域，从而更好地扬长补短。根据《新型智慧城市发展报告（2017 年）》，中国 220 个智慧城市试点建设地区的市民体验调查得分较低，满分 100 分的问卷所得平均分仅为 63.71 分，其中最高分 71.00 分，最低分 54.90 分。这就提示各地政府在今后的建设规划中，必须提高智慧城市的市民获得感。另外，中国还存在着智慧城市建设不均衡的情况，220 个智慧城市试点建设地区中，排名前 100 的城市有 35 个都分布在人口密度对比线以东的区域。

第二，通过对智慧城市的发展情况进行效率评价，有助于进行国际和中国的横向比较和与历史城市建设情况的纵向比较，从而更好地了解当前的智慧城市项目所处的阶段和水平。IESE 商学院从经济、社会凝聚力、环境保护、人力资本、政府服务等十个方面着手，对世界上 180 个城市进行了剖析，得出了十大城市排名（表 9.1）。

表 9.1　世界智慧城市建设排名前十城市清单

排名	城市	分数
1	纽约	100.00
2	伦敦	98.71
3	巴黎	91.97
4	波士顿	88.90
5	洛杉矶	88.46
6	华盛顿特区	86.10
7	首尔	84.91
8	东京	84.85
9	柏林	83.40
10	阿姆斯特丹	82.86

　　从表 9.1 可以看出，在世界范围内，智慧城市建设排名靠前的城市主要是各国首都。中国排名最靠前的是香港，仅排在第 42 位。这也与《新型智慧城市发展报告（2017 年）》中中国智慧城市建设整体处于起步阶段的结论相匹配，中国要想在接下来的国际竞争中获得优势，必须在智慧城市项目建设领域迎头追赶。

　　第三，通过对智慧城市发展的具体状况进行评价，可以更好地平衡智慧城市建设的规范化和特色化。由于各城市的历史沿革、自然资源和社会经济基础不同，城市发展各具特色。在智慧城市建设过程中，不应该强加一套统一的标尺来磨灭城市的特点，而应该充分发挥城市的特色经济，防止同构城市的过度竞争。一套科学合理的评价指标，能够识别城市中具有经济和社会价值的特色，并引导其作用的发挥，同时，在信息技术领域的标准化评价指标体系也能够为城市发展的规范化提供助力。

　　第四，通过对智慧城市发展评价，能够更直观地发现在惠民领域、经济建设、环保领域等方面关键性的影响因素，从而在今后的建设活动中做到提纲挈领、重点突出。根据《新型智慧城市发展报告（2017 年）》，移动互联网服务的公众使用率与惠民服务具有明显的相关性，相关系数达到 0.49。因而，智慧城市的建设中可以移动互联网先行，实现在相同资金投入的情况下最大化提升城市居民的体验。

第二节 智慧城市发展评价的原则

智慧城市建设中各城市的侧重点和发展模式具有一定的差异性，所以，从国家层面评价不同类型、不同发展阶段、不同规模城市的智慧城市发展水平，不仅必须考虑指标的普适性，还需要考虑城市的具体情况，科学、有效、动态地进行考量。

一、系统科学性原则

必须以科学严谨的态度选择与智慧城市创新发展效率评估相关的指标，以便能够与其发展规律相符，做出真实评价，并指导其提升质量与效益。要想对智慧城市的发展效率进行客观评估，需要在指标选取方面保证每一项指标都可以通过观测、评议、测试等方式得到定性或定量结果，绝不能出现模棱两可的指标。确保评价体系可以真实、客观地衡量智慧城市中各个责任主体的建设任务完成情况。

智慧城市建设工程是一项系统化的工程，指标体系的设定，不仅要考虑到信息化基础设施的建设，也要兼顾城市功能特色，统筹反映经济、社会、民生、生态、人文、民主、制度等多个方面。指标体系应该涉及不同维度、具有不同指标层级并且指标之间具有内在的关联，以便于全面了解智慧城市建设带来的绩效变化。

二、有效可行性原则

中国不同区域的经济发展状况、人才分布、基础设施建设情况以及智慧城市的建设时间都存在着较大的差异，如果用一套标准去衡量，会存在明显的问题。因此，指标选取要客观反映智慧城市的发展阶段，能够从中找寻出智慧城市的发展规律，既能够处处体现出智慧城市建设的本质内涵，也要体现不同城市的差异性和复杂性，既要有共性指标，也要有特色指标。

另外，具体指标的选取也需要参考科学的理论依据，需要在指标的涵义、指标体系的统计口径以及指标具体的计算方式等方面形成统一认识。指标权重的确定要体现出智慧城市发展的不同目标，应该避免过分强调技术的应用和硬件设施的建设，要强化智慧城市建设的结果和效益方面的评价，重视如生活便捷度、幸福感提升等公众体验感知方面的评价。数据信息来源要可靠且易于获取，尽量直接采用权威部门公开发布的原始数据。评价方法也应该直观快捷，应该根据各指标的评价值和权重计算出该城市智慧水平的综合评价指数或综合评价值。

三、动态可比性原则

城市本身就是处于动态发展变化的,智慧城市作为结合了信息技术和公共管理实践的建设工程,其动态性更加突出。一方面,城市与城市之间存在着信息、物质和人力的交互,因而在城市范围内的信息资源、物力资源和人力资源总量是在实时变化的;另一方面,影响城市各方面发展的因素也在随着时间的改变而变化,就城市整体来看,可能经济在增长,但就具体行业来看,则不存在明显的线性变化趋势。所以,智慧城市的建设方向和重点应该随着城市总体规划、城市空间优化以及城市经济社会发展阶段而动态变化,相应的评价指标也应该随着评价对象属性和需求的变化做出调整。

同时,对智慧城市发展绩效进行评价,既可以用于对自身发展现状进行总结,也可用于优秀城市案例的推广和学习。其最终目的均是促进智慧城市更好的发展。因此,评价指标要综合考虑绝对水平和相对变化水平,既要反映该城市的智慧建设发展阶段,也应该反映其智慧建设的质量和效率,反映该城市政府和社会在智慧城市发展过程中付出的努力和取得的成绩。

四、经济效益分析原则

城市可持续发展是智慧城市发展的题中之义,其目的不仅是生活水平的提升、企业的繁荣和城市治理效率的提升,还包括城市经济效益的提升。所以智慧城市发展效果评价要同相关的经济效益指标相结合,如降低能源消耗、碳排放,实现绿色、低碳等。同时,在建设过程中,要把更多的精力放在满足每一个城乡居民的需求上,解决居民就业、生活便利等问题。同时,要发挥"移动端"和"市场"的作用。移动端能够更真实地体现空间中人所发生的各种变化,如就业变化、产业变化以及生活和消费的变化,能体现产业升级带来的GDP的提升。这些都是智慧城市发展所展现出的经济效益的体现。在评价体系中,要以经济效益分析作为一个基本原则,也就是智慧城市发展不仅能有非量化的体验,更要有量化的投入和产出的分析。

当然我们也可以看到,智慧城市发展能带来的效益可能是短期可以体现的,也可能是长期才能看到效果的。所以评价体系要同时注重长线和短线,不能急功近利。

第三节　基于 TMM 智慧城市发展评价指标体系

智慧城市建设的评价体系要起到针砭时弊的作用，通过评估推动对现有建设体系的补缺拾遗，对未来智慧城市的建设进行优化和改进。因此，需要建设一整套定性与定量相结合的评价指标体系。

一、国内外评价指标体系分析

（一）国外智慧城市评价指标体系

国外智慧城市评估工作主要由研究机构和协会组织完成，关注的重点与国内不尽相同。

已用于评价操作的指标体系主要有以下两个：一是美国 ICF（智慧社区论坛）提出的。ICF 是最早开始智慧城市评价的组织，主要关注以下五个维度：Broad−band、Knowledgework、Innovation、Digitalinclusion、Marketing & advocacy。智慧城市细分指标共 18 项，倾向于使用定性说明的手段。二是欧盟中等规模智慧城市评估标准，于 2007 年 10 月在维也纳理工大学区域科学中心与荷兰代尔夫特理工大学等机构合作发布的《欧盟中等规模城市智慧程度排名》中首次采用，指标体系涵盖以下六个维度：智慧的产业、环境、治理、流动、生活以及民生。其分 31 个二级指标和 74 个三级指标，是智慧城市评价指标体系的典型代表。该评价标准兼顾了民众的主观感受，但指标划分过细，数据不易获取，并且有较强的地域限制性。

尚处于理论层面的评价体系有以下两个代表：一是 IBM 在 2009 年 IBM 商业价值研究院发布的《城市智慧程度评估白皮书》中提出的评价体系设想，其指出智慧城市建设应该基于城市服务、居民、商业、交通、通信、供水、能源 7 大系统。IBM 虽并未提出真正的智慧城市评估指标体系，但设想了评估标准和要素体系，要求城市统计数据口径统一且全面，具体操作中，数据获取难度较大。二是由 Boyd Cohen 博士于 2012 年提出的智慧城市评价指标体系，包括了智慧的经济、环境、政务、生活、移动性以及社会 6 个维度、18 个二级指标、27 个三级指标。但在具体评价应用时，Boyd Cohen 博士参考其他机构的评价数据和结果，以城市创新和可持续发展为标准，综合衡量评选出全球十大智慧城市。因此，该指标体系的使用也有一定局限性。

（二）中国智慧城市评价指标体系

结合中国智慧城市建设的自身特点，近几年国家和部分地方也先后发布了一些评价标准体系，例如《智慧城市（区、镇）试点指标体系（试行）》（建办科〔2012〕42 号）、《智慧城市评估指标体系（征求意见稿）》（工信信函〔2012〕021 号）、《智慧南京评价指标体系》（南京信息中心发布）以及《智慧城市评价指标体系 2.0》（上海浦东智慧城市发展研究院发布）等。

2016 年，基于近十年的中国智慧城市试点建设经验，结合中国城市发展阶段现状，同时借鉴国外研究机构的智慧城市评价标准，质检总局、国家标准委联合发布了《新型智慧城市评价指标》（GB/T 33356—2016）和《智慧城市评价模型及基础评价指标体系 第 4 部分：建设管理》（GB/T 34680.4—2018），这是迄今为止中国在国家层面出台的智慧城市最新评价标准体系。该标准体系包括惠民服务、精准治理、生态宜居、智能设施、信息资源、网络安全、改革创新、市民体验八项一级指标，每个一级指标又细分为若干项二级指标。整体评价采用百分制标准，即对每个二级指标给出评分标准和权重分布，将二级指标的得分加总，即得到了每一项一级指标的分数。一级指标的分数之和即该城市的评价结果。

国外的指标体系设立基于其特定环境，应以科学的态度借鉴学习。这里我们主要从中国的角度看智慧城市发展评价体系，并设计符合中国发展需求的评价体系。国家最新的智慧城市评价指标体系更加注重智慧城市建设的民众感知效果，指标设置也更加明确和细化，但仍存在一些需要完善的地方。首先，现有指标体系针对性不够强，与城市发展水平、功能定位、信息设施建设基础、发展需求等因素的结合不够紧密，未能统筹考虑城市发展的阶段和特色。其次，缺乏对经济领域的引导，例如出行、健康医疗、环境质量、安全等方面的潜在效益评估等。再次，对标国外标准体系，中国标准更强调"全面"，国外更聚焦某一领域的评价。以智慧能源为例，中国标准评价时可能会考虑与国家电网布局的结合，而国外标准会更关注能源供应与城市发展需求的匹配度及其安全性，国外这方面的具体评价经验在操作时也值得借鉴。最后，指标多样，评价和指导环节不足。

二、基于 TMM 框架评价指标体系原理

科学的智慧城市评价指标体系和评估方法对于智慧城市发展十分必要，它不仅可以给出结论和分析，且具有良好的指导作用。基于层次分析法（Analytic Hierarchy Process，AHP）的智慧城市发展评价体系，可以从目标出发，规划设计整体系统和相关子系统，使其更趋合理，同时，也可以横向比较各城市的智慧城市发展水平。所以，基于合理的理论基础，根据中国国情来

设计的智慧城市发展评价体系，才能真正对中国的智慧城市发展起到相应的作用。①

（一）层次分析法简介

层次分析法，是指将与决策有关的元素分解成目标、准则、方案等层次，在此基础之上，进行定性和定量分析的决策方法。也就是说，从一个总体目标出发，将多目标多因素的问题统一到系统，从总体目标向下分解，形成多个目标，再向下分解为若干层次，通过定性指标模糊量化方法算出权数，并形成最后的总排序。将层次分析法用于构建智慧城市发展评价体系这样一个多指标、多角度、多方案的系统，具有一定的合理性。

（二）层次分析法优缺点

层次分析法非常适合多角度、多指标的复杂目标，具有以下优点：一是具有系统性，可以把研究对象作为整体考虑，之后再进行分解、比较，其系统性在于将各因素对结果的影响相关联，不同的因素、不同的权重都会直接影响结果。二是简洁实用，层次分析法没有涉及太高深的数学算法，但其又不是仅定性分析，而是定性分析与定量分析结合，分解复杂问题。三是所需定量数据不多，比一般的方法更偏重定性，从本质和目标出发，用权重计算模拟人的决策思维，简单实用。

层次分析法的缺点也很明显，表现为：一是仅仅从现有的目标中选出最好的和最优的，没有提供如何改进的建议，这也是我们分析后需要加强的方面。二是虽然有数据的支撑，但是定量数据还是偏少，定性的评价偏多。三是如果我们设定的指标过多，统计数量会比较大，权重不太容易确定。如果两两比较是用 1 至 9 来说明重要性的，一旦指标较多，判断难度会较大，甚至会对层次单排序和总排序的一致性产生影响，使一致性检验不能通过。如果不能通过，就需要调整，在指标数量多的时候调整难度会比较大。另外，在求判断矩阵的特征值和特征向量时，指标越多，阶数也会随之增加，计算上会变得困难。不过，计算机建模后基本能够解决计算困难的问题。

三、基于 TMM 框架评价指标体系流程

智慧城市发展评价指标体系的建模步骤如下：

---

① 李健，张春梅，李海花. 智慧城市及其评价指标和评估方法研究 ［J］. 电信网技术，2012 (1)：1—5.

第一，根据智慧城市发展的基本目标，以及 TMM 结构中三个核心要素即技术、主体以及面向主体的业务模式三个方面，结合相关细项指标，确定层次结构，搭建智慧城市发展指标体系框架。在指标的选择过程中，由于各种城市千差万别，其基本特征也各不相同，我们会选择具有共性和代表性的指标作评价。

第二，确定指标选取原则和范围后，各指标两两进行打分，运用层次分析法确定各级指标权重。如在某一层有 n 个因素，$X = \{x_1, x_2, \cdots, x_n\}$。要比较该层的每一个因素对上一层的某个因素的影响程度，确定在该层中相对于某一准则所占的比重。假设上一层有 m 个因素，该层有 n 个因素，那么对于该层我们需要构建 m 个 $n * n$ 的成对比较矩阵。用 a_{ij} 表示第 i 个因素相对于第 j 个因素的比较结果，比较时取 1～9 尺度（表 9.2），$a_{ij} = 1/a_{ji}$。A 则称为成对比较矩阵。

$$A = (a_{ij})_{n*n} = \begin{bmatrix} a_{11} & a_{12} & \cdots & a_{1n} \\ a_{21} & a_{22} & \cdots & a_{2n} \\ \cdots & \cdots & \cdots & \cdots \\ a_{n1} & a_{n2} & \cdots & a_{nm} \end{bmatrix}$$

表 9.2　比例尺度表（1～9 尺度含义）

尺度	量化值
1	第 i 个因素与第 j 个因素影响相同
3	第 i 个因素比第 j 个因素影响稍强
5	第 i 个因素比第 j 个因素影响强
7	第 i 个因素比第 j 个因素影响很强
9	第 i 个因素比第 j 个因素影响绝对强

2，4，6，8 表示第 i 个因素相对于第 j 个因素的影响介于上述两个相邻等级之间，根据 $a_{ij} = 1/a_{ji}$，不难看到以上各尺度倒数的含义。

第三，计算特征向量，层次单排序。层次单排序即针对上一层因素而言，本层各因素影响度和重要性的排序。计算出各判断矩阵的最大特征值和特征向量，并对各特征向量进行了归一化处理后得出各级指标权重。这个部分有一定的主观性，需要多次调整才能到达合理的状况。步骤如下：

（1）将 A 中每行数字连续相乘得到 M_i，则 $M_i = \prod_{j=1}^{n} a_{ij}(i, j = 1, 2, \cdots, n)$；

（2）计算 M_i 的 n 次方根：$\overline{w}_i = \sqrt[n]{M_i}\ (i = 1, 2, \cdots, n)$；

（3）求权重：$w_i = \overline{w}_i / \sum_{i=1}^{n} \overline{w}_i\ (i = 1, 2, \cdots, n)$，则 $W = [w_1\ w_2\ \cdots\ w_n]^{\mathrm{T}}$。

（4）计算最大特征根：$\lambda_{\max} = \sum_{i=1}^{n} \overline{w}(AW)_i / nW_i$。

第四，一致性检验。利用一致性指标和一致性比率＜0.1 及随机一致性指标数值表对 A 进行检测，使其符合相应的逻辑性。在上述公式中，n 阶互反阵 A 的最大特征根 $\lambda \geq n\lambda \geq n$，当且仅当 $\lambda = n\lambda = n$ 时，A 为一致阵。如果成对比较矩阵是一致阵，则取其最大特征根 n 的归一化特征向量 $\{w_1, w_2, \cdots, w_n\}$，且 $\sum_{n}^{N} = 1$，$w_i = 1$，w_i 表示下层第 i 个因素对上层某因素影响程度的权值。如果成对比较矩阵比 n 大得越多，A 的不一致性就越严重，引起的判断误差也越大。因此可以用 $\lambda - n$ 的大小来衡量 A 的不一致程度。定义一致性指标 $CI = (\lambda - n) / (n - 1)$，其中 n 为 A 的对角线元素之和，也称为 A 的特征值之和。一般来说，当一致性比率 $CR = CI/RI < 0.1$ 时（RI 为随机一致性指标），认为 A 的不一致程度在容许范围之内，可用其归一化特征向量作为权向量，否则要重新构造成对比较矩阵，对 A 加以调整。

第五，层次总排序。确定某层所有因素对于总目标相对重要性的排序权值过程，称为层次总排序。这一过程是从最高层到最低层依次进行的。对于最高层而言，其层次单排序的结果也就是总排序的结果。假设 A 层有 m 个因素 A_1，A_2，$\cdots$，A_m，对总目标的总排序为 a_1，a_2，$\cdots$，a_n，B 层有 n 个因素对上层 A_j 的层次单排序为 b_{1j}，b_{2j}，$\cdots$，b_{nj}（$j = 1$, 2, $\cdots$, m），则 B 层总排序为 $B_1 = a_1 b_{11} + a_2 b_{12} + \cdots + a_m b_{1m}$，$\cdots$，$B_n = a_1 b_{n1} + a_2 b_{n2} + \cdots + a_m b_{nm}$，即 B 层第 i 个因素对总目标的权重为 $\sum_{j=1}^{m} a_j b_{ij}$。层次总排序的一致性检验同上，设 B 层对上层 A 层中 A_j（$j = 1$, 2, $\cdots$, m）的单排序一致性指标为 CI_j，随机一致性指标为 RI_j，则层次总排序的一致性比率为 $CR = (a_1 CI_1 + a_2 CI_2 + \cdots + a_m CI_m) / (a_1 RI_1 + a_2 RI_2 + \cdots + a_m RI_m)$，当 $CR < 0.1$ 时，认为层次总排序通过一致性检验。

由于计算工作量很大，基本建模完成后，该部分的运算可以用 Excel 或类似于 Yaahp 等相关软件进行计算。通过以上流程描述，我们对于智慧城市发展评价指标的建模流程用图 9.1 描述。

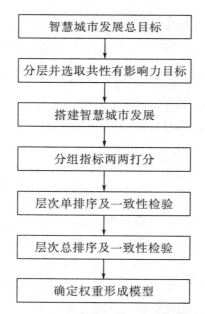

图 9.1　智慧城市发展评价体系建模流程

　　智慧城市发展评价体系建立后，后续评估历程过程如下：分类选择目标城市，对城市进行多重分类标签设定，如中型城市可能是发达或者发展中城市，其产业可能是第二产或者第三产为主；采集各城市相关指标数据；根据相关数据资料自行打分；经过同城市类别及其城市其他重要指标关系进行分析；设定关键指标预警模型（图 9.2）。

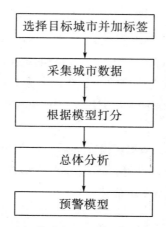

图 9.2　智慧城市发展评价体系评价流程

　　其中的指标体系通过建立模型进行计算。该指标总分为 100 分，各城市在每个三级指标上的得分分为数值和比例两类，计算方法如下：

对于客观数值类指标得分，第 m 个城市第 n 个指标，$y_{mn} = (x_{mn} - \min\{x_{1n}, x_{2n}, \cdots, x_{in}\}) * c_n / (\max\{x_{1n}, x_{2n}, \cdots, x_{in}\} - \min\{x_{1n}, x_{2n}, \cdots, x_{in}\})$，其中 c_n 为第 n 个指标的总分值。

对于比例类型的指标，计算得分时，直接使用 $y_{mn} = x_{mn} c_n$。

四、基于 TMM 框架评价指标体系设计

（一）建立评价指标体系基本架构

首先我们需要梳理和回顾一下智慧城市发展的目标，并对智慧城市发展目标体系进行分析，在此基础上结合 TMM 分析框架中的技术、主体和模式三个层次因素，搭建智慧城市发展评价体系的层次架构。

有了层次架构，我们能就涉及的指标进行筛选。指标的筛选要做到科学性、普适性，可获取、可操作。结合国家和各地区指标体系的设立，兼顾国外现有的指标体系，结合本书前面的 TMM 分析框架，确定指标选择范围。经过临时专家小组分析和投票，选取有代表性且基本为共性的指标，以确定总体目标为原则，以 TMM 三个方面为基本归集标准，再向下两层确定 8 个二级指标和 36 个三级指标，以得出最终的评价指标。其基本层次模型架构如图 9.3。

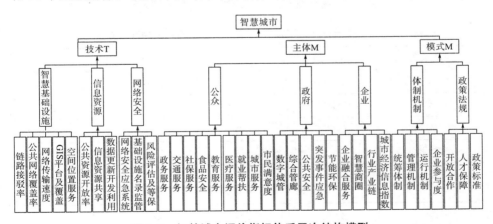

图 9.3　智慧城市评价指标体系层次结构模型

（二）评价指标排序及验证

指标筛选完成后，运用层次分析法（AHP）两两比对打分，确定各级指标的权重，其中，模型搭建和指标两两比对都由专家团队共同完成。再查阅相关文件和实践报告，综合专家意见，对于不同类别的城市，基于各自建设和评

估的特点，对数组指标进行权重调整。此处本书使用 Yaahp 软件进行测算，首先在软件中搭建如图 9.3 的层次结构模型搭，其次进入判断矩阵，进行指标的两两比对（如图 9.4），最后，软件输出测算结果（表 9.3～表 9.14、图 9.5）。

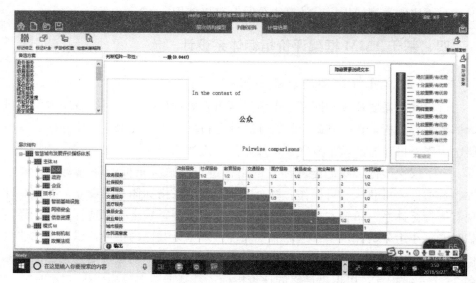

图 9.4 智慧城市评价指标体系判断矩阵输入界面

表 9.3 关于智慧城市发展总体指标体系的判断矩阵及权重

智慧城市	主体 M	技术 T	模式 M	W_i
主体 M	1.0000	3.0000	3.0000	0.5936
技术 T	0.3333	1.0000	2.0000	0.2493
模式 M	0.3333	0.5000	1.0000	0.1571
一致性检验	λ_{max}=3.0536，CR＝0.0516＜0.1，满足一致性检验			

表 9.4 关于主体 M 的判断矩阵及权重

主体 M	公众	政府	企业	W_i
公众	1.0000	2.0000	2.0000	0.5000
政府	0.5000	1.0000	1.0000	0.2500
企业	0.5000	1.0000	1.0000	0.2500
一致性检验	λ_{max}=3.0000，CR＝0.0000＜0.1，满足一致性检验			

表 9.5 关于技术 T 的判断矩阵及权重

技术 T	智能基础设施	网络安全	信息资源	W_i
智能基础设施	1.0000	2.0000	0.3333	0.2493
网络安全	0.5000	1.0000	0.3333	0.1571
信息资源	3.0000	3.0000	1.0000	0.5936
一致性检验	$\lambda_{max}=3.0536$，$CR=0.0516<0.1$，满足一致性检验			

表 9.6 关于模式 M 的判断矩阵及权重

模式 M	体制机制	政策法规	W_i
体制机制	1.0000	2.0000	0.6667
政策法规	0.5000	1.0000	0.3333
一致性检验	$\lambda_{max}=2.0000$，$CR=0.0000<0.1$，满足一致性检验		

表 9.7 关于公众的判断矩阵及权重

公众	政务服务	社保服务	教育服务	交通服务	医疗服务	食品安全	就业帮扶	城市服务	市民满意度	W_i
政务服务	1.0000	0.5000	0.5000	0.5000	0.5000	0.5000	3.0000	1.0000	0.5000	0.0709
社保服务	2.0000	1.0000	1.0000	2.0000	1.0000	1.0000	2.0000	2.0000	0.5000	0.1278
教育服务	2.0000	1.0000	1.0000	3.0000	1.0000	1.0000	3.0000	3.0000	2.0000	0.1675
交通服务	2.0000	0.5000	0.3333	1.0000	0.3333	1.0000	3.0000	3.0000	0.5000	0.0984
医疗服务	2.0000	1.0000	0.3333	3.0000	1.0000	1.0000	3.0000	3.0000	2.0000	0.1675
食品安全	2.0000	1.0000	1.0000	1.0000	1.0000	1.0000	3.0000	3.0000	2.0000	0.1468
就业帮扶	0.3333	0.5000	0.3333	0.3333	0.3333	0.3333	1.0000	0.5000	0.5000	0.0434
城市服务	1.0000	0.5000	0.3333	0.3333	0.3333	0.3333	2.0000	1.0000	1.0000	0.0622
市民满意度	2.0000	2.0000	0.5000	2.0000	0.5000	0.5000	2.0000	1.0000	1.0000	0.1155
一致性检验	$\lambda_{max}=9.5219$，$CR=0.0447<0.1$，满足一致性检验									

表 9.8 关于政府的判断矩阵及权重

政府	节能环保	公共安全	数字城管	综合管廊	突发事件应急	W_i
节能环保	1.0000	0.2500	1.0000	0.5000	0.5000	0.1028
公共安全	4.0000	1.0000	3.0000	3.0000	1.0000	0.3621
数字城管	1.0000	0.3333	1.0000	1.0000	0.5000	0.1228
综合管廊	2.0000	0.3333	1.0000	1.0000	0.5000	0.1430
突发事件应急	2.0000	1.0000	2.0000	2.0000	1.0000	0.2693
一致性检验	$\lambda_{max}=5.0814$，$CR=0.0182<0.1$，满足一致性检验					

表 9.9　关于企业的判断矩阵及权重

企业	企业融合服务	城市经济信息指数	智慧商圈	行业产业链	W_i
企业融合服务	1.0000	2.0000	2.0000	0.5000	0.2761
城市经济信息指数	0.5000	1.0000	0.5000	0.5000	0.1381
智慧商圈	0.5000	2.0000	1.0000	0.5000	0.1953
行业产业链	2.0000	2.0000	2.0000	1.0000	0.3905
一致性检验	$\lambda_{max}=4.1213$，$CR=0.0454<0.1$，满足一致性检验				

表 9.10　关于智能基础设施的判断矩阵及权重

智能基础设施	链路接驳率	网络传输速度	公共网络覆盖率	空间位置服务	GIS 平台及覆盖	W_i
链路接驳率	1.0000	3.0000	2.0000	2.0000	3.0000	0.3591
网络传输速度	0.3333	1.0000	0.3333	3.0000	2.0000	0.1682
公共网络覆盖率	0.5000	3.0000	1.0000	2.0000	2.0000	0.2557
空间位置服务	0.5000	0.3333	0.5000	1.0000	0.5000	0.0968
GIS 平台及覆盖	0.3333	0.5000	0.5000	2.0000	1.0000	0.1201
一致性检验	$\lambda_{max}=5.3731$，$CR=0.0833<0.1$，满足一致性检验					

表 9.11　关于网络安全的判断矩阵及权重

网络安全	网络安全应急系统	基础设施名录及监管	风险评估及等保	W_i
网络安全应急系统	1.0000	3.0000	3.0000	0.5936
基础设施名录及监管	0.3333	1.0000	2.0000	0.2493
风险评估及等保	0.3333	0.5000	1.0000	0.1571
一致性检验	$\lambda_{max}=3.0536$，$CR=0.0516<0.1$，满足一致性检验			

表 9.12　关于信息资源的判断矩阵及权重

信息资源	公共资源开放率	信息资源共享	数据更新及开发利用	W_i
公共资源开放率	1.0000	0.5000	0.5000	0.1958
信息资源共享	2.0000	1.0000	0.5000	0.3108
数据更新及开发利用	2.0000	2.0000	1.0000	0.4934
一致性检验	$\lambda_{max}=3.0536$，$CR=0.0516<0.1$，满足一致性检验			

表 9.13 关于体制机制的判断矩阵及权重

体制机制	企业参与度	统筹体制	运行机制	管理机制	W_i
企业参与度	1.0000	0.3333	0.5000	0.5000	0.1272
统筹体制	3.0000	1.0000	1.0000	1.0000	0.3120
运行机制	2.0000	1.0000	1.0000	1.0000	0.2804
管理机制	2.0000	1.0000	1.0000	1.0000	0.2804
一致性检验	$\lambda_{max}=4.0206$，$CR=0.0077<0.1$，满足一致性检验				

表 9.14 关于政策法规的判断矩阵及权重

政策法规	人才保障	开放合作	政策标准	W_i
人才保障	1.0000	2.0000	2.0000	0.4934
开放合作	0.5000	1.0000	0.5000	0.1958
政策标准	0.5000	2.0000	1.0000	0.3108
一致性检验	$\lambda_{max}=3.0536$，$CR=0.0516<0.1$，满足一致性检验			

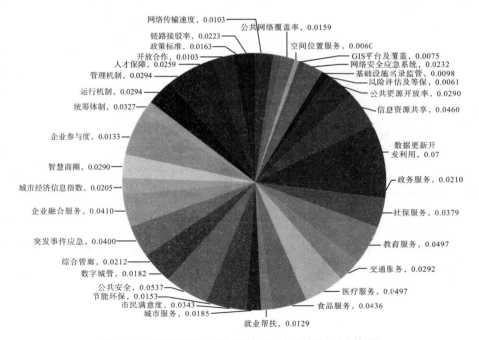

图 9.5 智慧城市评价指标体系二级指标权重分布图

通过得出的权重数据可以看出以下几方面：

第一，从表9.3可以看出，对TMM总体架构中技术、主体和模式三者而言，主体相对是最重要的。可以看出智慧城市发展的原动力还是公众、企业和政府的基本诉求，有了主体的主动推动，智慧城市才有发展的原动力。

第二，从表9.15第二个准则层来看，主体的三个方面即公众、企业和政府同样排在前三位。政府在智慧城市发展中起到推动作用，其根本目标是实现服务均等化，解决资源稀缺的问题。从评价指标来看，以人为本是最重要的评价标准。信息资源开发利用的重要性仅次于三个主体，未来的数据以及数据开放和大数据的应用将会是发展重点。同时，机制体制的重要性逐步被认识，智慧城市发展的活力在于机制体制的搭建。前几年，我们智慧城市发展的重点领域和评价内容基本是在基础设施层面，所以，通过指标体系也可以看出智慧城市发展的一个进程，即从硬件逐步向软件过渡、从建设逐步向运营过渡、从重视有什么到重视能带来什么过渡。智慧城市发展的指标及其权重也会随着智慧城市发展而不断优化。

表 9.15　第二个准则层中要素对决策目标的排序权重

准则层要素	权重
公众	0.2968
企业	0.1484
政府	0.1484
信息资源	0.1480
体制机制	0.1047
智慧基础设施	0.0622
政策法规	0.0524
网络安全	0.0392

（四）评价指标具体内容

结合上述权重测算，现将整体指导体系列表即指标体系下的评判标准及打分规则列入表9.16中。

表9.16　智慧城市评价指标体系

序号	TMM及权重	一级指标 指标及权重	一级指标 总权重	二级指标 评测指标	二级指标 权重	二级指标 总权重	评测指标标准
1	技术T 24.93%	智慧基础设施 24.93%		链路接驳率	35.91%	2.23%	宽带、光纤、移动频道覆盖率和普及率，普及户数/总户数。数据来源为地方通信管理局和《中国宽带状况报告》
2				网络传输速度	16.82%	1.05%	上行、下行速度。根据城市数据用平均值做去量纲计算。数据来源为地方通信局
3			6.22%	公共网络覆盖率	25.57%	1.59%	公共WiFi网络普及覆盖，按照覆盖率打分。最好的为10分。数据来源为城市地方交通信局
4				空间位置服务	9.69%	0.60%	时空信息，即为部门和公众提供的空间信息应用，为用户提供的精度位置服务等，使用用户（部门）/实际用户（部门）。数据来源为城市测绘主管部门
5				GIS平台及覆盖	12.01%	0.75%	时空信息平台，多尺度地理信息覆盖度和更新（地图覆盖面积/建成区面积）×50%＋更新周期0.5/更新时间）×50%。数据来源为城市测绘主管部门
6		网络安全 15.71%		网络安全应急系统	59.36%	2.32%	应急机制和搭建平台、落实责任。及时有效处理重大事件能力。数据来源为地方政府
7			3.92%	基础设施名录监管	24.93%	0.98%	梳理完成关键基础设施名录、备案，关键设施监管情况，有名录及备案。数据来源为检查结果和政府公告
8				风险评估及等保	15.71%	0.61%	完成风险评估及整改、定期更新、完成率大于90%为100分。数据来源为安全检查结果为评估风险检查结果，也可以从地方政府获取

续表

序号	TMM及权重	一级指标		二级指标			评测指标标准
		指标及权重	总权重	评测指标	权重	总权重	
9	技术T 24.93%	信息资源 59.36%	14.80%	公共资源开放率	19.58%	2.90%	社会开放率，20类民生保障数据完整程度及开放情况，打分以前省为主。数据来源为地方政府
10				信息资源共享	31.08%	4.60%	部门间信息资源共享率，有信息目录总数/委办局总数。数据来源为地方政府
11				数据更新开发利用	49.34%	7.30%	数据更新、使用便捷、对基础数据开发利用情况。十类城市治理领域数据开放案例，每类两个以上为满分。数据来源为地方政府
12	主体M 59.36%	公众 50%	29.68%	政务服务	7.09%	2.10%	统一代码标识证照库、网上统一人口率，比例各占1/3。数据来源为地方政府办或一站式服务中心或经信委
13				社保服务	12.78%	3.79%	在线办理情况、即通过网站、手机、服务终端、电话情况打分，有一项给25分，此部分占30%；街道社区资助服务开通率占30%；社保异地联网办理占40%。数据来源为劳动社会保障局
14				教育服务	16.75%	4.97%	多媒体教室普及率、网络学习空间覆盖率、校园无线覆盖率各占1/3。数据来源为地方教育局
15				交通服务	9.84%	2.92%	交通运行指数发布（交通运行状况监控、交通指数分析）、公共汽车实时信息率（有预报的线路/总线路数、公共交通乘车电子支付使用率（使用人数/总人数）、预约出诊率。数据来源为地方交通部门
16				医疗服务	16.75%	4.97%	二级以上医院电子病历普及率、健康档案调阅率。数据来源为卫生局

续表

序号	TMM 及权重	一级指标及权重		二级指标			评测指标标准
		指标及权重	总权重	评测指标	权重	总权重	
17				食品安全	14.68%	4.36%	明厨亮灶普及率，肉菜溯源平台搭建使用率。数据来源为商务局和农委
18				就业帮扶	4.34%	1.29%	就业信息覆盖人群比例，是否有线服务方式，贫困与低保的电子档案完善比率、互联网残疾人无障碍访问比同比率，各占 25%。数据来源为人社局和民政府
19	主体 M 59.36%	公众 50%	29.68%	城市服务	6.22%	1.85%	互联网生活缴费基础事项梳理，一卡通开发的缴费事项、电商、社区融合服务搭载率，各占 1/3。数据来源为地方政府
20				市民满意度	11.55%	3.43%	手机普及率、对智慧城市了解度、智慧应用使用率、满意度、售房比例、意见采纳率。以调查问卷为主，可以抽样
21				节能环保	10.28%	1.53%	重点污染源监测、企业环境信息公开率、重点单位在线监测率、城市环境问题处置率、垃圾答器数量、万元 GDP 能耗降低率、绿色建筑覆盖率、水和空气质量传感器使用率。数据来源为统计局、能源局、发改委、环保局
22		政府 25%	14.84%	公共安全	36.21%	5.37%	视频采集覆盖率、设备完好率、联网共享率、数据敏使用比率。数据来源为公安局
23				数字城管	12.28%	1.82%	城管平台的搭建 40 分、城管立案率、派遣率、办案率、结案率 95% 以上得 60 分。数据来源为建委
24				综合管廊	14.30%	2.12%	市政管网检测率占 30 分，综合管廊覆盖率占 20 分。数据来源为建委
25				突发事件应急	26.93%	4.00%	应急处理平台、应急预案及相应流程。数据来源为公安局

续表

序号	一级指标		二级指标			评测指标标准
	指标及权重	总权重	评测指标	权重	总权重	
26	主体M 59.36% 企业 25%	14.84%	企业融合服务	27.61%	4.10%	综合服务平台，一站式服务，统一代码率各占1/3。数据来源为地方政府经信委或一站式服务中心
27			城市经济信息指数	13.81%	2.05%	数据发布及行业应用起支撑作用，为行业应用的指导，为行业应用起支撑作用的满分。数据来源为经信委
28			智慧商圈	19.53%	2.90%	基于基本商圈的智慧服务体系。数据来源为地方政府
29			行业产业链	39.05%	5.80%	支柱行业产业链平台，交易平台打造。数据来源为地方政府
30			企业参与度	12.72%	1.33%	以企业出资或者PPP作为衡量标准，年度利用社会资金超过50%以上的计100分。数据来源为经信委和财政局
31	模式M 15.71% 体制机制 66.67%	10.47%	统筹体制	31.20%	3.27%	是否建立领导小组并有否实际工作内容，是否纳入考核并设置相应的统筹部门。数据来源为地方政府
32			运行机制	28.04%	2.94%	已建项目的使用率，是否有第三方运营占50%。数据来源为地方政府
33			管理机制	28.04%	2.94%	建设和运营项目日常管控机制和流程设置及遵守情况。数据来源为地方政府

续表

序号	TMM 及权重	一级指标		二级指标			评测指标标准
		指标及权重	总权重	评测指标	权重	总权重	
34	模式 M 15.71%	政策法规 33.33%	5.24%	人才保障	49.34%	2.59%	是否建立相关引进人才机制，是否有人才专项补助。数据来源为地方政府
35				开放合作	19.58%	1.03%	有否考察协作，吸取已有经验。数据来源为地方政府
36				政策标准	31.08%	1.63%	是否针对智慧城市发展设立有针对性的法律法规，是否有规划并每年进行修订。数据来源为地方政府
	100%		100%			100%	

第四节 基于 TMM 发展评价指标体系的实证分析

一、典型城市数据分析

基于上述评价指标体系，我们选取南京作为案例进行分析。长期以来，南京将智慧城市作为城市转型提升的新支点和新动力，深入开展了智慧城市实践与探索，获得"2015 年度中国十大智慧城市"荣誉，入选首批"国家信息消费试点城市"等。以下为南京的得分情况（表 9.17）。

表 9.17　智慧城市评价指标体系（南京 2016）

序号	TMM 权重 & 得分	一级指标		二级指标			打分	得分
		指标及权重	得分	评测指标	权重	总权重		
1	技术 T 24.93% 79.73	智慧基础设施 24.93%	84.32	链路接驳率	35.91%	2.23%	81.19	1.81
2				网络传输速度	16.82%	1.05%	84.53	0.88
3				公共网络覆盖率	25.57%	1.59%	88.00	1.40
4				空间位置服务	9.69%	0.60%	85.00	0.51
5				GIS 平台及覆盖	12.01%	0.75%	85.00	0.63
6		网络安全 15.71%	82.12	网络安全应急系统	59.36%	2.32%	82.00	1.91
7				基础设施名录监管	24.93%	0.98%	85.00	0.83
8				风险评估及等保	15.71%	0.61%	78.00	0.48
9		信息资源 59.36%	77.18	公共资源开放率	19.58%	2.90%	75.00	2.17
10				信息资源共享	31.08%	4.60%	82.00	3.77
11				数据更新开发利用	49.34%	7.30%	75.00	5.48
12	主体 M 59.36% 81.82	公众 50%	80.91	政务服务	7.09%	2.10%	75.00	1.58
13				社保服务	12.78%	3.79%	85.00	3.22
14				教育服务	16.75%	4.97%	87.00	4.33
15				交通服务	9.84%	2.92%	62.36	1.82
16				医疗服务	16.75%	4.97%	85.00	4.23
17				食品安全	14.68%	4.36%	82.00	3.57

续表

序号	TMM 权重 & 得分	一级指标		二级指标			打分	得分
		指标及 权重	得分	评测指标	权重	总权重		
18		公众 50%	80.91	就业帮扶	4.34%	1.29%	86.00	1.11
19				城市服务	6.22%	1.85%	89.00	1.64
20				市民满意度	11.55%	3.43%	73.43	2.52
21		政府 25%	80.20	节能环保	10.28%	1.53%	65.00	0.99
22				公共安全	36.21%	5.37%	83.00	4.46
23	主体 M 59.36% 81.82			数字城管	12.28%	1.82%	86.00	1.57
24				综合管廊	14.30%	2.12%	70.00	1.49
25				突发事件应急	26.93%	4.00%	85.00	3.40
26		企业 25%	85.26	企业融合服务	27.61%	4.10%	85.67	3.51
27				城市经济信息指数	13.81%	2.05%	85.00	1.74
28				智慧商圈	19.53%	2.90%	81.00	2.35
29				行业产业链	39.05%	5.80%	87.18	5.05
30		机制 体制 66.67%	76.24	企业参与度	12.72%	1.33%	75.00	1.00
31				统筹体制	31.20%	3.27%	70.00	2.29
32	模式 M 15.71% 79.07			运行机制	28.04%	2.94%	75.00	2.20
33				管理机制	28.04%	2.94%	85.00	2.50
34		政策 法规 33.33%	84.71	人才保障	49.34%	2.59%	80.00	2.07
35				开放合作	19.58%	1.03%	85.00	0.87
36				政策标准	31.08%	1.63%	92.00	1.50
合 计					100%		80.88	

表 9.16 对智慧城市发展评价指标体系的评分标准均有明确的阐述，南京的得分基于表 9.16 的规则，其数据分别来源于《2017 中国城市统计年鉴》[①]、《"十三五"智慧南京发展规划》、国家统计局网站、中国就业网、南京市各委办局年度报告等，以及通过调研和走访获取的信息。数据获取后，比率类以评

① 国家统计局城市社会经济调查司. 2017 中国城市统计年鉴 [M]. 北京：中国统计出版社，2017.

分标准进行打分，总体分析类按照去量纲化计算相应数值，还有一些指标是通过资料获取后的总体评估进行打分。

从以上数据可以看到南京在智慧城市发展上具有如下特征：

第一，南京在技术（T）方面表现为信息基础设施基本完备，能满足公众、企业、政府的日常应用，网络覆盖较好，传输速度中游偏上，但安全保护需要进一步加强。在信息整合方面，南京建立市政务数据中心，整合、汇聚了政务信息资源，建成统一的人口、法人、政务、城市资源四大信息资源库和共享交换平台，归集41万条企业信息、623万条自然人信息，基本形成了全市企业和个人的公共信用档案。虽然南京在信息整合方面比较出色，但是对于数据的开放共享尤其是在利用方面还比较欠缺。

第二，在主体（M）服务方面基本局面如下：其一，对于公众服务，市民卡基本实现"多卡合一、一卡多用"，发卡量已突破900万张，市民卡的应用已进入社保、医疗、旅游、交通、小额支付等30多个领域；构建了城市智能门户"智慧南京·我的南京"App，实名制注册用户已超百万；统一建设和运维市级"中国南京"网站群。此外，智慧人社、智能交通、智慧医疗、智慧旅游、智慧教育等一批智慧应用也相继启动建设。但在城市综合功能服务上，没有做到相应的资源整合和服务渠道的整合。其二，对于企业服务，基本是各自园区自主搭建企业服务平台，不仅以产业链为主充分利用云计算、大数据、物联网、移动互联等先进技术，而且还为相关企业发展创造了良好的环境；搭建服务体系，引进了一批知名企业参与，IBM、微软、SAP、华为、中兴、神州数码等企业积极加大智慧南京建设；政府还培育本地企业创新发展，组建南京市信息化投资控股有限公司，开展重大项目策划咨询，拓宽投融资渠道。其三，对于政府的城市综合管理，整合公安"320"、交通指挥、环保限行、运输管理等需求，启动车辆智能卡工程，建设智能交通；积极推进全市智能交通信号控制系统暨公交信号优先应用项目；统一采集社区人口信息，开发并在全市所有街道和社区部署社区信息综合管理平台，建设智慧社区；建立智慧南京中心全面感知城市运行状态，逐步实现城市日常运行管理以及突发事件应急联动指挥等全景指挥中心功能。但是，南京市智慧城市发展在环保领域和管廊上面投入不够。

第三，模式（M）创新方面，南京不断完善制度体系，努力优化适应信息产业发展、信息技术推广应用、信息资源开发利用的制度环境。先后制定出台了《关于加快建设政务数据中心的意见》《关于加快推进全市智能交通项目建设的意见》《南京市政务信息资源共享管理办法（试行）》《南京市政务信息化项目管理办法》《"十三五"智慧南京发展规划》等制度和政策,在信息产业扶持、电子商务发展、政府投资信息化建设项目管理、电子政务建设及应用等方面制定了一系列切合实际、行之有效的政策措施。但是,南京市在统筹管理、建设后的运营以及企业的参与方面还发挥不够。

基于以上基本评分分析,南京市在"十三五"期间所编制的智慧南京发展规划作了如下安排:

第一,在技术(T)方面所做的部署如下:一是通过统筹网络均衡部署,加快物联网发展、系统平台资源统一部署协调、利用 GIS 地理信息和无线定位等技术,实现多角度应用等方面来优化基础设施建设,适应智慧城市发展需求;二是完善公共数据交换平台,以加快数据共享开发应用、建设公共信用信息管理专业平台进行资源整合和数据开放;三是通过优化智慧南京网络安全统筹协调和顶层设计,加强智慧南京网络基础设施安全防护能力建设,加强智慧南京重点应用领域安全防护能力建设,以及加强智慧南京网络安全综合防控和应急处置体系建设,以突出安全可管可控,强化网络与信息安全保障。

第二,在主体(M)方面,所做的部署如下:一是针对公众打造城市智能门户,加快形成全市"大社保"服务体系,提升健康、旅游和教育服务,深化公共智能卡服务应用,深入推进智慧社区,推动便民服务,以及更大限度促进社会主体参与社会治理建设,进一步完善信息惠民服务,提升城市综合服务功能;二是通过进一步整合优化"互联网+政务服务",完善中小企业公共服务体系建设,加强科技成果转化,引导和推进一批重大项目建设,打造产业创新平台,推进跨境电商平台和跨行业综合物流信息平台建设并推动其国际化,加快构建智慧物流综合服务体系及农业产业链建设以构建公共服务平台,提高为企业服务能力以推动智慧产业快速发展;三是通过升级智慧南京指挥运行中心,建设智慧化公共安全体系和安全生产综合监管信息平台,构建高速智能绿色的智能交通体系,整合完善数字化城管系统,打造"多规合一"信息平台,构建智慧食药监综合管理与服务体系,提升市场监管智慧化应用水平,加快推进城市公共事业智慧化,实现水电气等业务网上"一站式"集中办理,提高气象信息化服务能力,促进城市管理精细化。特别提出,通过加强生态环境监控与管理、强化环境应急预防和预警系统建设、大力推广能源循环利用、深入推进智慧减排长效化、加强水务工作智慧化改造升级加强智慧环保建设,打造绿色低碳宜居环境。

第三,在模式(M)方面所做的部署如下:一是在规划总体框架下,加强统筹,针对智慧南京应用项目建设,形成统一领导、分工合理、责任明确、运转顺畅的推进机制。二是加强智慧南京建设相关的法律法规、运营模式、业务流程、标准规范的改革创新，完善政策体系。三是建立健全智慧城市的人才引进、培养、使用和激励机制，加强人才保障。四是建立市、区两级智慧南京建设分级投入机制，加大财政资金在智慧城市建设、应用和推广的投入，加强资金保障。五是完善以政府投入为引导，企业投入为主体，社会资金广泛参与的多元投资与运营模式。积极推进 PPP 投资建设模式，鼓励社会资本参与投资建设与运营，依托国内外行业龙头企业，鼓励企业参与创新建设，构建新型智慧城市企业创新联盟。六是建立科学合理的智慧南京建设绩效评估指标体系，推进智慧南京建设持续改善。七是强化互联网宣传意识，提升智慧南京居民参与度。

可以看出，智慧城市发展评价体系可以对智慧城市未来的规划和发展起到诊断和指导作用。

二、多城市多维度分析

智慧城市发展目标的落脚点在城市发展的几个关键指标上，从中国来看，区域经济发展的核心目标体现在经济发展、民生改善、社会发展、生态建设和科技创新上。我们选取了城市几个核心经济指标，包括城市人口数量（城市规模）、地区生产总值、人均地区生产总值、人均可支配收入（生活质量），将其同智慧城市发展评价指标放在一起来分析。在城市样本选择上，我们也根据分类（产业、规模和经济发展阶段）的不同进行考量，同时也参考区域特征，在已经发展智慧城市的区域内做样本选择：在北部选取了北京、淄博、邢台，东部选取了苏州、南京、舟山，南部选取了深圳、佛山、泉州，西部选取了成都、兰州、银川、敦煌，中部选取了武汉、贵阳、洛阳。其具体数据见表 9.18。

表 9.18　样本城市的经济指标及智慧城市发展得分（2016）

城市	区域	主要产业构成	经济发展阶段	规模	户籍人口（万人）	地区生产总值（亿元）	人均地区生产总值（万元）	三产占比	人均可支配收入（元）
北京	北部	三产	发达	超大	1363	25669	11.82	80.23%	52530
淄博	北部	二产	发展中	特大	432	4412	9.46	44.10%	29742
邢台	北部	二产	欠发达	中	788	1973	2.70	39.49%	18050

城市	区域	主要产业构成	经济发展阶段	规模	户籍人口（万人）	地区生产总值（亿元）	人均地区生产总值（万元）	三产占比	人均可支配收入（元）
苏州	东部	二 & 三产	发达	大	678	15475	14.56	51.54%	46595
南京	东部	二 & 三产	发达	特大	663	10503	12.73	58.39%	44009
舟山	东部	一 & 三产	发展中	小	97	1241	10.75	48.70%	41564
深圳	南部	三产	发达	大	385	19492	16.74	60.05%	46667
佛山	南部	二产	发展中	中	400	8630	11.59	38.69%	41941
泉州	南部	三产	发展中	中	730	6646	7.78	38.54%	30855
成都	西部	二 & 三产	发达	特大	1399	12170	7.69	53.11%	31025
兰州	西部	二 & 三产	发展中	特大	324	2264	6.12	62.44%	29661
银川	西部	二产	发展中	中	184	1617	7.43	45.34%	30477
敦煌	西部	三产	欠发达	小	19	597	2.67	49.92%	31332
武汉	中部	二 & 三产	发达	超大	834	11912	11.14	52.84%	35383
贵阳	中部	三产	发展中	特大	401	3158	6.78	57.06%	29502
洛阳	中部	二产	发展中	大	737	3820	5.64	46.98%	20812

注：二产、三产分别为第二产业和第三产业的简称，以下同。

以上数据及相关测算原始数据来自《中国统计年鉴（2017）》、《2017 中国城市统计年鉴》、中国统计信息网、各城市相关总结规划报告、国家统计局网站、中国就业网、各城市收集的资料等，以及通过调研和走访获取的一手信息。

为了方便直观地分析比较，我们用归一法做去量纲化计算，其基本公式如下：$Z_i = X_i / \sqrt[2]{\sum_{i=1}^{n} X_i^2}$。测算后基本数据见表 9.19。

<h3 style="text-align:center">表 9.19　样本城市的各指标去量纲化（2016）</h3>

城市	区域	产业	经济发展阶段	规模	户籍人口去量纲	地区生产总值去量纲	人均生产总值去量纲	三产占比去量纲	人均可支配收入去量纲	智慧城市发展指标体系得分	智慧城市发展指标去量纲
深圳	南部	三产	发达	大	0.14	0.45	0.42	0.28	0.32	96.77	0.31
北京	北部	三产	发达	超大	0.48	0.60	0.30	0.38	0 36	94.37	0.30

续表

城市	区域	产业	经济发展阶段	规模	户籍人口去量纲	地区生产总值去量纲	人均生产总值去量纲	三产占比去量纲	人均可支配收入去量纲	智慧城市发展指标体系得分	智慧城市发展指标去量纲
佛山	南部	二产	发展中	中	0.14	0.20	0.29	0.18	0.29	85.17	0.27
苏州	东部	二产 & 三产	发达	大	0.24	0.36	0.37	0.24	0.32	83.62	0.27
南京	东部	二产 & 三产	发达	特大	0.24	0.24	0.32	0.28	0.30	80.88	0.26
武汉	中部	二产 & 三产	发达	超大	0.30	0.28	0.28	0.25	0.24	80.12	0.26
成都	西部	二产 & 三产	发达	特大	0.50	0.28	0.19	0.25	0.21	78.06	0.25
泉州	南部	三产	发展中	中	0.26	0.15	0.20	0.18	0.21	77.43	0.25
舟山	东部	一产 & 三产	发展中	小	0.03	0.03	0.27	0.23	0.29	76.32	0.25
贵阳	中部	二产 & 三产	发展中	特大	0.14	0.07	0.17	0.27	0.20	73.24	0.24
淄博	北部	二产	发展中	特大	0.15	0.10	0.24	0.21	0.20	72.49	0.23
兰州	西部	二产 & 三产	发展中	特大	0.12	0.05	0.15	0.30	0.20	70.58	0.23
银川	西部	二产	发展中	中	0.07	0.04	0.19	0.21	0.20	70.12	0.23
洛阳	中部	二产	发展中	大	0.26	0.09	0.14	0.22	0.14	68.32	0.22
敦煌	西部	三产	欠发达	小	0.01	0.01	0.07	0.24	0.22	67.86	0.22
邢台	北部	二产	发展中	中	0.28	0.05	0.07	0.19	0.12	55.32	0.18

从以上数据可以看出:

第一,智慧城市发展得分偏高的城市多为华东和华南区域的城市。这些城市的显著特点就是经济发展水平较高,资金充裕,居民生活水平较高,居民文化素质较高,经济活跃,人才聚集。同时,政府执政理念也较为先进,敢于尝试新鲜事物,新的模式、试点城市等均处于该区域,其是中国智慧城市发展领先的区域所在。这些城市除了基础设施比较完善外,也非常注重领域的应用开发、大数据和人工智能的应用,是智慧城市发展的领头羊。

第二,智慧城市发展水平高低同产业类型没有直接的关系,但是得分高的多以第三产业为主。不同的产业类型的城市对智慧城市发展的关注点不同,尤其是从行业发展的角度看,其都会有相应的智慧点。第三产业的发展对于城市的基础条件、人才储备、政策规制等都提出相应的要求,这同智慧城市发展需要的基础条件有很多共性,也是带动城市经济使其更具有活力的基础支撑,所以第三产业的发展状况同智慧城市发展存在着必然的正向的关系。

第三,智慧城市发展同经济发展速度虽然不是完全成正比的关系,但其基本趋势是相同的,即经济发达的城市,智慧城市发展相对较好。城市经济发展良好，资金充足，市场活跃，人才济济，居民素质高，这都是智慧城市发展的有利条件，为智慧城市发展打下坚实的基础。反之，智慧城市发展也会对经济发展起到正向的推动作用，如企业融合服务平台、行业产业链、物流平台都会促进企业的发展，城市综合经济指标监控、管理预警分析等又会在宏观层面为政府决策保驾护航。所以，经济发展同智慧城市发展是相辅相成、协同推进的。

第四，智慧城市建设状况同城市规模没有必然的关系。城市规模虽不同，但也可以在 TMM 一些策略选择上找到一些共性。也就是说，大城市未见得智慧城市发展得就好，得分就高，反之亦然。但是，可以看出，城市规模具有相应的特性，如大城市人口众多，很大程度上在交通问题、环保问题、政府服务等方面都有迫切的需求。而小城市则在其特色产业诸如旅游、养老、中药等方面具有独特的天然禀赋，这些行业或者产业的核心能力、信息平台和运营机制的打造，是该类型城市需求的共性之处。

总的来说，智慧城市发展同区域生产总值、人均区域生产总值和人均可支配收入基本是呈正相关的，也就是城市经济发展同智慧城市发展是相互促进的关系。智慧城市发展对城市的经济起到积极正向的作用，同时对政治、社会、文化、生态文明也有明显的积极作用。

第五节　基于 TMM 的智慧城市发展预警分析

智慧城市发展是一个复杂、多元、长期的系统工程，在清晰分析和评价智慧城市建设现状的基础上，建立科学、可量化的智慧城市发展预警模型，是智慧城市建设和发展历程中的重要环节。本书基于对智慧城市建设和发展的深入研究，将理论和实践深度融合，提出了 TMM 的智慧城市发展评价指标体系，并借助大量样本数据进行综合分析，创建了评价体系和模型。本节在此基础上，基于已经构建的指标体系和权重，运用改进的灰色关联度预警模型，研究和设计智慧城市发展预警模型。

一、改进的灰色关联度预警模型

灰色系统理论是由著名学者邓聚龙教授首创的一种系统科学理论，其中的灰色关联分析是根据各因素变化曲线几何形状的相似程度，来判断因素之间关联程度的方法。此方法通过对动态过程、发展态势的量化分析，完成对系统内时间序列有关统计数据几何关系的比较，求出参考数列与各比较数列之间的灰色关联度。

智慧城市发展如果存在问题，大多是由于主体、技术、模式的不协调引发的。智慧城市系统的特点是系统要素繁多、关系复杂、维数较大，具有大量的不确定性和灰色性。智慧城市发展是"主体—技术—模式"复合系统，是一类典型的灰色系统，对智慧城市发展预警问题运用灰色系统理论来建模是恰当的。

灰色关联分析首先设有 N 年智慧城市评价样本，具体计算步骤如下：

第一步，确定分析数列：

确定反映系统行为特征的参考数列和影响系统行为的比较数列。反映系统行为特征的数据序列，称为参考数列。由影响系统行为的因素组成的数据序列，称为比较数列。设参考数列（又称母序列）为 $Y = \{Y(k) \mid k = 1, 2, \cdots, n\}$；比较数列（又称子序列）$X_i = \{X_i(k) \mid k = 1, 2, \cdots, n\}, i = 1, 2, \cdots, n$。

第二步，变量的无量纲化：

由于系统中各因素列中的数据可能因量纲不同，不便于比较或在比较时难以得到正确的结论。因此在进行灰色关联度分析时，一般都要进行数据的无量纲化处理。

第三步，计算关联系数：

$x_0(k)$ 与 $x_i(k)$ 的关联系数，记 $\Delta_i(k) = \mid y(k) - x_i(k) \mid$，则

$$\xi_i(k) = (\min \Delta_i(k) + \rho + \max \Delta_i(k)) / (\Delta_i(k) + \rho \max \Delta_i(k))$$

$\rho \in (0, \infty)$，称为分辨系数。ρ 越小，分辨力越大，一般 ρ 的取值区间为 $(0, 1)$，具体取值可视情况而定。当 $\rho \leqslant 0.5463$ 时，分辨力最好，通常取 $\rho = 0.5$（本书的计算也是按 0.5 来的）。

第四步，计算关联度，求灰色关联系数：

因关联系数是比较数列与参考数列在各个时刻（曲线中的各点）的关联程度值，所以它的数不止一个。由于信息过于分散不便于进行整体性比较，因此有必要将各个时刻（曲线中的各点）的关联系数集中为一个值，即求其平均值，作为比较数列与参考数列间关联程度的数量表示。关联度公式如下：

$$r_i = \sum_{k=1}^{n} \xi_i(k) / n, k = 1, 2, \cdots, n$$

第五步，构建改进的灰色关联分析模型：

灰色关联度评价求得的评价值分辨率较低，评价值之间的数据差值不明显，很难区分出两个级别间的差异，给预警造成了困难。为了提高评价决策的分辨率，在灰色关联度的基础上，定义的灰色关联差异度、灰色隶属度为测度，以改进灰色关联度分析方法。用改进的灰色关联度分析方法构建的模型称

为改进的灰色关联分析模型。为了衡量序列间的差异程度，可定义灰关联差异度距离作为序列间差异程度的度量标准。

（1）灰关联差异度

$$\hat{r}_{ij} = 1 - r_{ij} = \sum_{k=1}^{N} w_k (1 - \xi_{ij}(k))$$

式中，w_k 为第 k 个评价指标的权重。

（2）灰色关联差异度距离

$$d_{ij} = \left(\sum_{k=1}^{N} \left[w_k (1 - \xi_{ij}(k)) \right]^p \right)^{\frac{1}{p}}$$

式中，p 为距离参数，$p=1$ 为海明距离，$p=2$ 为欧式距离。

（3）定义产 u_{ij} 为灰色隶属度，将城市生态样本 i 与第 j 级评价标准的差异程度用智慧城市样本与各级标准之间的灰色隶属度为权的加权灰关联差异度距离来表示：

$$D_{ij} = u_{ij} d_{ij} = u_{ij} \left(\sum_{k=1}^{N} \left[w_k (1 - \xi_{ij}(k)) \right]^p \right)^{\frac{1}{p}}$$

式中，u_{ij} 表示样本 i 隶属于第 j 级评价标准的程度。定义 D_{ij} 不仅考虑了指标权重，而且考虑了样本 i 归属 j 级别的灰色隶属度权重 u_{ij}，更合理地描述了城市样本 i 与评价标准 j 之间的差异程度。

本书灰色隶属度集 $U = (u_{ij})$ 满足下述条件：

$$\sum_{j=1}^{C} u_{ij} = 1, i = 1, 2, \cdots, M \tag{9-1}$$

$$\sum_{i=1}^{M} u_{ij} > 0, j = 1, 2, \cdots, C \tag{9-2}$$

满足上述条件的 u_{ij} 有无穷多个，为了从理论上解出最优 u_{ij}，构造如下目标函数，使城市生态样本 i 与各级标准 j 之间的加权灰关联差异距离平方和最小，即：

$$\min \{ F(u_{ij}) \} = \min \left\{ \sum_{j=1}^{C} \left[u_{ij} \left(\sum_{k=1}^{N} \left[w_k (1 - \xi_{ij}(k)) \right]^p \right)^{\frac{1}{p}} \right]^2 \right\} \tag{9-3}$$

根据等式约束公式（9-1）和目标函数公式（9-3）生成拉格朗日函数，将等式约束求极值转换成无约束极值问题，则拉格朗日函数为：

$$L(u_{ij}, \lambda_i) = \sum_{j=1}^{C} \left[u_{ij} \left(\sum_{k=1}^{N} \left[w_k (1 - \xi_{ij}(k)) \right]^p \right)^{\frac{1}{p}} \right]^2 - \lambda_i \left(\sum_{j=1}^{C} u_{ij} - 1 \right)$$

$$\tag{9-4}$$

式中，λ_i 为拉格朗日乘子，分别对公式（9-4）中的 u_{ij} 和 λ_i 求偏导数，

且令偏导数为零，得：

$$\frac{\partial L(u_{ij}, \lambda_i)}{\partial u_{ij}} = 2u_{ij} \left(\sum_{k=1}^{N} \left[w_k (1 - \xi_{ij}(k)) \right]^p \right)^{\frac{2}{p}} - \lambda_i = 0 \quad (9-5)$$

$$\frac{\partial L(u_{ij}, \lambda_i)}{\partial u_{ij}} = \sum_{j=1}^{C} u_{ij} - 1 = 0 \quad (9-6)$$

由公式（9-5）得：

$$u_{ij} = \frac{\lambda_i}{2 \left(\sum_{k=1}^{N} \left[w_k (1 - \xi_{ij}(k)) \right]^p \right)^{\frac{2}{p}}} \quad (9-7)$$

由公式（9-5）和公式（9-6）得：

$$\lambda_i = \frac{2}{\sum_{j=1}^{C} \frac{1}{\left(\sum_{k=1}^{N} \left[w_k (1 - \xi_{ij}(k)) \right]^p \right)^{\frac{2}{p}}}} \quad (9-8)$$

由公式（9-7）和公式（9-8）得：

$$u_{ij} = \frac{1}{\left(\sum_{k=1}^{N} \left[w_k (1 - \xi_{ij}(k)) \right]^p \right)^{\frac{2}{p}} \sum_{j=1}^{C} \frac{1}{\left(\sum_{k=1}^{N} \left[w_k (1 - \xi_{ij}(k)) \right]^p \right)^{\frac{2}{p}}}} \quad (9-9)$$

简化得：

$$u_{ij} = \frac{1}{\sum_{j=1}^{C} \left[\frac{\sum_{k=1}^{N} \left[w_k (1 - \xi_{ij}(k)) \right]^p}{\sum_{k=1}^{N} \left[w_k (1 - \xi_{ij}(k)) \right]^p} \right]^{\frac{2}{p}}}, i = 1, 2, \cdots, M; j = 1, 2, \cdots, C$$

$$(9-10)$$

公式（9-10）为改进的灰色关联度基本模型。u_{ij} 为第 i 个样本隶属于第 j 级预警标准的灰色隶属度，由此可以计算得到全体城市样本对于各级预警标准的灰色隶属度。根据灰色隶属度的意义，待评价的城市样本应划归使 u_{ij} 为最大的评价级别。

二、智慧城市发展协调度的计算

根据智慧城市发展的 TMM 内涵，智慧城市发展的基本特征之一是主体、模式、技术三者协调发展，其关系应当是相互协调，共同促进城市社会进步。这种协调关系在评价中表现为样本的三类指数应相互均衡。技术、主体、模式之间关系越协调，其评价值就会越接近；关系越不协调，其评价值就会相差较大。

本书采用的计算协调度公式如下：

$$H = 1 - \sqrt{\sum_{i=1}^{N} (F_i - F)^2 / N}$$

式中，H 表示系统的协调度值，F_i 为第 i 个子系统的预警值，F 为 N 个子系统预警值的均值，N 为子系统的个数。

从公式可以看出，系统协调度 H 越大，说明系统协调程度越高；系统协调度 H 越小，说明系统协调发展程度越低。从历年的协调度时间序列，可以了解城市生态系统的协调性发展趋势。

三、预警标准体系的划分

结合智慧城市发展评价标准和指标体系，面向一级、二级、三级指标，将诊断预警区间划分为五个区域即无警、轻警、中警、重警、巨警。预警信号可以采用交通灯形式，分别对应五个灯区：绿灯、浅蓝灯、蓝灯、黄灯和红灯。

本书借鉴经济预警的思想，在对智慧城市发展进行预警时，针对评价指标体系的第三级指标阈值，结合专家经验法和灰色关联方法，为每个指标确定五个级别，最终确定智慧城市发展第三级指标的年度发展状态。第一级和第二级指标根据各样本方案灰色隶属度最大的原则进行预警。

四、以南京为例的预警分析

通过各种年鉴、网络数据和调研数据，获取南京市近 7 年样本数据，样本数据的获取方式和清洗处理方式与本章前面采用的方法相同。基于改进的灰色关联度预警模型，设计子系统个数 $N = 3$，计算得到 2011—2017 的 TMM 协调度值以及对 2018 年的预测，见表 9.20。

表 9.20　南京市 2011—2018 的 TMM 协调度分析表

年份	2011	2012	2013	2014	2015	2016	2017	2018
协调度	0.9247	0.9034	0.9348	0.8517	0.8777	0.9024	0.9345	0.9471

南京市 2011—2018 的协调度分析图见图 9.7。

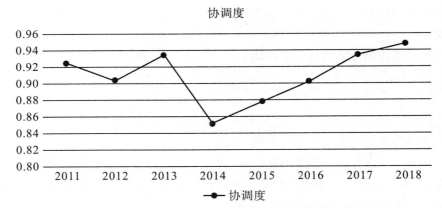

图 9.7　南京市 2011—2018 年 TMM 协调度分析图

南京市 2011—2018 年的协调度预警情况如表 9.21。

表 9.21　南京市 2011—2018 年 TMM 协调度预警表

年份	预警结果				
	绿色	浅蓝色	蓝灯	黄灯	红灯
	无警	轻警	中警	重警	巨警
2011		▨			
2012			▨		
2013		▨			
2014				▨	
2015			▨		
2016		▨			
2017		▨			
2018		▨			

从图表中可以看出，从 2011 年南京启动智慧城市战略以来，在 2011 年到 2013 年之间，协调度出现了波动式增长，通过对三级指标的预警分析，得出波动原因主要来自智慧城市发展初期，每一年 TMM 三者之间发展重点出现波动，如：2012 年侧重技术投入，但对具有城市特色的主体缺少战略级侧重。到 2014 年，南京智慧城市协调度发展处于最低水平，为黄色预警。2015 年开始，初步扭转不协调的状态，并逐步呈现较高的水平，这得益于南京在智慧城市发展中，注意主体、模式和技术三者并重，2018 年呈现稳中有升的趋势，

处于绿色的无警情况，表明只要按照当前的战略规划，少做极端性倾斜，南京的智慧城市发展将保持较好的趋势。如在未来的分析和预测中，出现周期性不协调态势，可优先从协调度入手，研究制定智慧城市发展策略。

智慧城市发展过程中，我们可以利用这个模型进行多维度预警。本书仅以TMM协调度为例，以这种预警模型在未来的规划中找到问题，并形成相应的预案。

第六节　本章小结

智慧城市发展评价指标体系对于各地开展智慧城市建设具有重要的引导和支撑作用。随着中国各类智慧城市试点建设和实践探索的推进，国家、部分地方政府、研究机构等对智慧城市评价指标体系不断完善，并强化标准的应用实施。本章对国内外主要评价指标进行了简要回顾和总结，并结合中国智慧城市建设的复杂性和阶段性特点，以"技术-主体-模式"TMM为基本架构，设计了具有广泛适用性的智慧城市发展指标体系，并用层次分析法进行了权重的确定。在分析了典型城市南京后，又综合考虑了各种城市分类和区域的不同，以16个城市为样本，对分类标签、经济指标和智慧城市发展评价做相应的分析，得出智慧城市发展跟城市规模关系不大，但不同规模的城市具有一定的TMM策略选择的共性；同产业结构没有直接关系，但智慧城市发展评价好的城市，第三产比例相对高；智慧城市发展的评分高低同经济发展指数基本成正向关系。最后，利用灰色关联度理论，就技术、主体和模式发展的协调度构建了预警模型。智慧城市发展评价指标体系和预警模型的建立，可不断修正智慧城市发展策略，确定不同发展阶段的建设方向和重点。

第十章　智慧城市发展的政策体系构建

　　智慧城市发展是一个复杂的、系统的工程，仅仅以基本的框架和业务规划为依托是不够的，相关的配套政策和制度保障措施必不可少。城市化进程中，政府主导因素凸显，在智慧城市发展中，政府已经成为最重要的主体，其主导颁布的政策法规等相关制度起到决定性作用。本章分析国内外已发布的智慧城市发展相关政策制度，并从中国实际情况出发，提出相关政策法规的建议。

第一节　政策体系在智慧城市发展中的重要性

　　政策法规在智慧城市发展过程中的作用显著，其在方向引领、宏观调控、标准搭建、行动指南、财政支持等方面提供了强有力的保障，在智慧城市发展建设中起到了"助推器"的作用。

一、政策规制为智慧城市发展指引方向

　　新加坡的"智慧国家2025"计划和欧盟的"欧洲2020战略"以及中国政府发布的《国家新型城镇化规划（2014—2020）》中智慧城市的相关内容，都体现了国家层面对智慧城市发展的引导。在中国，2015年国务院颁布《关于成立国家制造强国建设领导小组的通知》，体现了国家对于推动智慧制造发展的决心。类似引导性的政策规范还有很多，例如，2017年7月颁布了《新一代人工智能发展规划》，鼓励构建多元异构数据融合的城市运行体系，以实现对城市复杂系统的全面感知和城市规划、建设、管理全周期的智能化。这一政策的颁布，推动了AI技术行业的快速发展①。

　　在智慧城市的建设过程中，国家和各地政府结合各行业的特点和当前所处的发展阶段，不断完善产业化的政策法规，以需促用、以用促建，对智慧城市的发展起到了重要的引导作用。

---

　　①　黄倩蔚. AI智能公共安全时代已到来［N］. 南方日报，2017－12－23（007）.

二、政策规制为智慧城市发展提供动力

政府在智慧城市发展过程中是最重要的主体，其发布的相关法规为智慧城市发展提供了动力。这一特征在中国尤其明显，"政府主导"的因素远远大于"市场演变"的因素，政策在城市的发展规划中起到了决定性的作用。智慧城市成为众多城市发展的重点，正是在国家"十二五"规划出台之后开始的。当前中国智慧城市的建设中，政府发挥着主体作用。可以预测，随着城市化进程的逐步深化，关于智慧城市分领域的细化指导类意见和政策将会陆续出台，这使得智慧城市的建设有着"政策光环"的加持。

三、政策规制为智慧城市发展提供保障

智慧城市项目属于创新性事业，其顶层规划决定了项目发展是否平衡、可持续，而这需要高起点、具体化、实用性的政策支持体系作为支撑和保障。智慧城市的一大特征就是广泛的信息和知识共享，若没有强有力的知识产权保护政策，信息和数据共享的范围和深度就会受到限制，难以形成有效的信息流动。在智慧城市背景下，信息安全风险的影响范围和出现的可能性都大幅提升，为了防止信息安全漏洞给居民、企业、地区政府乃至国家安全造成损害，可通过立法和颁布行政政策等手段增加破坏信息安全的成本，规避风险。

第二节 政策体系的构建

政策法规的水平对智慧城市的整体设计和规划有着重大的影响。为了更好发挥政府在智慧城市建设中的"经纪人"作用，同时引入更多的社会资本参与，政策制定者应当构建一套涵盖财政政策、人才政策、金融政策、技术政策和其他政策的政策法规体系。

一、政策体系现状

自智慧城市发展以来，英国、美国、新加坡等发达国家和中国、印度等新兴国家越来越多地投资于智慧城市。各国先后制定了一系列政策，这些政策主要着眼于产业发展和科技研究，并提出智慧城市能促进经济增长和科技创新，同时还可以改善人民的生活水平。参与到智慧城市发展建设的国家在不同层面已经陆续颁布了多项鼓励智慧城市发展的政策，覆盖了经济、信息、知识产权、智能制造等多个领域。

（一）国外相关政策体系

国际上很多国家都先后出台了促进智慧城市发展的相关政策，着重体现在以下两个方面：

第一，许多国家已将智慧城市升级为国家战略。早在 2006 年，新加坡就提出了"智慧国 2015"战略，明确将其定位为领先战略，并提出利用智慧城市建设来减少城市交通拥堵，促进经济增长，提高城市服务水平。2015 年，新加坡发布了"智慧国家 2025"计划，明确将数据收集、智能分析和处理作为建设的重点。欧盟推动"欧洲 2020 战略"，发布"智慧城市和社区欧洲创新伙伴关系行动"政策，如：通过欧盟层面的总体战略，最大限度地利用新能源、交通运输和信息通信等国家先进技术领域，实现城市绿化生产，生活方式向低碳和智能化转型。自 2015 年以来，美国和澳大利亚等国也发布了国家战略。2015 年 9 月，白宫发布了全国智慧城市计划，计划投资 1.6 亿美元，用于加强城市服务供应，改善交通运输，应对气候变化和刺激经济复苏。澳大利亚总理于 2016 年 4 月发布了全国智慧城市计划，印度政府于 2015 年 6 月宣布推出 100 个智慧城市建设计划，越南政府总理阮春福批准了越南可持续发展智慧城市 2018—2025 年阶段和 2030 年愿景的提案。

第二，科技研发、应用普及和基础环境优化成为政策焦点。其主要表现在：其一，各国加大基础和应用科学研发投入，认为其是智慧城市发展的重要支撑。如：美国投入 1.6 亿美元启动的智慧城市计划，其中主要用于智慧城市基础技术研发和对安全、能源、交通、气候应对等应用技术领域研发。其二，推动普及应用先进 ICT 技术，新加坡"智慧国家 2025"中提出通过 ICT 技术采集全国数据信息，并基于这些信息实现便民服务、经济发展和更好的城市管理。其三，以点带面，紧抓试点项目。2012 年 7 月欧盟正式启动"智慧城市和社区欧洲创新伙伴关系行动"，旨在将欧洲各城市管理者、企业以及公民代表的意见汇集在一起，之后进一步出台智慧城市与社区的战略实施计划和操作实施计划两个纲领性文件[①]。其四，优化基础环境。2015 年 8 月，印度公布 98 个智慧城市试点，重点聚焦在加强城市基础设施上。欧盟智慧城市发展突出的主题是绿色和低碳，交通、能源、水资源也作为基础环境的优化领域。

（二）中国相关政策体系

中国在智慧城市发展规划和建设上起步较晚，但通过近几年的发展，已经

---

① 王广斌，崔庆宏. 欧洲智慧城市建设案例研究：内容、问题及启示 [J]. 中国科技论坛，2013 (7)：123-128.

有了显著的成绩。其主要包括以下几个方面。

1. 智慧城市发展纲领性指导文件

为推动智慧城市发展，国家在整体层面提出了很多指导意见，有国务院直接下发的，也有各部委相应的指导意见，还有多部委联合发布的文件。从"数字城市"理念提出，到正式确定"智慧城市"发展思路，国家在这几年不断地出台文件（表10.1），充分体现了国家对于智慧城市发展的高度重视。

表 10.1　智慧城市发展纲领性指导文件（示例）

时间	部门	政策	核心内容
2013年8月	国务院	《国务院关于促进信息消费扩大内需的若干建议》	加快智慧城市建设，在有条件的城市开展智慧城市试点示范建设
2014年1月	发改委等12部委	《关于加快实施信息惠民工程有关工作的通知》	围绕当前群众广泛关注和亟待解决的医疗、教育、社保、就业、养老服务等民生问题，选择信息化手段成效高、社会效益好、示范意义大、带动效应强的内容作为工作重点
2014年3月	国务院	《国家新型城镇化规划（2014—2020）》	促进跨部门、跨行业、跨地区的政务信息共享和业务协同，强化信息资源社会化开发利用
2014年8月	国务院等8部委	《关于促进智慧城市健康发展的指导意见》	加强顶层设计，推动构建普惠化公共服务体系，支撑建立精细化社会管理体系，促进宜居化生活环境建设
2015年10月	国务院	《关于开展智慧城市标准体系和评价指标体系建设及应用实施的指导意见》	智慧城市标准化制定提上国家日程，到2020年累计完成50项左右的智慧城市领域标准制定
2016年11月	国务院	《关于组织开展新型智慧城市标准工作　务实推动新型智慧城市健康快速发展的通知》	研究制定了新型智慧城市评级指标体系、评价工作要求，评价组织方式
2017年12月	国务院	《促进新一代人工智能产业发展三年行动计划（2018—2020）》	通过实现四项任务，力争到2020年，一些人工智能标志性产品取得重要突破，若干领域具有国际竞争优势等

2. 智慧城市发展试点开展指导文件

以试点的方式推动智慧城市发展建设是一个重要的方式，中国最早推动试点的是中华人民共和国住房和城乡建设部，之后各部委都从不同的方面推动着智慧城市的发展（表10.2）。

表10.2　智慧城市发展试点指导文件（示例）

时间	部门	政策	核心内容
2012年11月	住建部	《国家智慧城市试点暂行管理办法》	明确智慧城市试点申报和实施管理办法，明确智慧城市发展方向
2012年11月	住建部	《国家智慧城市（区、镇）试点指标体系》	三级指标体系，涵盖保障体系与基础设施、智慧建设、管理服务和智慧产业与经济四大方面
2012年12月	住建部	《关于开展国家智慧城市试点工作的通知》	明确智慧城市发展的方向和目标，提出探索智慧城市发展的科学方式
2013年1月	工信部	《国家智慧城市试点创建工作会议》	公布首批智慧城市名单90个，地级市37个，区县50个，镇3个
2013年4月	住建部	《智慧城市公共信息平台建设指南（试行）》	智慧城市总体框架包括网络层、感知层、公共设施、公共数据库
2013年5月	工信部	《住房城乡建设部办公厅关于开展国家智慧城市2013年度试点申报工作的通知》	公布了第二批试点城市名单共103个，至此，国家智慧城市试点总数已经达到193个
2013年8月	国务院	《国务院关于促进信息消费扩大内需的若干建议》	加快智慧城市建设，在有条件的城市开展智慧试点示范建设
2013年12月	国土资源部	《智慧城市时空信息云平台建设试点技术指南》	选择交通、城管、应急、旅游和公共等领域开展具有云服务的应用示范区
2014年1月	发改委	《关于加快实施信息惠民工程有关工作的通知》	围绕当前群众广泛关注和亟待解决的医疗、教育、社保、就业、养老服务等民生问题，提高信息化手段
2014年3月	国务院	《国家新型城镇化规划（2014—2020）》	促进政务信息和政务业务在部门、行业、地区间加强共享和协同，强化信息资源社会化开发利用
2014年4月	国务院部委	《关于进一步加强政务部门信息共享建设管理的指导意见》	发挥国家政务信息化，促进服务型政府建设，提高依法行政能力，提升社会管理科学化水平

时间	部门	政策	核心内容
2015 年 4 月	住建部 科技部	《关于公布国家智慧城市 2014 年度试点名单的通知》	确定了北京市门头沟区等 84 个地区为国家智慧城市 2014 年度新增试点

3. 智慧城市发展各领域指导文件

为贯彻落实国家智慧城市发展纲要性文件中的相关内容，各部委有针对性地在不同领域和行业都发布了不同的相关政策法规和指导性文件，如《中国制造 2025》、《国务院关于积极推进"互联网＋"行动的指导意见》（国发〔2015〕40 号）、《国务院关于印发促进大数据发展行动纲要的通知》（国发〔2015〕50 号）等文件（表 10.3）。

表 10.3　智慧城市发展各领域指导文件（示例）

时间	部门	政策	核心内容
2013 年 4 月	住建部	《智慧城市公共信息平台建设指南（试行）》	智慧城市总体框架包括网络层、感知层、公共设施、公共数据库
2013 年 12 月	国土资源部	《智慧城市时空信息云平台建设试点技术指南》	选择交通、城管、应急、旅游和公共等领域开展具有云服务的应用示范区
2017 年 1 月	交通部	《推进智慧交通发展行动计划（2017—2020）》	2020 年逐步实现基础设施、生产组织、运输服务、决策支持四个方面的智能化
2017 年 1 月	教育部	《2017 年教育信息化工作要点》	基于智慧教育行动计划，2017 年重点实行均等教育
2017 年 5 月	水利部	《关于推进水利大数据发展的指导意见》	搭载水利大数据平台，收集整理数据，形成决策支持
2017 年 9 月	住建部	《智慧城市时空大数据与云平台建设技术大纲》	原有地理空间框架上依托城市云基础环境搭载云空大数据平台
2018 年 7 月	国务院	《进一步深化"互联网＋政务服务" 推进政务服务"一网、一门、一次"改革实施方案》	加快政务服务"一网通办"，就企业群众办事"办事只进一扇门""最多跑一趟"等做出部署

4. 智慧城市发展地方性指导文件

在中国，智慧城市发展建设率先在一线和二线信息化基础比较完善的城市

智慧城市发展研究

展开，如北京、上海、深圳、南京、武汉、苏州等。除了试点城市外，很多二、三线城市和区县也都相继展开了智慧城市建设。目前中国副省级城市已经达到 100% 的覆盖率，开展智慧城市的地级市已达 89%，县级市则在 50% 左右。可以看到，省、市、县、区以及各委办局都发布了很多相关的政策和指导性文件，对智慧城市发展建设起到了指导和促进作用。值得一提的是，经宁夏回族自治区第十一届人民代表大会常务委员会第二十六次会议批准，《银川市智慧城市建设促进条例》（以下简称《条例》）已于 2016 年 10 月 1 日起正式施行。《条例》是全国首部推进智慧城市建设的地方性法规，为中国首创。《条例》的颁布实施是银川市推进智慧城市建设的重要一步，将对促进智慧城市建设和管理带来深远影响，必将提升银川智慧城市建设水平。

可以看出，国家对智慧城市发展的政策红利正逐步释放。目前中国智慧城市发展仍偏重建设，在政策角度对服务应用的支撑还不够，除了上述比较有效的政策规制外，建议在财政、人才、金融、技术管理等方面激发政府、企业、公众等各方主体的创新活力，持续地、有针对性地、全面地共同推动中国智慧城市的发展。

二、财政政策建议

在中国，市场对智慧城市的构建大多还处于观望状态，政府财政的大力支持是智慧城市建设的主要路径之一。智慧城市发展是一个崭新的课题，财政对智慧城市建设的支持还没有成型的模式。要想充分发挥政府财政支持对智慧城市发展的推动，可以从以下几个方面着手：

第一，突出财政扶持重点项目。开展智慧城市建设项目的政府，在分配财政投入时应加强在智慧城市领域投入的增幅，使其略高于经济增长的增幅，这样可以确保智慧城市在资金方面的稳定性，同时传达出重视智慧城市项目的信号。由于智慧城市涉及的领域众多，而财政资金有限，因而在进行投入分配时应当做到重点突出。可以优先扶持自主创新能力较强、掌握核心技术、对地方税收贡献较大的科技创新企业，鼓励其开展创新研发工作，并与区域的智慧城市建设重点相结合，提升智慧城市建设的层次和结构。另外，可以在高校和创新企业集中的区域建设信息产业孵化器，服务于与智慧城市项目相关的中小企业，营造有利于中心企业创新发展的外部环境。

第二，对智慧城市项目相关行业给予一定的税收优惠。不仅对高新产业园区内的企业给予税收优惠，还要继续扩大税收优惠涵盖的范围，对智慧产业起到支撑作用的企业也应该给予税收的减免。甚至对于一些外资企业，只要其是

222

当地智慧城市建设项目的供应商、服务商，也可以给予一定的税收优惠。具体的优惠方式包括投资抵免、加速折旧、税率优惠等，可综合运用各类税收优惠政策，吸引社会资本向智慧城市建设相关的高新技术产业集聚。

第三，充分发挥政府采购的导向功能。政府采购智慧城市建设基础设施时，若本土企业生产的产品质量过关、价格合理，可优先选购本土产品，以扶持地方智慧城市相关产业发展。地区内高校在智慧城市建设研究中若需采购相关设备，允许以公开招标的形式购买中国一流的设备，以确保研究的顺利进行。

第四，强化财政政策保障作用。尤其是对智慧城市发展中的领军人才，可以设立专项人才发展基金，强化对智慧城市相关领域人才的培养机制。此外，也可以采取薪酬激励、户籍激励方式，引进高端人才。

三、人才政策建议

智慧城市的建设，不仅对科学技术的发展提出了要求，同时，也对城市管理和政策设置提出了新的挑战。而无论是硬件的发展还是软文化的调整，都离不开人才的支持。针对智慧城市的人才政策应与中国的科教兴国战略和人才强国战略紧密结合，坚持问题导向[①]，造就和汇聚一批专业领域的高端人才。

首先，改善人才的发展环境。为更好地推动智慧城市发展相关领域人才的培养、评价、流动、引进，需要保证人才的生活、居住环境，并且改善医疗和人才子女教育的条件，让人才无后顾之忧，可以更好地从事研究及生产工作。同时，注意防止岗位竞聘暗箱操作，确保对人才评价的公平公开。

其次，对于高端人才给予政策倾斜。任何领域的发展都离不开高端人才的推动，而高度依赖信息技术发展的智慧城市，其人才"二八法则"更为突出，有必要对领军人才给予一定的政策倾斜。不仅要关注科技人才，对于哲学社会科学的人才也要给予一定的重视，避免因人才队伍的结构失衡，导致智慧城市的建设"软""硬"件失衡。

再次，引导人才区域性合理流动。党的十八大以来，中国的区域协调性有所改善，"一带一路"建设、京津冀及长江经济带发展成效显著，但与智慧城市发展息息相关的信息技术领域人才仍更多向东南沿海、北上广深等经济发达城市和地区流动，各区域间人才资源的不平衡较为明显。中国的智慧城市试点多分布在东北、中西部地区，有必要通过国家政策鼓励和地方福利支持，吸引

---

① 薄贵利. 为强起来提供坚实人才支撑［N］. 人民日报，2018-05-27（C005）.

智慧城市发展相关人才向真正需要的区域流动。

最后，减少优秀人才的流失。随着中国经济的稳定发展，近年来留学归国人员比例大幅上升。很多取得了其他国家永久居留权的优秀人才，尤其是一些智慧城市领域人才，在学习了其他国家的先进技术和经验后，未选择回国发展，不仅带走了附加在人才身上的知识技能，而且对于中国国际竞争力的提升具有明显的制约作用。当前，一些地区在吸引归国人才方面已经取得了一定的成效，例如，北京地区通过为留学人员提供优惠的落户政策，每年都吸引了一大批人才归国。各地方政府有必要结合地区特色，提供一定的人才吸引政策。

四、金融政策建议

2015 年 8 月，中国银监会及国家发展改革委员会就针对银行业支持重点领域重大工程建设提出了指导意见，指出要贯彻落实党中央、国务院关于稳增长、促改革、调结构、惠民生、防风险的要求，真正发挥出银行业金融机构对于国家重点领域发展的支撑作用。智慧城市作为政府、市场共同发力的重点工程，银行业在为其建设提供信贷支持时，需从贷前、贷中、贷后几个角度出发，确保充分发挥金融作用，真正对智慧城市发展的可持续性和科学性提供助力。

第一，科学设定准入门槛。智慧城市发展所涉及的领域往往具有科技水平高、创新性强的特点。银行业、信托机构等金融机构需结合智慧城市的特点和类别，完善项目评价模型，设定差异化的信贷政策，实现分类管理。

第二，优化信贷流程。信贷门槛调整解决的是能不能对智慧城市发展提供信贷支持的问题，而方不方便获得信贷主要取决于信贷流程的设计。信息技术的发展瞬息万变，智慧城市的发展也对金融支持的时效性有所要求，金融机构在智慧城市相关重大工程项目的受理和审批过程中，应充分利用 Score Card 和大数据模型，提高预评审准确性和审批时效性。在进行评审时，有必要设定评审优先级，对于重要且紧迫的项目优先评审。在金融机构中引入智慧城市相关领域的跨行业人才，对项目投资规模、未来现金流等进行科学测算，合理确定金融产品的种类、周期和回款方式。

第三，提供差异化金融服务。智慧城市发展的重要目标之一就是解决"城市病"问题，这与金融业绿色信贷的追求不谋而合。根据发展定位，可以对其给予重点支持，在合规及风控允许范围内为解决城市感知、城市绿化、智慧社区等工程项目优先提供期限合理、现金流稳定、低成本的资金支持，保证智慧城市项目相关的高新技术企业不会出现信贷成本过高、融资困难的问题。

智慧城市发展方案具有一定的可迁移性，因而可能出现同一家建设企业在各地政府的招标中多次中标的情况，而全国性商业银行同样具有网络分布广的优势，可以更好地为这种跨省市的建设企业提供金融服务。围绕智慧城市的建设，除银行外，金融资产管理公司、信托公司、集团财务公司、金融租赁、金融担保公司也可以结合运营上的优势，探索上下游的行业配套特色化金融服务。

第四，提升贷后管理的持续性。在为智慧城市发展项目发放贷款后，银行等金融机构还需要定期、持续性关注项目的贷后数据，在出现不良贷款后，积极利用市场化手段，处置不良资产。并结合贷后表现对风控模型进行动态调整，为后续相关领域贷款方案提供参考。并且，银保监会等有必要针对智慧城市发展的相关领域出台指导意见，确保回款现金流的持续、稳定。

五、技术管理政策建议

所谓技术管理，简而言之就是针对技术行业所做的管理工作。对于智慧城市相关的技术管理政策，可以从宏观、微观两个角度分别加以剖析。在宏观角度，国家应根据城市发展需求和企业的生产能力，制定工艺规程、技术操作规范、检验制度及标准认证制度等政策，为行业的发展提供标准和规程的指引。在微观角度，在进行技术管理时首先需要进行全盘规划，并对行业发展前景和技术提升进程进行预测，避免重复建设或无效建设，打造良好的生产技术秩序，确保各生产要素可以保持良好的技术状况，可以为实际的生产提供良好的工艺水平。并且在智慧城市的实际建设过程中，需要做好技术团队分配和质量把控，及时解决建设过程中的突发问题。对于建设过程中新出现的需求，应结合总体规划来确定是否进行建设追加，避免无序建设。

对于建设过程中新出现的问题和瓶颈，可通过广泛地开展科学研究活动和交流活动，发动广大技术人员和科研工作者，不断攻坚克难，开发新技术，满足城市中多元主体的多样化需求。

六、其他政策建议

随着智慧城市发展的深化和普及，我们正步入信息社会，其最大的特点是信息不对称性的减弱。信息成为每人手中的工具和生产力，很多数据被不知不觉地应用，相应的问题也会随之而来。政府应该顺应这种需求，在数据开放共享规则、数据的隐私、个人的隐私等方面进行规章制度的完善，用政府治理保证个人隐私，甚至用立法的形式来解决问题。总之，随着智慧城市发展进入深

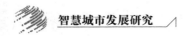

水区，需要逐步出台越来越多的政策、制度、法规与之相匹配。

第三节　本章小结

在智慧城市发展进程中，为智慧城市的发展保驾护航的是相关的配套政策和制度保障，其主要来源于政府。在国家、区域、城市等不同层面都会产生相应配套政策和制度，为智慧城市发展提供动力、保障，其中最重要的作用是方向指引。在阐述了政策体系的重要性后，本书阐述了国外的政策法规。国外的政策法规主要体现在国家战略和应用普及、基础环境优化方面。本书将中国现有的、基本的政策体系分为发展纲要类、试点开展类、领域指导类、地方性文件类，并依据中国的特征，在持续性、针对性、全面性和融合性的指导下，提出应传承原有的优势，在财政、人才、技术管理、金融等方面进行加强。本书特别提出了出台保护数据隐私和个人隐私等方面的政策甚至立法的建议，使之能为智慧城市发展持续提供动力和保障。

第十一章　智慧城市发展研究结论及展望

　　智慧城市不仅仅是一种城市存在形态，更是以信息技术手段为依托，将城市公众、企业、政府有机整合，形成智慧的产业经济、智慧的公众服务，以及智慧的城市运行和智慧的政府治理，最终实现城市整体经济水平的全方位升级。

　　党的十八大报告提出：坚持走中国特色的新型工业化、信息化、城镇化、农业现代化道路，推动信息化和工业化深度融合、工业化和城镇化良性互动、城镇化和农业现代化相互协调，促进工业化、信息化、城镇化、农业现代化同步发展。所以，基于信息技术城市能够改造和发展的领域有很多，包括社会、经济、文化领域，智慧城市发展将大大促进城市内外信息有序、高效生成、交换、发布和传播，提高城市综合实力。城市经济社会活动的灵活性，最终会产生"趋同"和"辐射"效应。智慧城市发展将极大地促进信息化在各个领域的最终实现，这对于消除区域内和区域间的发展不平衡，实现经济社会的可持续发展，提高综合竞争力具有重要意义。智慧城市的提出本身就是一种创新，各城市进行智慧城市的建设是创新发展的实践，是新发展理念的重要体现。

第一节　主要研究结论

　　本书以当前中国的智慧城市发展整体状况作为研究对象，结合马克思主义城市发展理论、西方经济学理论、城市经济学理论以及中国智慧城市发展中普遍具有的特点，总结了当前智慧城市发展中的主要模式，得出如下主要结论。

一、智慧城市发展需将技术、主体和模式有机结合

　　智慧城市发展是一个综合的、复杂的系统工程，是多种因素共同作用的结果，尤其是受技术、主体和模式三方面的影响。以此为基础，我们建立了TMM 基础分析模型，并以此贯穿整个智慧城市的发展建设中，让三者互相支撑，共同发挥作用，真正做到让技术为智慧城市发展提供基础，让主体协同体

现智慧城市发展核心，让模式保障智慧城市发展。

二、智慧城市发展需要成体系的信息技术作为支撑

信息技术是智慧城市发展的基础，信息技术有助于提高智慧城市的政府管理能力。综合运用信息技术有利于集中力量办大事，改善城市治安情况，改善城市的环保情况。但不是把所有最新的信息技术集合起来，就能提供智慧城市的技术基础支撑。在将信息技术与城市发展过程融合时，需要对信息技术进行一定的取舍，确保信息技术链条完整，以满足各项社会管理功能的需求。

通常情况下，智慧城市应具备的信息技术支撑体系包括云计算、移动互联网、大数据、物联网、智能制造、人工智能、区块链等核心技术。过分强调其中任意一项技术手段，虽然对城市的数字化水平提升具有一定作用，但难以实现"智慧化"。只有让几项技术协同作用，才能有效推进智慧城市发展。

三、智慧城市发展需要发挥主体协同的核心作用

智慧城市发展中涉及的领域、行业众多，横纵交织，繁复庞杂，但智慧城市的主体构成则较为简单，主要包括政府、研究机构、企业、公众。这四种主体与多种客体的相互作用共同构成了智慧城市发展的方方面面，构成了智慧城市发展的核心。在中国，大多数城市的建设采用的是政府主导型模式，这一模式由政府主导城市基础设施和网络平台的搭建，优势在于可以有效避免完全由市场主导而出现的发展不平衡问题，同时可以充分发挥政府采购和税收政策的引导作用。而且，政府可以对网络空间进行有效监督。然而，这一模式也存在着政府资金压力大、难以契合用户的个性化需求、审批流程繁琐、效率不高等问题。因而，随着中国智慧城市发展的深入，政府在发挥主体作用时，应把精力更多集中于"公共品"和"准公共品"的领域，具体的项目开展和标准设计，应充分发挥企业、研究机构、公众的作用。

四、智慧城市发展需要有与模式相适应的体制机制

生产力基础发展到一定的阶段，生产关系各核心要素即主体之间会形成一定的形式和规范体系来保障智慧城市发展持续稳定推进，这就是智慧城市发展的机制体制的保障——模式 M（Model）。智慧城市发展模式会产生相应的体制，即相关的机构设置、划分管理权限及其制定相应关系的制度。该模式确立后，必须完善相应组织、程序、管理流程和人力行政管理体制等。之后，会有与该模式相匹配的智慧城市发展的运行机制产生，从而形成一套运作方式，将

各项事务、各个部门联系起来，使其能协调运行，并发挥相应的行政、指导、服务和监督职能。发展机制和约束机制是两大关键机制，这两个机制对立统一，并且互相支撑构成整体发挥相应作用。发展机制涵盖了多方面内容，如创新机制、有竞争性的激励机制、资金投入机制、人才培育机制等。约束机制则包括了民主决策机制、制约机制、监督机制和风险预警机制等。通过约束机制，各组织可以监督智慧城市运行中的问题，适时进行管理，防范出现重大风险。智慧城市发展运行机制的建立更新和执行是一项长期的工作，不可能一蹴而就，需要适时动态调整。

五、智慧城市发展需要分类实现形成 TMM 策略选择

每个城市都有自己的发展历史、自然条件和特色差异，在传统城市体系下的发展需要依据城市本身的发展阶段选择发展路径，在智慧城市背景下也需要结合城市的特色选择不同的实现路径。根据产业的主导类型差异，可以把城市分为第一产业主导型城市、第二产业主导型城市和第三产业主导型城市，三个产业结构本身的特点决定了在不同主导类型的城市，选择的发展路径、对城市空间的规划、城市环保举措的设置有所差异。根据城市发展阶段的不同，可以把城市分为发达城市、发展中城市和欠发达城市，经济发展阶段不同的城市，在基础设施建设上的差异也是显而易见的，发展智慧城市的路径必须结合当地的具体情况。按照城区的人口数量及城市规模，可以把城市划分为小型城市、中型城市和大型城市，随着城市规模的扩大，智慧城市发展的复杂程度增加，同时基础设施水平也相应提升。中国不同地区经济发展和人口分布存在着明显的不平衡，可以说，分类实现是智慧城市项目能够在中国落地、切实产生价值的关键所在。根据不同类型特点，TMM 的发力点和侧重点也会有所不同。

六、智慧城市发展需要评价体系和预警机制

中国的智慧城市发展在整体上还处于起步阶段，在建设早期，由于没有一套智慧城市标准体系进行指导，各城市对于智慧城市这一概念的理解存在一定的差异，导致智慧城市的建设成效参差不齐，难以横向比较。发展评价体系需要从定量和定性两个角度出发，且需考虑多种因素的影响。基于 TMM 分析框架进行共性指标选择后，运用层次分析法进行指标的权重确定，整体形成直观的评价体系，并以此进行案例分析，找到关键影响指标。依据灰色关联度理论，建立 TMM 协调度预警模型，以指导和促进智慧城市的发展。

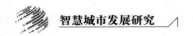

七、智慧城市发展需要更全面合理的政策体系保障

政策体系的构建水平对智慧城市的整体设计和规划有着重大的影响，一方面为智慧城市的发展提供了政策保障，另一方面为智慧城市的发展提供了原始动力，同时也在智慧城市涉及的众多领域中指引了发展的重点方向。为了更好发挥政府在智慧城市发展中的"经纪人"作用，同时引入更多的社会资本，有必要基于原有的发展纲要类、试点开展类、领域指导类、地方性文件类指导文件，构建一套更全面合理的政策体系，还可以延伸到系统的财政政策、人才政策、金融政策、技术管理政策以及其他政策。

第二节　展　望

智慧城市发展研究涉及多方面的理论、方法、技术和实践，新的问题也会逐渐出现，这些问题是本书需要持续研究并解决的。

首先，智慧城市发展 TMM 基本分析框架需要有更多的案例进行验证，在未来智慧城市发展的过程中，每个城市的实际运营都是一次检验，可以使 TMM 理论框架不断地丰富和完善，持续运用到实践中并进行现有模型的修正。

其次，智慧城市发展的分类实现可以做进一步的扩展研究。本书仅对一个城市做了多维度、多标签的分析，形成较准确的 TMM 策略选择。除了单一的三类 9 种城市分类外，还可以继续挖潜多维度分析，将 3 个维度 9 个分类的指标进行多维度叠加，形成 27 种城市的分类，并逐一进行分析，寻求更精准的智慧城市发展特征，以便制定更精准的 TMM 策略，为智慧城市发展提供更有针对性的方案。

再次，智慧城市发展会越来越下沉到基层政府，如区级、县级政府，无论从管理半径还是资源的协调和调配，这一级更能务实地、更有针对性地推动智慧城市的发展。我们接下来可以更多关注这一层级城市的智慧城市发展，更系统、全面、精细地做好智慧城市发展研究。

参考文献

普通图书

［1］奥沙利文. 城市经济学［M］. 苏晓燕，等译. 北京：中信出版社，2003.

［2］波特. 国家竞争优势［M］. 李明轩，邱如美，译. 北京：中信出版社，2007.

［3］楚天骄. 中国智慧城市建设最新实践案例集［M］. 北京：中国法制出版社，2016.

［4］崔亚东. 法治国家［M］. 北京：人民出版社，2018.

［5］邓小平. 邓小平文选（第3卷）［M］. 北京：人民出版社，1993.

［6］多恩布什，费希尔，斯塔兹. 宏观经济学［M］. 范家骧，等译. 北京：中国人民大学出版社，2000.

［7］格莱泽. 城市的胜利［M］. 刘润泉，译. 上海：上海社会科学院出版社，2012.

［8］金江军，郭英楼. 智慧城市：大数据、互联网时代的城市治理［M］. 北京：电子工业出版社，2016.

［9］卡茨纳尔逊. 马克思主义与城市［M］. 王爱松，译. 南京：江苏教育出版社，2013.

［10］刘峤，刘瑶，钟婷. 智慧城市中的大数据分析技术［M］. 北京：人民邮电出版社，2015.

［11］刘思华. 生态马克思主义经济学原理［M］. 北京：人民出版社，2006.

［12］彭和平，侯书森. 城市管理学［M］. 北京：高等教育出版社，2009.

［13］萨缪尔森，诺德豪斯. 经济学［M］. 萧琛，译. 北京：人民邮电出版社，2008.

［14］沈健，唐建荣. 智慧城市：城市品质新思维［M］. 北京：人民邮电出版社，2012.

［15］宋涛. 政治经济学教程［M］. 北京：中国人民大学出版社，2013.

［16］孙久文. 城市经济学［M］. 北京：中国人民大学出版社，2016.

［17］汤森. 智慧的城市［M］. 赛迪研究院专家组，译. 北京：中信出版社，2014.

［18］陶德麟，汪信砚. 马克思主义哲学原理［M］. 北京：人民出版社，2010.

［19］熊彼特. 经济发展理论［M］. 何畏，易家祥，等译. 北京：商务印书馆，1991.

［20］杨宏山. 城市管理学［M］. 北京：中国人民大学出版社，2013.

［21］岳梅樱. 智慧城市：实践分享系列谈［M］. 北京：电子工业出版社，2012.

［22］赵家祥，聂锦芳，张立波. 马克思主义哲学教程［M］. 北京：北京大学出版社，2003.

［23］中共中央马克思恩格斯列宁斯大林著作编译局. 列宁全集（第 24 卷）［M］. 北京：人民出版社，1957.

［24］中共中央马克思恩格斯列宁斯大林著作编译局. 列宁全集（第 3 卷）［M］. 北京：人民出版社，1959.

［25］中共中央马克思恩格斯列宁斯大林著作编译局. 马克思恩格斯全集（第 36 卷）［M］. 北京：人民出版社，1975.

［26］中共中央马克思恩格斯列宁斯大林著作编译局. 马克思恩格斯全集（第 3 卷）［M］. 北京：人民出版社，2002.

［27］中共中央马克思恩格斯列宁斯大林著作编译局. 马克思恩格斯文集（第 2 卷）［M］. 北京：人民出版社，2009.

［28］中共中央马克思恩格斯列宁斯大林著作编译局. 马克思恩格斯文集（第 4 卷）［M］. 北京：人民出版社，2009.

［29］中共中央马克思恩格斯列宁斯大林著作编译局. 马克思恩格斯文集（第 5 卷）［M］. 北京：人民出版社，2009.

［30］中共中央马克思恩格斯列宁斯大林著作编译局. 马克思恩格斯文集（第 9 卷）［M］. 北京：人民出版社，2009.

［31］中共中央马克思恩格斯列宁斯大林著作编译局. 马克思恩格斯选集（第 1 卷）［M］. 北京：人民出版社，2012.

［32］中共中央马克思恩格斯列宁斯大林著作编译局. 马克思恩格斯选集（第 3 卷）［M］. 北京：人民出版社，2012.

［33］中共中央文献研究室. 邓小平年谱（1975—1997）（下）［M］. 北京：中央文献出版社，2004.

［34］中共中央文献研究室. 改革开放三十年重要文献选编（上）［M］. 北京：中央文献出版社，2008.

［35］中共中央文献研究室. 改革开放三十年重要文献选编（下）［M］. 北京：中央文献出版社，2008.

［36］中共中央文献研究室. 十八大以来重要文献选编（上）［M］. 北京：中央文献出版社，2014.

［37］中共中央文献研究室. 十六大以来重要文献选编（中）［M］. 北京：中央文献出版社，2006.

［38］中共中央文献研究室. 十五大以来重要文献选编（中）［M］. 北京：人民出版社，2001.

［39］中共中央文献研究室. 新时期科学技术工作重要文献选编［M］. 北京：中央文献出版社，1995.

［40］钟义信. 信息科学原理［M］. 5 版. 北京：北京邮电大学出版社，2013.

［41］朱桂龙，樊霞. 智慧城市建设理论与实践［M］. 北京：科学出版社，2015.

［42］Graham S，Marvin S. Telecommunications and the city：Electronic spaces，urban spaces［M］. London：Rouledge，1996.

［43］Halpern D. Social capital［M］. Bristol：Policy Press，2005.

英文期刊

［1］Allwinkle S，Cruickshank P. Creating smarter cities：an overview［J］. Journal of Urban Technology，2011，18（2）：1−16.

［2］Andre E. WIP and PPP：a comparison of two multimedia presentation systems in terms of the standard reference model［J］. Computer Standards & Interfaces，1997，18（6/7）：555−463.

［3］Caves R W，Walshok M G. Adopting innovations in information technology［J］. Cities，1999，16（1）：3−12.

［4］Hollands R. Will the Real Smart City Please Stand Up Intelligent，Progressive or Entrepreneurial［J］Smart City，2008，12（3）：303−320.

［5］Ma C，Lin T，Ye S，et al. Sediment record of polycyclic aromatic hydrocarbons in the Liaohe River Delta wetland，Northeast China：Implications for regional population migration and economic development［J］. Environmental Pollution，2017，222（3）：146−152.

［6］ Wan B，Ma R，Zhou W，et al. Smart City Development in China：One City One Policy［J］. 中兴通讯技术（英文版），2015，13（4）：40－44.

［9］ Winters J V. Why are smart cities growing? Who moves and who stays ［J］. Journal of Regional Science，2011，51（2）：253－270.

［7］ Xu Y，Chan A P C，Yeung J F Y. Developing a fuzzy risk allocation model for PPP projects in China［J］. Journal of Construction Engineering and Management，2010，136（8）：894－903.

［8］ Yovanof G S，Hazapis G N. An architectural framework and enabling wireless technologies for digital cities & intelligent urban environments ［J］. Wireless Personal Communications，2009，49（3）：445－463.

中文期刊

［1］ "北京市东城区智慧城区评价指标体系研究"课题组. 智慧城市发展指数研究——北京市智慧城市发展指数测算与实证分析［J］. 调研世界，2013 （11）：8－14.

［2］ 曹小曙，杨文越，黄晓燕. 基于智慧交通的可达性与交通出行碳排放——理论与实证［J］. 地理科学进展，2015，34（4）：418－429.

［3］ 陈留彪. 马克思主义所有制理论的基本内容及当代价值［J］. 商业经济，2012（16）：24－25.

［4］ 陈涛，马敏，徐晓林. 区块链在智慧城市信息共享与使用中的应用研究 ［J］. 电子政务，2018（7）：28－37.

［5］ 陈雪原. 关于"双刘易斯二元模型"假说的理论与实证分析［J］. 中国农村经济，2015（3）：34－43.

［6］ 陈勇勤，张俊夫. 对新古典经济学生产资料理论的批判——基于马克思、庞巴维克与熊彼特不同资本观的比较分析［J］. 当代经济研究，2018 （3）：40－48＋97.

［7］ 陈友福，张毅，杨凯瑞. 我国智慧城市建设风险分析［J］. 中国科技论坛，2013（3）：45－50.

［8］ 崔璐，杨凯瑞. 智慧城市评价指标体系构建［J］. 统计与决策，2018，34 （6）：33－38.

［9］ 邓贤峰. "智慧城市"建设的风险分析［J］. 财经界，2011（1）：106－109.

［10］ 刁生富，姜德峰. 论新型智慧城市建设的推进策略［J］. 中国管理信息化，2018，21（1）：162－163.

[11] 高国伟，龚掌立，李永先. 基于区块链的政府基础信息协同共享模式研究 [J]. 电子政务，2018 (2)：15—25.

[12] 顾新建，代风，陈芨熙，等. 智慧制造与智慧城市的关系研究 [J]. 计算机集成制造系统，2013，19 (5)：1127—1133.

[13] 江俊伟. 论江泽民"三农"思想的历史地位 [J]. 学理论，2009 (2)：14—15.

[14] 金江军，张琳琳，姚大川. 中国智慧城市发展现状、问题及对策 [J]. 北京城市学院学报，2019 (1)：10—13.

[15] 匡兵，卢新海，周敏. 中国城市土地经济密度的分布动态演进 [J]. 中国土地科学，2016，30 (10)：47—54.

[16] 李德仁，姚远，邵振峰. 智慧城市中的大数据 [J]. 武汉大学学报（信息科学版），2014，39 (6)：631—640.

[17] 李健，张春梅，李海花. 智慧城市及其评价指标和评估方法研究 [J]. 电信网技术，2012 (1)：1—5.

[18] 李羚. 邓小平城乡关系与中国现代化发展道路探索 [J]. 毛泽东思想研究，2012，29 (6)：67—72.

[19] 李维亮. 城市经营及其风险控制 [J]. 甘肃农业，2005 (12)：153.

[20] 李贤毅，邓晓宇. 智慧城市评价指标体系研究 [J]. 电信网技术，2011 (10)：43—47.

[21] 李学锋，单菁菁. "转型期的城市化：国际经验与中国前景"国际学术研讨会综述 [J]. 经济学动态，2013 (11)：151—154.

[22] 李迅. 关于城市发展模式的若干思考 [J]. 城市，2008 (11)：23—33.

[23] 李勇坚. 经济增长中的服务业：理论综述与实证分析 [J]. 财经论纵，2005 (9)：1—7.

[24] 林俊荣. 全国统筹分县区类别保障：农民工养老保险关系转入障碍的消除——基于俱乐部经济理论的分析 [J]. 市场与人口分析，2007 (3)：56—60.

[25] 林开荣. 信息技术下龙岩智慧城市建设路径初探 [J]. 遥讯世界，2016 (9)：277—278.

[26] 刘伟. 刘易斯拐点的再认识 [J]. 理论月刊，2008 (2)：130—133.

[27] 陆文娟，王东博. 经济新常态下我国产业结构与社会投资动态调整策略 [J]. 改革与战略，2018，34 (1)：87—89+93.

[28] 吕淑丽，薛华，王堃. 智慧城市建设的研究综述与展望 [J]. 当代经济

管理，2017，39（4）：53—57.

[29] 罗雄飞. 论《资本论》的逻辑起点 [J]. 政治经济学评论，2014，5（1）：178—211.

[30] 牛俊伟. 城市问题马克思主义化的典范——卡斯特《城市问题》析微 [J]. 国际城市规划，2015，30（1）：109—114.

[31] 沈明欢. "智慧城市"助力我国城市发展模式转型 [J]. 城市观察，2010（3）：140—146.

[32] 史璐. 智慧城市的原理及其在我国城市发展中的功能和意义 [J]. 中国科技论坛，2011（5）：97—102.

[33] 寿思华. 马克思主义城市观与中国城镇化观察 [J]. 改革与战略，2014，30（2）：89—95.

[34] 孙建军，裴雷，仇鹏飞，等. 智慧城市建设项目风险挑战与解决经验——基于文献回顾与案例分析 [J]. 图书与情报，2016（6）：18—24.

[35] 王昳玢. 熊彼特假说与产业扶持政策的制度逻辑——来自中国高新技术产业经验数据的证据 [J]. 云南财经大学学报，2017，33（4）：24—33.

[36] 王广斌，崔庆宏. 欧洲智慧城市建设案例研究：内容、问题及启示 [J]. 中国科技论坛，2013（7）：123—128.

[37] 王丽颖，姬晴晴，张缘舒. 智慧城市·智慧生活——解读韩国智慧城市建设 [J]. 智能建筑与智慧城市，2016（2）：39—44.

[38] 王益文，黄柯，崔洪雷. 宁波建设智慧城市运营中心研究 [J]. 宁波经济（三江论坛），2017（1）：34—36.

[39] 王振源，段永嘉. 基于层次分析法的智慧城市建设评价体系研究 [J]. 科技管理研究，2014，34（17）：165—170.

[40] 魏后凯. 让居民望得见山、看得见水、记得住乡愁——中央城镇化工作会议亮点解读 [J]. 紫光阁，2014（1）：25—26.

[41] 邬贺铨. "互联网＋"行动计划：机遇与挑战 [J]. 人民论坛·学术前沿，2015（10）：6—14.

[42] 巫细波，杨再高. 智慧城市理念与未来城市发展 [J]. 城市发展研究，2010（11）：56—60.

[43] 吴标兵，林承亮. 智慧城市的开放式治理创新模式：欧盟和韩国的实践及启示 [J]. 中国软科学，2016（5）：55—66.

[44] 吴敬秋. 江泽民"三农"思想的理论特色及实践意义 [J]. 宁夏党校学报，2007（3）：12—15.

［45］吴学凡. 斯大林的城乡差别思想研究［J］. 华北水利水电学院学报（社会科学版），2007（2）：30—32.

［46］吴一洲，吴次芳，罗文斌. 经济地理学视角的城市土地经济密度影响因素及其效应［J］. 中国土地科学，2013，27（1）：26—33.

［47］夏昊翔，王众托. 从系统视角对智慧城市的若干思考［J］. 中国软科学，2017（7）：66—80.

［48］肖周燕. 人口迁移势能转化的理论假说——对人口迁移推-拉理论的重释［J］. 人口与经济，2010（6）：77—83.

［49］徐琛. 马克思主义的城市观对我国城市建设的影响［J］. 知识经济，2015（12）：27.

［50］徐静，陈秀万. 我国智慧城市发展现状与问题分析［J］. 科技管理研究，2014，34（7）：23—26.

［51］徐芹. 列宁早期城乡关系思想探析——关于俄国资本主义发展过程中的城乡对立问题［J］. 江汉论坛，2009（12）：17—20.

［52］徐星明. 把握"两个趋向"推进新农村建设［J］. 浙江经济，2005（22）：12—13.

［53］杨玉璞，李森. 浅谈智慧城市安全服务平台的设计与应用价值［J］. 计算机光盘软件与应用，2013（22）：27—29

［54］叶裕民. 中国城市化与统筹城乡发展基本概念解析［J］. 湖南城市学院学报，2013，34（2）：1—7.

［55］尹丽英，张超. 中国智慧城市理论研究综述与实践进展［J］. 电子政务，2019（1）：111—121.

［56］袁峰，徐昊. 智慧城市建设的思考与展望［J］. 城市观察，2012（4）：19—25+61.

［57］臧维明，李月芳，魏光明. 新型智慧城市标准体系框架及评估指标初探［J］. 中国电子科学研究院学报，2018，13（1）：1—7.

［58］张桂文. 二元转型及其动态演进下的刘易斯转折点讨论［J］. 中国人口科学，2012（4）：59—67+112.

［59］张陶新，杨英，喻理. 智慧城市的理论与实践研究［J］. 湖南工业大学学报（社会科学版），2012，17（1）：1—7.

［60］张延强，单志广，马潮江. 智慧城市建设PPP模式实践研究［J］. 城市发展研究，2018，25（1）：18—22.

［61］张永民，杜忠潮. 我国智慧城市建设的现状及思考［J］. 中国信息界，

237

2011（2）：28－32.

［62］张振刚，张小娟. 智慧城市系统构成及其应用研究［J］. 中国科技论坛，
2014（7）：88－93.

［63］智慧城市发展指数统计评价研究课题组. "十二五"时期北京智慧城市发
展指数（SCDI）统计评价研究报告［J］. 中国信息界，2016（2）：73－80.

报纸

［1］黄倩蔚. AI智能公共安全时代已到来［N］. 南方日报，2017－12－23
（007）.

［2］刘先林. 智慧城市的本质需厘清［N］. 光明日报，2016－12－09（010）.

［3］宁家骏. 自主创新是建设网络强国必由之路［N］. 中国电子报，2016－
10－14（001）.

［4］潘云鹤. 中国城市发展的三个重要问题［N］. 光明日报，2016－02－05
（010）.

［5］许崇正. 人的发展经济学是对马克思经济学的坚持与发展［N］. 光明日
报，2016－08－31（015）.

［6］余少华. 建设智慧城市是提高中国综合竞争力的战略选择［N］. 科技日
报，2010－10－08（012）.

［7］薄贵利. 为强起来提供坚实人才支撑［N］. 人民日报，2018－05－27
（005）.

网络文献：

［1］高新民. 信息开放不等于数据开放 数据开放促进社会化增值［EB/OL］.
（2015－06－11）［2018－06－11］. http://www. forestry. gov. cn/portal/
xxb/s/2519/content－774676. html.

［2］关于印发促进智慧城市健康发展的指导意见的通知［EB/OL］.（2016－05－
13）［2018－06－10］. https://www. ndrc. gov. cn/xwdt/ztzl/xxczhjs/
ghzc/201605/t20160513＿971940. html.

［3］侯敏. 智慧城市要发展，解决好城市病是关键［EB/OL］.（2014－11－10）
［2018－05－10］. http://intercom. qianjia. com/html/2014－11/10＿
240723. html.

［4］习近平. 谋求持久发展 共筑亚太梦想——在亚太经合组织工商领导人峰
会开幕式上的演讲［EB/OL］.（2014－11－09）［2018－05－20］. http://

cpc. people. com. cn/n/2014/1109/c64094－25999796. html.

［5］周宏仁. 云计算落地　概念不是问题［EB/OL］. (2014－08－06)［2018－06－18］. http：//www. echinagov. com/info/38307.

［6］周宏仁. "互联网＋"聚焦企业发展［EB/OL］. (2015－09－30)［2018－06－18］. http：//sztvzx. com/new ＿ show14. html.

［7］周宏仁. 网络安全成为国家安全的重要挑战［EB/OL］. (2014－03－03)［2018－06－18］. http：//www. scio. gov. cn/m/ztk/hlwxx/zywlaqhxxhldxzdychyzk/jdpl/Document/1365625/1365625. htm.

后　记

　　2007年区域信息化在华东扬州、苏州等几个城市拉开了序幕，之后的数字城市、感知城市到智慧城市、新型智慧城市，再到数字中国智慧社会，迄今为止，中国智慧城市发展建设已经走过了12个年头。在这期间，我们跟随国务院专家委员会调研并撰写报告，参与了近百个城市的规划和建设。伴随着智慧城市理念和实践的不断发展，我也在不断地成长，并深刻认识到"智慧城市既是目标也是过程"。这一过程中，我深刻感受到实践需要理论的指导，故在老师精心指导和帮助下，选择了智慧城市发展作为我的博士研究领域，并撰写了本书，试图给智慧城市发展寻求一个经济学的基本理论分析框架。

　　书稿完成了，我一直在想我读博士是为了什么。是为了这样一个光环？是为了实践后增加理论的学习？是为了事业更好地发展？是让我成为后代活到老学到老的榜样？兼而有之吧，而究其根本是我深深知道我们无法用相同的自己得到不同的未来！能用我自身的努力去感染和影响我深爱的人，希望所有人能真正了解到知识的伟大并能持之以恒、孜孜以求。

　　选择四川大学是我的荣幸，被四川大学选择是我的幸运。在这样一个理论高地和严谨治学的环境里，我收获了很多，不仅是知识的丰富，而且有内心的平和。感谢这段博士学习过程中的每一次课程、每一次讨论、每一次相聚、每一次磨炼，这将会带给我毕生的财富。感谢儒雅淡定的恩师蒋永穆教授，他既具有理论高度，又有实践经验，他的课堂永远是逻辑清晰且幽默风趣，他的指导永远是循循善诱而非尖刻批评。书稿写作期间，恩师几次关键性的指导使得我豁然开朗，这是能支撑我完成书稿的主要精神支柱和指路明灯！感谢才华横溢的师母刘润秋教授，在城市理论和城市发展研究中给予了很多指导和意见！感谢马文武老师、纪志耿老师、李善越老师、袁昌菊老师、贾理君老师的指导和帮助！感谢经济学院授课老师的传道授业解惑！感谢同门师兄弟姐妹万腾、王瑞、卢洋、赵苏丹、张晓磊、陈江等的指导和帮助；感谢一同前行的江炜、周红芳、黄晓渝、戴中亮的陪伴与支持！感谢我曾经工作过的神州数码、合众思壮等公司给了我经历！感谢我多年的同事们的辛苦工作，提供了很多实践的案例！感谢在本书写作上给予帮助的同行李继刚、周立明、郑堡丹、王新宇等！感谢家人的支持与辛苦付出！

　　理论与实践并举，理想与现实同辉。希望本书成为我们用智慧城市为天下造福的新起点，真正能为城市发展添砖加瓦。我们将为企业振兴和人民幸福而不懈努力！

刘　遥